老科学家学术成长资料采集工程

中国科学院院士传记丛书

山石磊落自成岩

王德滋传

王运来　李运庆◎著

7 年
江苏泰兴

1950 年
毕业于南京大学地质系

1978 年
获全国科学大会奖

1984 年
任南京大学副校长

1991 年
任南京大学地学院院长

1997 年
当选为中国科学院院士

老科学家学术成长资料采集工程
中国科学院院士传记丛书

山石磊落自成岩

王德滋传

王运来 李运庆◎著

中国科学技术出版社

图书在版编目（CIP）数据

山石磊落自成岩：王德滋传 / 王运来，李运庆著. —北京：中国科学技术出版社，2017.6

（老科学家学术成长资料采集工程丛书；中国科学院院士传记丛书）

ISBN 978-7-5046-7532-3

Ⅰ. ①山… Ⅱ. ①王… ②李… Ⅲ. ①王德滋－传记 Ⅳ. ①K826.14

中国版本图书馆 CIP 数据核字（2017）第 102509 号

责任编辑	余　君
责任校对	杨京华
责任印制	张建农
版式设计	中文天地

出　　版	中国科学技术出版社
发　　行	中国科学技术出版社发行部
地　　址	北京市海淀区中关村南大街 16 号
邮　　编	100081
发行电话	010-62173865
传　　真	010-62173081
网　　址	http://www.cspbooks.com.cn

开　　本	787mm × 1092mm　1/16
字　　数	281 千字
印　　张	18.25
彩　　插	2
版　　次	2017 年 6 月第 1 版
印　　次	2017 年 6 月第 1 次印刷
印　　刷	北京华联印刷有限公司
书　　号	ISBN 978-7-5046-7532-3 / K · 227
定　　价	68.00 元

老科学家学术成长资料采集工程简介

老科学家学术成长资料采集工程（以下简称“采集工程”）是根据国务院领导同志的指示精神，由国家科教领导小组于2010年正式启动，中国科协牵头，联合中组部、教育部、科技部、工信部、财政部、文化部、国资委、解放军总政治部、中国科学院、中国工程院、国家自然科学基金委员会等11部委共同实施的一项抢救性工程，旨在通过实物采集、口述访谈、录音录像等方法，把反映老科学家学术成长历程的关键事件、重要节点、师承关系等各方面的资料保存下来，为深入研究科技人才成长规律，宣传优秀科技人物提供第一手资料和原始素材。

采集工程是一项开创性工作。为确保采集工作规范科学，启动之初即成立了由中国科协主要领导任组长、12个部委分管领导任成员的领导小组，负责采集工程的宏观指导和重要政策措施制定，同时成立领导小组专家委员会负责采集原则确定、采集名单审定和学术咨询，委托科学史学者承担学术指导与组织工作，建立专门的馆藏基地确保采集资料的永久性收藏和提供使用，并研究制定了《采集工作流程》《采集工作规范》等一系列基础文件，作为采集人员的工作指南。截至2016年6月，已启动400多位老科学家的学术成长资料采集工作，获得手稿、书信等实物原件资料73968件，数字化资料178326件，视频资料4037小时，音频资料4963小时，具有重要的史料价值。

采集工程的成果目前主要有三种体现形式，一是建设“中国科学家博物馆网络版”，提供学术研究和弘扬科学精神、宣传科学家之用；二是编辑制作科学家专题资料片系列，以视频形式播出；三是研究撰写客观反映老科学家学术成长经历的研究报告，以学术传记的形式，与中国科学院、中国工程院联合出版。随着采集工程的不断拓展和深入，将有更多形式的采集成果问世，为社会公众了解老科学家的感人事迹，探索科技人才成长规律，研究中国科技事业的发展历程提供客观翔实的史料支撑。

总序一

中国科学技术协会主席　韩启德

老科学家是共和国建设的重要参与者，也是新中国科技发展历史的亲历者和见证者，他们的学术成长历程生动反映了近现代中国科技事业与科技教育的进展，本身就是新中国科技发展历史的重要组成部分。针对近年来老科学家相继辞世、学术成长资料大量散失的突出问题，中国科协于2009年向国务院提出抢救老科学家学术成长资料的建议，受到国务院领导同志的高度重视和充分肯定，并明确责成中国科协牵头，联合相关部门共同组织实施。根据国务院批复的《老科学家学术成长资料采集工程实施方案》，中国科协联合中组部、教育部、科技部、工业和信息化部、财政部、文化部、国资委、解放军总政治部、中国科学院、中国工程院、国家自然科学基金委员会等11部委共同组成领导小组，从2010年开始组织实施老科学家学术成长资料采集工程。

老科学家学术成长资料采集是一项系统工程，通过文献与口述资料的搜集和整理、录音录像、实物采集等形式，把反映老科学家求学历程、师承关系、科研活动、学术成就等学术成长中关键节点和重要事件的口述资料、实物资料和音像资料完整系统地保存下来，对于充实新中国科技发展的历史文献，理清我国科技界学术传承脉络，探索我国科技发展规律和科技人才成长规律，弘扬我国科技工作者求真务实、无私奉献的精神，在全社会营造爱科学、学科学、用科学的良好氛围，是一件很有意义的事情。采集工程把重点放在年龄在 80 岁以上、学术成长经历丰富的两院院士，以及虽然不是两院院士、但在我国科技事业发展中作出突出贡献的老科技工作者，充分体现了党和国家对老科学家的关心和爱护。

自 2010 年启动实施以来，采集工程以对历史负责、对国家负责、对科技事业负责的精神，开展了一系列工作，获得大量反映老科学家学术成长历程的文字资料、实物资料和音视频资料，其中有一些资料具有很高的史料价值和学术价值，弥足珍贵。

以传记丛书的形式把采集工程的成果展现给社会公众，是采集工程的目标之一，也是社会各界的共同期待。在我看来，这些传记丛书大都是在充分挖掘档案和书信等各种文献资料、与口述访谈相互印证校核、严密考证的基础之上形成的，内中还有许多很有价值的照片、手稿影印件等珍贵图片，基本做到了图文并茂，语言生动，既体现了历史的鲜活，又立体化地刻画了人物，较好地实现了真实性、专业性、可读性的有机统一。通过这套传记丛书，学者能够获得更加丰富扎实的文献依据，公众能够更加系统深入地了解老一辈科学家的成就、贡献、经历和品格，青少年可以更真实地了解科学家、了解科技活动，进而充分激发对科学家职业的浓厚兴趣。

借此机会，向所有接受采集的老科学家及其亲属朋友，向参与采集工程的工作人员和单位，表示衷心感谢。真诚希望这套丛书能够得到学术界的认可和读者的喜爱，希望采集工程能够得到更广泛的关注和支持。我期待并相信，随着时间的流逝，采集工程的成果将以更加丰富多样的形式呈现给社会公众，采集工程的意义也将越来越彰显于天下。

是为序。

总序二

中国科学院院长　白春礼

由国家科教领导小组直接启动，中国科学技术协会和中国科学院等12个部门和单位共同组织实施的老科学家学术成长资料采集工程，是国务院交办的一项重要任务，也是中国科技界的一件大事。值此采集工程传记丛书出版之际，我向采集工程的顺利实施表示热烈祝贺，向参与采集工程的老科学家和工作人员表示衷心感谢！

按照国务院批准实施的《老科学家学术成长资料采集工程实施方案》，开展这一工作的主要目的就是要通过录音录像、实物采集等多种方式，把反映老科学家学术成长历史的重要资料保存下来，丰富新中国科技发展的历史资料，推动形成新中国的学术传统，激发科技工作者的创新热情和创造活力，在全社会营造爱科学、学科学、用科学的良好氛围。通过实施采集工程，系统搜集、整理反映这些老科学家学术成长历程的关键事件、重要节点、学术传承关系等的各类文献、实物和音视频资料，并结合不同时期的社会发展和国际相关学科领域的发展背景加以梳理和研究，不仅有利于深入了解新中国科学发展的进程特别是老科学家所在学科的发展脉络，而且有利于发现老科学家成长成才中的关键人物、关键事件、关键因素，探索和把握高层次人才培养规律和创新人才成长规律，更有利于理清我国科技界学术传承脉络，深入了解我国科学传统的形成过程，在全社会范围内宣传弘扬老科学家的科学思想、卓越贡献和高尚品质，推动社会主义科学文化和创新文化建设。从这个意义上说，采集工程不仅是一项文化工程，更是一项严肃认真的学术建设工作。

中国科学院是科技事业的国家队，也是凝聚和团结广大院士的大家庭。早在 1955 年，中国科学院选举产生了第一批学部委员，1993 年国务院决定中国科学院学部委员改称中国科学院院士。半个多世纪以来，从学部委员到院士，经历了一个艰难的制度化进程，在我国科学事业发展史上书写了浓墨重彩的一笔。在目前已接受采集的老科学家中，有很大一部分即是上个世纪 80、90 年代当选的中国科学院学部委员、院士，其中既有学科领域的奠基人和开拓者，也有作出过重大科学成就的著名科学家，更有毕生在专门学科领域默默耕耘的一流学者。作为声誉卓著的学术带头人，他们以发展科技、服务国家、造福人民为己任，求真务实、开拓创新，为我国经济建设、社会发展、科技进步和国家安全作出了重要贡献；作为杰出的科学教育家，他们着力培养、大力提携青年人才，在弘扬科学精神、倡树科学理念方面书写了可歌可泣的光辉篇章。他们的学术成就和成长经历既是新中国科技发展的一个缩影，也是国家和社会的宝贵财富。通过采集工程为老科学家树碑立传，不仅对老科学家们的成就和贡献是一份肯定和安慰，也使我们多年的夙愿得偿！

鲁迅说过，“跨过那站着的前人”。过去的辉煌历史是老一辈科学家铸就的，新的历史篇章需要我们来谱写。衷心希望广大科技工作者能够通过“采集工程”的这套老科学家传记丛书和院士丛书等类似著作，深入具体地了解和学习老一辈科学家学术成长历程中的感人事迹和优秀品质；继承和弘扬老一辈科学家求真务实、勇于创新的科学精神，不畏艰险、勇攀高峰的探索精神，团结协作、淡泊名利的团队精神，报效祖国、服务社会的奉献精神，在推动科技发展和创新型国家建设的广阔道路上取得更辉煌的成绩。

总序三

中国工程院院长　周　济

由中国科协联合相关部门共同组织实施的老科学家学术成长资料采集工程，是一项经国务院批准开展的弘扬老一辈科技专家崇高精神、加强科学道德建设的重要工作，也是我国科技界的共同责任。中国工程院作为采集工程领导小组的成员单位，能够直接参与此项工作，深感责任重大、意义非凡。

在新的历史时期，科学技术作为第一生产力，已经日益成为经济社会发展的主要驱动力。科技工作者作为先进生产力的开拓者和先进文化的传播者，在推动科学技术进步和科技事业发展方面发挥着关键的决定的作用。

新中国成立以来，特别是改革开放30多年来，我们国家的工程科技取得了伟大的历史性成就，为祖国的现代化事业作出了巨大的历史性贡献。两弹一星、三峡工程、高速铁路、载人航天、杂交水稻、载人深潜、超级计算机……一项项重大工程为社会主义事业的蓬勃发展和祖国富强书写了浓墨重彩的篇章。

这些伟大的重大工程成就，凝聚和倾注了以钱学森、朱光亚、周光召、侯祥麟、袁隆平等为代表的一代又一代科技专家们的心血和智慧。他们克服重重困难，攻克无数技术难关，潜心开展科技研究，致力推动创新发展，为实现我国工程科技水平大幅提升和国家综合实力显著增强作出了杰出贡献。他们热爱祖国，忠于人民，自觉把个人事业融入到国家建设大局之中，为实现国家富强而不断奋斗；他们求真务实，勇于创新，用科技为中华民族的伟大复兴铸就了辉煌；他们治学严谨，鞠躬尽瘁，具有崇高的科学精神和科学道德，是我们后代学习的楷模。科学家们的一生是一本珍贵的教科书，他们坚定的理想信念和淡泊名利的崇高品格是中华民族自强不息精神的宝贵财富，永远值得后人铭记和敬仰。

通过实施采集工程，把反映老科学家学术成长经历的重要文字资料、实物资料和音像资料保存下来，把他们卓越的技术成就和可贵的精神品质记录下来，并编辑出版他们的学术传记，对于进一步宣传他们为我国科技发展和民族进步作出的不朽功勋，引导青年科技工作者学习继承他们的可贵精神和优秀品质，不断攀登世界科技高峰，推动在全社会弘扬科学精神，营造爱科学、讲科学、学科学、用科学的良好氛围，无疑有着十分重要的意义。

中国工程院是我国工程科技界的最高荣誉性、咨询性学术机构，集中了一大批成就卓著、德高望重的老科技专家。以各种形式把他们的学术成长经历留存下来，为后人提供启迪，为社会提供借鉴，为共和国的科技发展留下一份珍贵资料。这是我们的愿望和责任，也是科技界和全社会的共同期待。

周济

王德滋（2013 年）

王德滋院士与采集小组成员合影
（2014 年 6 月。左起：张腾飞、钱梦菊、王运来、王德滋、张婷、高慧敏、王坚、徐川）

王德滋院士与本书两位作者合影
（2015 年 9 月。左起：李运庆、王德滋、王运来）（来自采集小组）

序

南京大学是我国具有百年以上校龄的高等学府之一，南京大学地球科学与工程学院是我国少数历史最久的同类院系之一。王德滋院士见证了这一名校、名院长达七十个年头的春秋繁露。无论在助教、讲师、教授、博导、院士等学术性岗位上，还是在支部书记、系主任助理、副系主任、总支书记、教务处长、副教务长和副校长乃至于后来的地学院首任院长等管理性岗位上，王德滋院士都以自己的热情、智慧和才干，为系、院和校的发展做出了重要贡献。

王德滋院士是著名岩石学家。他从年轻时起，就对综合性大学的科学研究工作十分重视并身体力行。在当时科研工作条件还不理想的情况下，他坚持不懈、刻苦努力。他的第一篇学术论文《江苏高资下蜀地区煌斑岩研究》，是利用星期天和点滴时间进行野外调查和室内研究完成的，他的顽强毅力由此可见一斑。华南花岗岩研究的开拓者是徐克勤院士，王德滋是华南花岗岩研究团队的主要成员，五十年代后期到六十年代前期对华南花岗岩的研究成为王德滋先生科研生涯的一个重要阶段。《安徽九华山花岗杂岩体的研究》《江西慈竹英云闪长岩类的特征和成因》《华南不同时代花岗岩类的成因问题》等论文成为他这个时期的代表作。南京大学地质系在花岗岩研究方面得到了国家自然科学奖二等奖，这对高校而言实属不易。1982 年，南京大学主办“国际花岗岩地质及成矿关系学术讨论会”，这是国内高校首次举办国际学术会议，王德滋作为会议组织委员会秘书长，为会议做了细致周到的组织工作和深入的学术准备，使会议取得了圆满成功，确立了南京大学在国际花岗岩界的先进学术地位。

王德滋先生对火山岩和花岗质火山—侵入杂岩的研究，是他科学研究的另一重要创新领域。这方面的研究至少可以追溯到六十年代他对宁芜地区中生代火山岩的研究。应当特别强调的是他对我国东部和南部的研究，建立了完整的花岗质火山—侵入岩体系，提出了次火山花岗岩的新概念。他在这方面的发现和研究，同美国著名岩石学家 R. L. Smith 在大洋彼岸的发现几乎同时，因此属于原创性突破。他对 S 型火山岩的发现和研究，是我国火山岩岩石学的一项新进展。1996 年，他出版《中国东部中生代火山—侵入杂岩及其与成矿的关系》英文专著，并在首次在我国举办的国际地质大会（第三十届国际地质大会）上进行交流受到广泛关注。随后，他又发表了许多重要论文，促进了我国火山岩和火山－侵入杂岩研究的发展。他关于橄榄安粗岩省和花岗岩的构造环境研究等均有创新见解问世，“中国东部晚中生代花岗质火山—侵入杂岩与地壳演化”研究项目获教育部自然科学奖一等奖。他早年出版的《光性矿物学》以及后来的《火山岩岩石学》等均是对我国岩石学发展的重要贡献。

王德滋先生对南京大学系、院、校发展的贡献，不仅体现在对高校的科学管理上，而且体现在关于高校的办学理念上，我认为王德滋先生不仅是一位优秀的高校管理专家，而且是一位优秀的教育家。他的教育思想包括，在复杂的历史条件下强调给学生打好基础，强调教学与科学研究相结合，他本人身体力行利用业余时间进行科学研究，有效地利用各种资源组织推动全校的科学研究。南京大学在教学和科研上能够具有今日的先进地位，包括王德滋以及诸多先辈教育家的贡献。

改革开放以后我国开始建立学位制度，国务院设立了国家学位委员会，学位委员会下设学科评议组，其中，王德滋先生曾任地质与地球物理学科评议组召集人，后来，我和钱祥麟先生接着王先生做学科组的召集人。王德滋先生为我国地质学科及研究生制度的发展做了大量的工作，做出了重要贡献。

今年是王德滋先生的九秩寿辰，又适逢《山石磊落自成岩：王德滋传》付梓出版，我在此衷心地祝福他福如东海、寿比南山，也热切地期望《王德滋传》的出版，能使更多的人了解、认识王德滋先生，并进一步加深对地质学科、地质学人的理解、热爱与支持。

我是五十年代初南京大学地质学系的学生，王德滋先生是我的老师，我清楚地记得王先生曾审改过我的变质岩岩石学实习报告，王先生当年对我这样的年轻学子的关爱与教导永远铭记在我的心头。我个人想，照学缘而论，我是不适合为王德滋老师的传记作序的，但是南京大学校长陈骏院士和本书作者都执意让我写。几番思忖，方下决心。不妥之处，尚祈诸君海涵。

是为序。

孙枢①

2017 年 6 月 16 日

① 孙枢：中国科学院资深院士、中国科学院地质与地球物理研究所研究员、博士生导师，曾任中国科学院地质研究所所长、中国科学院资源环境科学局局长、国家自然科学基金委员会副主任、中国科学院地学部主任、中国科学院学部主席团成员。

目 录

图片目录

导言

1927年6月27日，王德滋出生于江苏泰兴城内的一个知识分子家庭。1950年毕业于南京大学（前国立中央大学）地质系，同年留校任教。历任南京大学地质系党总支书记，系主任助理，副系主任，教务处副处长，副教务长兼科研处长，校党委常委、副校长，地学院院长等职。1978年，由讲师越级晋升为教授。1984年，经国务院学位委员会批准为博士生导师。1986至1992年，任国务院学位委员会地质学与地球物理学学科评议组成员、召集人。1991年起享受国务院政府特殊津贴。1993至1997年，任中国地质学会副理事长。1997年当选为中国科学院院士。王德滋是我国著名地质学家、岩石学家，长期从事花岗岩与火山岩研究，卓有建树。

纵观王德滋的学术成长与人生轨迹，可用几个“四”加以归纳，即科学研究的“四个阶段”、贯穿一生的“四个终生不渝”、人生发展的“四次抉择”以及“四个平衡”教育理念的提出。

王德滋的科学研究大体可划分为四个阶段。第一阶段：从上世纪五十年代中后期起，历时三年，为学术研究的起步阶段。王德滋结合教学需要对江苏高资、下蜀一带的煌斑岩以及山东济南辉长岩和碱性伟晶岩等进行了研究，发表了学术处女作。第二阶段：从1958年至改革开放初为花岗岩与火山岩并行研究阶段。王德滋在徐克勤教授的引领下成为华南花岗岩研究团队的骨干成员，并于二十世纪六十年代初开始涉入火山岩研究领域；其作为主要参与人完成的“华南花岗岩研究”成果于1978年获全国科学大会奖，1982年获国家自然科学二等奖；其间，王德滋曾作为组织委员会秘书长在国内高校率先组织了“花岗岩地质与成矿关系国际学术讨论会”。第三阶段：自改革开放初期至九十年代后期为花岗岩与火山岩贯通研究阶段。王德滋在国内首次提出了“次火山花岗岩”的理念，从“时、空、源一致性”上论证了花岗岩与酸性、中酸性火山岩在成因上的有机联系；与合作者在国内首次发现了S型火山岩；主持的“中国东部中生代酸性、中酸性火山岩、次火山岩及其成矿关系”研究成果于1990年获得国家教委科技进步一等奖。第四阶段：1997年当选院士之后的多学科协同攻关阶段。他主持国家自然科学基金重点项目“中国东南部晚中生代花岗质火山－侵入杂岩成因与地壳演化”时，组织了一个老、中、青结合的科研团队，开展岩石学、地球化学和构造地质学三个学科的交叉研究，进行多学科协同攻关；研究了花岗质火山－侵入杂岩的类型及其形成的构造背景，建立了“陆缘伸展构造岩浆组合”，进一步推进了“大火成岩省”的研究；其间，发表了大量的研究成果，迎来了学术研究的又一个“井喷期”。2003年，该成果获教育部自然科学一等奖。

王德滋的一生贯穿了四个“终生不渝”。其一是对地质科学研究的终生不渝。王德滋自1946年进入中央大学开启地质学的学术生涯，至今已有七十余载，他始终保持对地质科学的钟爱与热情，终生不渝。其二是对南京大学的情感终生不渝。南京大学作为其地质学学习、研究的唯一单位，既是其学术启蒙之所，也是其学术成长、发展的重要平台，因此，对于南京大学的热爱与深情，可谓始终如一，终生不渝。其三是对南京和家乡泰兴的感情终生不渝。作为王德滋工作、生活之地和家乡的南京与泰兴，对王德滋具有十分重要的意义和影响，他对这两个城市的喜爱与感情堪称终生不渝。其四是对夫人的感情终生不渝。王德滋与夫人洪奉青相知相守六十余载，彼此患难与共、相濡以沫，被学界同仁誉为“岩石学家的钻石婚姻”，他对夫人的挚爱与痴情可谓终生不渝。

在王德滋的科学人生中作过四次重要的抉择。第一次是在中央大学读书时期，是关心国事还是埋头读书，王德滋选择了坚定地走读书不忘救国、救国不误读书的道路。第二次是在政治运动频繁的五六十年代，面对“只红不专”还是“又红又专”的抉择时，他选择了坚毅地走“又红又专”的道路。第三次是在组织安排担任管理职务，是双肩挑担还是只挑一头的抉择时，他选择了坚持走“双肩挑担不歇肩”的道路。第四次是年近八旬的王德滋，是在学术第一线继续冲锋陷阵还是退居二线甘当人梯的抉择时，他选择了甘当“伯乐、教练、参谋”的道路。

王德滋毕生从事教育工作，十分重视研究型大学的人才培养问题，提出了研究型大学必须兼顾“四个平衡”的办学理念。他认为，大学的根本任务是培养人才，在新形势下研究型大学特别要围绕“人才培养”这个中心工作处理好“教学与科研”“通识教育与专业教育”“本科生与研究生培养”和“基础学科与应用学科”四个平衡。他认为，在当前的“双一流”建设中，亦需注意处理好这四个关系。

1997 年，王德滋当选为中国科学院院士，他的一位颇有才华的学生张以诚，写了四首《十六字令》献给他以表祝贺，现录于此。第一首：“地，大地求索五十年，风共雨，谁知辛与甘？”第二首：“山，平生立志万山间，魂梦牵，神州山外山。”第三首：“岩，山石磊落自成岩，苦钻研，快马更加鞭。”第四首：“人，青山踏遍志未残，热血沸，为霞尚满天。”本书即取第三首《十六字令》中的一句“山石磊落自成岩”作为书名，主要有三层寓意：一是寓意王德滋院士是岩石学家；二是为人光明磊落；三是一句内含五个“石”字，代表三大类岩石：有来自岩浆的“石”，即火成岩；有产于地球表层的“石”，即沉积岩；有由先存岩石变质而成的“石”，即变质岩。

“王德滋学术成长资料采集工程”由南京大学教育研究院院长王运来教授主持完成。该课题于 2013 年 12 月正式启动，至 2015 年 4 月提交结题材料，历时一年半。其间，课题组成员访谈了包括王德滋本人和孙枢、莫宣学、戴金星、陈骏等五位院士在内的 29 位专家，邀请十位专家撰写了回忆文章，召开学术研讨会十余次。课题组共采集口述文字资料 35 份、传记类资料11份（其中，自传类资料3份）、证书54件、信件51件、手稿37份、著作20本、论文193篇、报道144条、学术评价4份、视频41个、音频40个、照片367帧、档案48件、其他资料27份。其中包括王德滋在白宫与美国第五十一届第四十一任总统乔治·赫伯特·沃克·布什的合影，在纽约与美国物理学会会长吴健雄、中国口述史的主要开创者唐德刚等中央大学校友的合影，在机场送别诺贝尔物理学奖获得者李政道的照片，与南京大学时任校长匡亚明合影、与南京大学时任校长曲钦岳合影以及与郭令智、薛禹群、陈骏等南大地质学科“三代四院士”的合影，组织召开改革开放以后我国高校独自举办的第一个国际会议、率领中国大学校长代表团访问澳大利亚的照片；刊登王德滋等国立中央大学1946级全部录取新生名单的《中央日报》影印件；王德滋数十年间写给学生刘德良的28封书信；王德滋1982年至1991年间的2本科研笔记、1962年至1985年的10本会议记录本；以及王德滋在野外使用的美国同行赠送的全金属地质锤等实物。

本书共分十一章，包括王德滋的家世背景、求学经历、学术研究、教育理念、服务社会以及家庭生活等内容，基本上概括了王德滋人生的主要方面。该书由王运来、李运庆执笔撰写。王德滋先生今年虽然已届九秩高龄，但依然精神饱满，思维活跃，手不释卷，笔耕不辍。他一生坚守教育岗位，潜心学术研究，晚年热心科普教育，以知识回报社会。其治学格言是：“坚毅自强，诚朴求真”，常以此自勉，并教育学生。王德滋具有很强的责任心和奉献精神，展现了一位当代知识分子坚毅、率真与质朴的形象。

第一章
家世背景

1927年6月27日，农历丁卯年五月二十八日，王德滋出生在江苏泰兴一个知识分子家庭。泰兴位于苏中地区，居长江之东北岸，东接如皋，南抵靖江，北邻姜堰，西南与扬中隔江相望。泰兴全境地势平坦，河道纵横，是一片广袤的冲积平原，历史悠久、文化底蕴深厚，素有“银杏之乡”之称。

书香门第

旧时的泰兴县城面积很小，沿着城墙转一圈，大约四公里，一个小时就可以转城墙一圈。城墙有五个城门、两个水关，通过水关将城外和城内的水系连通起来，城里的人可以乘船通过水关到城外去。当时，泰兴县城有两条互相垂直的街道，一条东西向，一条南北向，两条街道交汇于泰兴县城的商业中心——鼓楼。街道非常狭窄，全部用条状石板平铺而成，街道的两边是一些店铺，几乎都是平房建筑，楼房甚为少见。其中，店铺比较大的主要是百货商店、绸缎店以及书店等。在鼓楼东北方向，矗立着当时的全县最高建筑——中山塔。该塔四层，内有一口大钟，可以自动报时。城里还有两座寺庙，一座名为庆云寺，一座叫作广福寺。根据王德滋的回忆，当时，在泰兴东门的城墙上面还有一座望江楼，人们可以登楼远眺江南风光和长江。①

王德滋的老家位于泰兴县城东区前隆盛巷的东头路南第一家，这里是一个文化区，王德滋的两所母校襟江小学和泰兴中学以及孔庙、文昌阁等都在这一带。王德滋老家的南边是泰兴公园，公园里面有一株很粗的古银杏树，要几个人才能合抱过来，估计树龄当在千年以上。在王德滋老家的东面，是一片宽阔的水面，里面种有藕和菱角，一到夏天，水面上遍布田田的荷叶和亭亭玉立的荷花，荷叶的底下遍布菱角，景色异常优美，堪称泰兴县城风光最优美的地方。2001 年 6 月，由泰兴市建设局提议，泰兴市

图 1-1　泰兴中山塔（资料来源：王德滋《往事杂忆》）

① 王德滋:《往事杂忆》。南京：南京大学出版社，2012 年，第 3-4 页。王德滋访谈录（一）——家世背景与求学经历，2014 年 5 月 28 日，南京。资料存于采集工程数据库。

政府批准，决定开发此区为仙鹤湾风光带。2002 年 1 月，仙鹤湾风光带设计方案经公示修改后付诸实施。2003 年 2 月 1 日（农历癸未年春节），仙鹤湾风光带建成并对外开放。

图 1–2　泰兴文昌阁（资料来源：王德滋《往事杂忆》）

图 1–3　仙鹤湾风光带（2005 年，资料来源：王德滋《往事杂忆》）

王德滋幼年时老家有十几间瓦房，分前中后三进，后进连着一个花园，花园虽然不是很大，但却是王德滋童年经常玩耍的好去处，花园里植有一株桂花树、一株蜡梅、一株石榴，里面还种了一些诸如芍药、月季、牡丹之类的花卉。王德滋的家庭虽然不是特别富裕，但也算是一个小康之家。①

王德滋所属的王氏家族，既是泰兴的名门望族，也是泰兴最大的王姓家族。祖先中有两位较突出的人物：王令树和王云龙。王令树，号桐孙、树人，后改名王枚功。康熙十八年（1679）进士，初任四川叙州府富顺县县令，继任礼部主客司主政精膳司员外，刑部江西清吏司郎中，后升任山西道监察御史，钦差。

王云龙（1856—1907），名泽，字雨生，是王德滋的祖父。王云龙出生时其父已去世数月，母亲姓依，母子俩相依为命。王云龙广涉百家之学，尤擅数学、演算，所画花草虫鱼亦皆栩栩如生。王云龙曾任县司库，虽然官职不高，但才华横溢，视野开阔，新旧之学融会贯通，开当时学界风气之先。

坎坷身世

王德滋的父亲王宜耐，字心楼，生于光绪乙未年（1895），通州师范学校本科毕业。该校时任校长为清末状元张謇②。王德滋依稀记得家里曾经有一张张謇与毕业班学生合影的老照片。王心楼毕业以后在泰兴任小学

① 王德滋访谈录（一）——家世背景与求学经历，2014年5月28日，南京。资料存于采集工程数据库。

② 张謇（1853-1926），字季直，号啬庵，汉族，江苏南通人。光绪状元，中国近代实业家、政治家、教育家，主张“实业救国”。中国棉纺织领域早期的开拓者，上海海洋大学创始人。张謇创办中国第一所纺织专业学校，开中国纺织高等教育之先河；首次建立棉纺织原料供应基地，进行棉花改良和推广种植工作。曾任江苏谘议局议长、中央教育会会长、江苏议会临时议长、南京临时政府实业总长、北洋政府农商总长兼全国水利总长等。

教员[①]。

王心楼是家里的独子，上面有三个姐姐。因其父去世较早，主要由母亲抚养长大。王心楼的母亲非常善于持家，积攒了一些积蓄，并用其盖了十几间瓦房。王德滋的母亲姓刘，生于光绪丁酉年（1897 年），人称王刘氏，是典型的家庭妇女，她虽然文化程度不高，却是泰兴东区有名的贤妻良母。王德滋兄弟姊妹很多，大姐王蔼如，比王德滋大九岁；二姐王惠如，比王德滋大七岁；大哥王德润，比王德滋大五岁；他的二哥、三哥在幼年时候即已夭折，王德滋是这个家庭里最小的儿子。他的父母担心他也会幼年夭折，所以给他起了个小名"锁儿"，其意就是要把这个儿子锁住，不让他夭折。这个名字起得很好，直到现在已届九十岁高龄的王德滋依然十分健康、硬朗。1934 年，王德滋的妹妹王淑如出生，但是，他们的母亲却得了产褥热，不幸去世，那时王德滋才七岁。后来他的父亲又娶了三十九岁的刘姓老姑娘，王德滋的父亲对她并不太满意。在"相亲"之时，王德滋的父亲看着那位"刘姑娘"倒也中意，待成亲之日揭开新娘的红盖头之后，却发现娶进门的并不是相亲时所见的那位刘姑娘而"换成"了眼前的"刘氏"。但事已至此，王德滋的父亲只好向命运低下了头。刘氏有个侄儿，是个刀笔吏（俗称"讼师"），他教唆刘氏挑拨王德滋父亲与子女的关系，导致父亲整日郁郁寡欢、心情不畅，结婚还不到一年，就在他为王德滋的母亲做冥寿的那天晚上突发脑溢血去世，享年四十一岁。此时王德滋年仅九岁。两年之内父母双亡，王德滋等悲痛欲绝，家庭经济状况也急转直下。父亲去世不久，继母刘氏便闹着与他们分家，于是他们兄弟姊妹五人只能艰难度日，此时，其大姐才十八岁，王德滋九岁，下面还有两岁的妹妹[②]，生活之艰辛、困苦与窘迫不难想象。说来令人难以置信，祖孙三代，命运相似，都是幼年丧父，真是令人唏嘘不已：他祖父王云龙是一位遗腹子，出生时其父已去世数月；他父亲王心楼也是因"父去世较

① 王德滋访谈录（一）——家世背景与求学经历，2014 年 5 月 28 日，南京。资料存于采集工程数据库。

② 王德滋访谈录（一）——家世背景与求学经历，2014 年 5 月 28 日，南京。资料存于采集工程数据库。

早，主要由母亲抚养长大”；王德滋幼年时痛失双亲，是位孤儿。

因年幼时便父母双亡，王德滋是在姐姐、哥哥的照顾下成长的，因此，在感情上较之一般家庭的兄弟姊妹更加的深厚、难忘。在访谈中，他向我们展示了一张常伴左右的黑白照片。照片摄于 1949 年冬天的中山陵，上有王德滋、大哥王德润、大姐王蔼如以及两个朋友。当时，南京刚刚解放，王德润的初中同学荀毅抗（原名荀维仁）担任南京市税务局的局长，因亟需大批干部，在他引荐之下，王德润便到南京市税务局当了一名普通干部（为供给制待遇）。王德润长得十分英俊，穿上干部服更显帅气。但因早年生活负担过重，操劳过度，得了肺结核，善良的他始终抱有“我有病，不能耽误女方”的想法，所以终身未婚。后来，王德润因肺病复发被迫返乡疗养，病情稍为稳定后，又为生活所迫而在县城担任小学教师。[1]

图 1–4　王德滋（左一）与亲友合影于南京中山陵（1949 年冬。资料来源：王德滋《往事杂忆》）

① 王德滋:《往事杂忆》。南京：南京大学出版社，2012 年，第 7 页。

因常年的劳累辛苦，加之重病在身，至 1957 年王德润便英年早逝，年仅三十五岁。那时，王德滋已经在南京大学担任讲师，大哥去世时，他请假回乡给他料理了后事。[①] 王德润一生辛苦劳累、无怨无悔，支撑着整个家庭，这让王德滋终生难忘。

1949 年冬，王德滋是南京大学（此时中央大学已经更名为南京大学）三年级的学生。因为思念自己的两个弟弟，王德滋的大姐王蔼如专门前往南京看望他们。于是，王德滋兄弟两人便陪同自己的姐姐前往中山陵游玩。一同前往的还有他们的两位朋友，一位是荀毅抗的夫人沈璇（她是一位渡江干部），另一位则是荀毅抗的弟弟荀维明，他既是王德滋的小学同学，同时，也是王德润在南京税务局的同事。在王德滋心目中，这张照片十分珍贵，不仅寄托了他对大哥、大姐的深厚感情和思念，同时，也反映了他对友谊的珍视和怀念。[②]

王德滋家的亲戚不是很多，其中，给他留下深刻印象的主要有两位，其中一位是他的姑父朱东润[③]。其实，朱东润并不是他的亲姑父，而是他大姑父的妹夫，按照辈分王德滋称他为四姑父。朱东润少时家贫，食不果腹，每日将一钵饭分三餐食用。尽管生活条件十分艰苦，但是，朱东润志存高远、刻苦学习，后自英国学成回国，做过武汉大学、中央大学和复旦大学中文系教授，是著名的书法家和国学大师，同时，对英国文学也颇有研究，造诣深厚，可以说是一位学贯中西的大家。朱东润是王德滋的榜样，是他崇拜的对象。在王德滋看来，尽管他不是自己的亲姑父，但是他对自己的影响却十分深远。

另一位给王德滋留下深刻印象的亲戚就是他的姨母孙刘氏。孙刘氏是王德滋母亲的长姐，夫家姓孙。她的丈夫是一个虐待狂，夫妻之间的关系

① 王德滋访谈录（一）——家世背景与求学经历，2014 年 5 月 28 日，南京。资料存于采集工程数据库。

② 王德滋访谈录（一）——家世背景与求学经历，2014 年 5 月 28 日，南京。资料存于采集工程数据库。

③ 朱东润（1896–1988），著名古典文学研究家、传记文学作家。原名朱世溱，江苏泰兴人。早年留学英国，1916 年回国后曾任武汉大学、中央大学、无锡国学专修学校等校教授。新中国成立后任复旦大学教授。长期从事中国古代文化史研究和古代作家传记写作。主要著作有《中国文学批评史大纲》《张居正大传》等，是我国现代传记文学的开创者之一。

十分不好，后两人分居，孙刘氏在泰兴东门街上开了一家小杂货店。她便将两个女儿带出来与自己共同生活。王德滋的两个姨表姐比他的两个亲姐姐年龄稍长一点，姨母和两个姨表姐对王德滋他们照顾颇多。及至长大成人，他的两个姨表姐还不时对王德滋笑言："锁儿，你小的时候我们可是经常把你抱在手里的啊！"直至今日，王德滋对于姨母孙刘氏及两个姨表姐都心存感激、难以忘怀。

第二章 求学经历

王德滋自幼聪慧，四岁开始识字，至今依稀记得父亲当年教他识字的情景。王德滋在六岁进小学前，已经认得几百个字了。所以，小学只读了五年，中间跳了一级，十一岁即小学毕业，这全得益于父亲给予王德滋的学前教育。

襟 江 小 学

1933 年 9 月，王德滋入襟江小学开始了他的求学历程。襟江小学 ① 位于泰兴县城东街，距王德滋家不是很远。襟江小学具有十分悠久的历史，它的前身是成立于咸丰十年（1860 年）的襟江书院，距今已有 157 年的历

① 襟江小学发端于清代咸丰年间的襟江书院，现有南北两个校区，北校区于 1999 年 9 月建成，位于泰兴市区羌溪花园西侧；南校区位于南二环路北侧，与北校区隔河相望，一座景观桥横跨南北校区。

图 2-1 襟江书院

史。在襟江小学的发展历史上有两位关键人物：一位是泰兴知县金以诚①，他用自己的“养廉银”创建了“襟江书院”；另一位是继任知县龙璋②，他虽为清朝官员，但思想较为进步，对孙中山领导的革命不仅同情，亦很支持和向往。龙璋在任期间，分别于 1901 年和 1902 年将襟江书院更名为泰兴县学堂和泰兴第一高等小学，最后更名为襟江小学。如今，一走进襟江小学校园便能看到安放在进门右侧的龙璋塑像，由此可见龙璋对襟江小学的重要意义和影响。③

襟江小学之所以取名“襟江”，主要源于唐代王勃所写《滕王阁序》，其中有“襟三江而带五湖”之名句。因此，襟江小学以“襟江”为名，意在凸显学校“以江为襟”的雄浑气魄，培养志存高远的学生。④

---

① 金以诚（生卒年不详），字敬止，泰兴知县，后任镇江知府，襟江书院创始人。咸丰十年，为使邑人“习圣贤经传之训、修孝悌忠信之风”，自捐廉资膏火，倡建书院。书院落成后，他登楼见长江，想到王勃名句“襟三江而带五湖，控蛮荆而引瓯越”，遂取名“襟江书院”。他亲撰《襟江书院记》，提出“出为名臣、处为纯儒”之培养目标。自此，泰兴“儒风愈茂、文运日新”。

② 龙璋（1854-1918），字砚仙，号甓勤斋主人，晚号潜叟，湖南攸县人。出身世家，是左宗棠的外孙女婿，谭嗣同亲家。他是光绪年间举人，晚清时历任江苏如皋、沭阳、上元、泰兴、江宁等知县及候补道。在此期间结识黄兴、蔡锷、宋教仁等辛亥革命志士，暗中资助革命，前后达 20 多万银圆。回湘后参与领导辛亥革命、二次革命、护国战争。被袁世凯通缉，流亡上海三年。辛亥后，曾任湖南民政长、西路巡按使、国民党湖南支部评议长、代省长，是传统绅士从改良向革命转化的代表人物。何叔衡称龙璋是“满清名县令，共和大功臣”，章太炎赞龙璋“功与开国诸将齐”。龙璋在江苏和湖南先后创办了如皋小学、泰兴第一高等小学、旅宁中学、湖南明德中学、醴陵瓷业学堂、湖南高等铁路学堂等学校。1936 年丁文江赴长沙诗祭龙璋，称其为“恩师”。

③ 王德滋访谈录（一）——家世背景与求学经历，2014 年 5 月 28 日，南京。资料存于采集工程数据库。

④ 王德滋访谈录（一）——家世背景与求学经历，2014 年 5 月 28 日，南京。资料存于采集工程数据库。

如今，虽已过去八十余年，王德滋对自己当年在襟江小学的学习生活仍然记忆犹新。尤其是对当年的校长、老师至今仍铭记心头、难以忘怀。根据王德滋的回忆，时任校长徐子贞，个头不高，在学生品行方面要求极严。他虽然没有给王德滋讲过课，但他会在每周都举行的纪念周活动上讲话，并对学生进行品德教育。王德滋六年级时的任课老师赵吉云也给他留下了深刻的印象。

此外，在襟江小学学习过程中有几件事亦给王德滋留下了终生难忘的印象。其中一件为第一次游览长江。泰兴虽然紧靠长江左岸，但县城距离长江仍有六公里的路程，所以一直到小学高年级，王德滋还不知道长江到底是什么样子。有一次学校组织高年级学生去游览长江，这给王德滋留下了难以忘怀的美好记忆。当时，他们从内河坐船，利用竹篙撑船前进，行驶约一小时后到达港口。此时，他们虽未真正进入长江之中，但通过河口已然看到了宽广辽阔的长江，并被其雄浑壮阔的气势深深震撼，激动万分，情不自禁，异口同声地发出惊叹："啊！长江！"他们的眼界为之大开，心境也开阔了很多。在王德滋的想象中，长江的水应该与河水一样是绿的，但实地一看却是黄的。于是，他便问老师："长江的水为什么是黄色的？"老师回答道：这是因为江水里面含有一些泥沙。待船进入江面，船工便把篷撑了起来，扬帆前进。但见，"蓝天白云，风帆点点，大江雄浑，流向天边"，大有李白七绝《黄鹤楼送孟浩然之广陵》中所描述之"孤帆远影碧空尽，唯见长江天际流"之气势。此情此景，直至今日王德滋仍记忆犹新。

另一件令王德滋终生难忘的则是当时放学时所唱的《放学歌》。在襟江小学读书时，每天放学时学生都要到操场上集合，排成两个方阵，面对面站着唱《放学歌》："功课完毕，要回家去，先生朋友，大家暂分手，明朝会，好朋友，明朝会，好朋友，愿明朝，齐到无先后。"唱到"好朋友"时，彼此就向站在对面的小伙伴鞠上一躬。因此歌歌词简单，且每天都要唱，直至现在他仍记忆犹新、烂熟于心。2010 年，王德滋受邀参加泰兴襟江小学 150 年校庆时，曾当着全体小学生的面又唱了这首歌，小学生们极为高兴，反响热烈。在王德滋看来，这首歌至少表达了三层含义：其一，功课必须在学校做完，没有家庭作业；其二，全体小学生第二天一早要准时到校，“齐到无先后”；其三，唱到“明朝会，好朋友”的时候，同学相互鞠躬，体现一种友爱、团结的气氛。①

1938 年 7 月，王德滋从襟江小学毕业。

中学时期

1938 年夏，王德滋小学毕业进入中学之时，正值抗日战争，局势动荡、生活艰辛，学校办学更是漂泊不定。因此，王德滋在整个初中时期曾先后就读了三所学校。

1938 年秋天，王德滋就读于上海沪光中学泰兴分校。该校校长罗树声原是武汉大学的讲师。在小小年纪的王德滋看来，无论是“校长”，还是“大学讲师”都是十分了不起的职务，于是，便对罗树声心生敬仰之情。当时因为前方抗战，部分大学搬迁至后方，使得不少大学教师被迫到中学任职。因此，尽管这是一所初级中学，但当时的师资阵容却很强大，甚至有原武汉大学教授朱东润等著名学者在此任教。当时，语文教材中有两篇文章给王德滋留下了十分深刻的印象，一篇是鲁迅写的《秋夜》，一篇是朱自清写的《背影》，尤其是《背影》，每每读到《背影》，王德滋便会想到英年早逝的父亲。后来随着战争形势的不断变化，大部分教师离开泰兴奔赴后方或另觅它途，使得沪光中学仅仅开办一年便无法继续维持。②

1939 年 9 月。到初中二年级时，王德滋便转到泰兴初级中学（即泰兴中学前身）就读。该校位于襟江小学旁边，教学楼为两层建筑，王德滋的教室在二楼，可以俯视襟江小学的操场。在此上课不久，便有日寇战机到泰兴县城骚扰，投放炸弹数十枚，造成数名老百姓伤亡，广福寺亦遭空

---

① 王德滋访谈录（一）——家世背景与求学经历，2014 年 5 月 28 日，南京。资料存于采集工程数据库。

② 同①。

袭。王德滋所在的学校虽然没有遭到袭击，但因担心日机再次来袭，时任校长林蔚岑当机立断，决定把学校搬迁至农村。经过紧张的筹备，学校最终搬到了宣家堡附近的樊家堡。因樊家堡靠近两泰运河（即从泰兴到泰州的运河），故可坐船前往。那时王德滋年仅十二岁，他的大姐为他准备了简单的行李，并亲自送他到码头。当时，河面停泊了数十条船，大家集体前往。而在此之前，学校已把桌椅板凳等教学用具转移过去。由于樊家堡校区空间有限，因此，他们平时在樊家堡学习，而宿舍则安排在离樊家堡三华里的一个小庙里。他们住的都是双人铺，由于庙里的泥菩萨还在，吓得他们晚上都不敢起来小便，有的同学甚至因此而溺便在床。为了避免起夜，很多人晚饭时都不怎么敢喝汤水。每天清晨，同学们都要集合排队，跑步前往樊家堡上课。早、中、晚三顿饭都在樊家堡就餐，课桌就是餐桌。晚上自习时没有电灯，便用汽油灯照明，直到晚上九点左右，再集合跑步回宿舍睡觉。

在樊家堡校园前面，沿着运河有一片树林，王德滋经常在树林里面或者运河旁边一边背英语单词，一边观看运河里面来往的船只。尽管当时的学习和生活条件很是艰苦，那里却给王德滋留下了深刻、美好的记忆。

冬季降临了，学期快结束时，刚刚下过一场大雪，学校突然紧急集合，林蔚岑校长站在一张桌子上面，同学们则立在雪地上，林校长说："现在向大家宣布一个不幸的消息，泰兴县城已经沦陷了，被日本人占领了。"听闻此语，大家惊愕不已，有的同学甚至被吓得哭了起来。林校长接着说："考虑到你们家都在城里，你们年龄也小，也不能断了经济来源，所以我宣布，学校暂时解散。"于是，同学们都无奈地离开学校回家。等回到泰兴县城以后，王德滋才知道，有一个汉奸叫蔡鑫元，原为国民党的营长，他暗中与日本人勾结，引狼入室，使得泰兴就此沦陷。蔡鑫元被汪精卫的伪政府委任为师长，驻扎在泰兴县城，他从营长摇身一变升为师长，成为泰兴一霸。后来，当新四军解放泰兴县城时，蔡鑫元被枪决于泰兴大操场，因为很多人对他恨之入骨，尸体一倒就被围观群众分尸，由此可见老百姓对他的仇恨之深。①

从樊家堡回来后，王德滋便失学在家。当时城里有两位名士，一位叫戴为骞，一位叫杨元毅，戴家是当地的大户，他们在戴家大院里办了一个补习班，后来因学生不断增多，戴家大院空间有限，已无法满足当时教学的需要，他们便把附近的一个二层楼房租过来，将补习班命名为“扬陋学塾”。扬陋学塾虽为民办性质，但有学籍，并被地处郊区的泰兴教育局承认（当时，泰兴县城由汪伪政府控制），于是，王德滋便一直在此就读，直至初中毕业。②

1941 年初中毕业后，王德滋进入延令中学就读高中。该校为一所私立学校，因泰兴以前被称为延令县，故取名为延令中学。校长封伯勋，既是一位教育家，也是泰兴的一位知名人士。延令中学位于香花桥旁，此处有一个大池塘，池塘中间有一个土墩，就像池塘里面的一个小岛一样，名曰“三妃墩”。相传在北宋末年，康王（即后来成为南宋第一位皇帝的宋高宗）的三个妃子落难泰兴，病死、合葬于此，故取名为“三妃墩”。延令中学即在“三妃墩”旁，由原来的一个道观改建而成。延令中学的校训为“内充实，外光华”，具有“内圣外王”之深意。③

在延令中学读书期间，王德滋对语文课的印象尤为深刻，时任语文教师杨元毅在授课过程中，主要从《古文观止》④选取教材，另有部分教材选自《徐霞客游记》⑤和《饮冰室文集》⑥。其中，给王德滋印象最深的是《徐

---

① 王德滋访谈录（一）——家世背景与求学经历，2014 年 5 月 28 日，南京。资料存于采集工程数据库。

② 同①。

③ 王德滋：《往事杂忆》。南京：南京大学出版社，2012 年，第 10 页。

④ 《古文观止》总集名。清康熙年间吴楚材、吴调侯编选。十二卷。“观止”取“叹为观止”之意。选录先秦至明末诸家文二百二十二篇。以散文为主，间收骈文。按时代先后编排，并加以简要评注。所收以名篇居多，且繁简适中，故流传较广，成为初学古文的普及读本。初刻于康熙三十四年，后多次翻刻或排印。

⑤ 《徐霞客游记》由明徐弘祖（号霞客）著。世传本有 10 卷、12 卷、20 卷等数种，主要按日记述作者 1613-1639 年间旅行观察所得，对地理、水文、地质、植物等现象，均作了详细记录，在地理学和文学上具有重要的价值。

⑥ 《饮冰室合集》是梁启超的一部著作集，因为梁启超又号饮冰室主人，故称《饮冰室合集》。分为《文集》《专集》两部分，编年排列。有 1936、1941、1989 三个版本。

霞客游记》。当时杨元毅选取了其中的一篇《游黄山日记》进行讲授，直至今日，王德滋仍然记得诸如“左天都，右莲花，背倚玉屏风，二峰秀色，俱可手揽”等这样的名句。王德滋不仅能背诵，而且对每一句都能解释。在学习此文之时，王德滋便想如此美丽的地方，有朝一日一定要去参观、游览。没想到多年以后，黄山花岗岩却成了他的研究对象。因为王德滋专门从事花岗岩研究，而黄山则全部由花岗岩组成，王德滋曾经三登黄山，对黄山的情况了如指掌。① 当时，杨元毅每隔几周便会布置一篇作文，要求一律用文言文写作，他对王德滋的作文很是欣赏，圈圈点点加以评析，并在全班进行传阅。后来王德滋报考中央大学时，作文考题为《论传记文学》，并要求用文言文进行写作，他大加发挥，自感作文写得不错，而这在王德滋看来应归功于杨元毅老师为他打下的坚实基础。②

作为一所私立学校，延令中学当时规定每学期要收取一石米作为学费，王德滋在延令中学读了六个学期，却从未交过学费，因为，学校同时也规定如果成绩位居全班前三名可以免交学费。而王德滋每学期成绩都在前三名，所以，从 1941 年入学到 1944 年毕业，王德滋均享受免交学费的优惠。③

考入江苏教育学院的苦与乐

高中毕业以后，王德滋即面临升学问题的困扰。由于当时正值抗战期间，南方一些比较著名的大学，如中央大学、浙江大学等都迁往大后方，江苏境内只有汪伪政府所办的“南京中央大学”和位于苏州的江苏教育学院。当时，王德滋的大姐认识一个名叫成翼康的同乡，他是江苏教育学院

---

① 王德滋访谈录（一）——家世背景与求学经历，2014 年 5 月 28 日，南京。资料存于采集工程数据库。

② 王德滋:《往事杂忆》。南京：南京大学出版社，2012 年，第 10 页。

③ 同①。

的职员，他再三地鼓动王德滋报考江苏教育学院，他告诉王德滋，江苏教育学院不仅不收学费，而且提供免费食宿，不用花一分钱就能上大学。这对当时家境比较困难的王德滋而言，具有很大的吸引力，于是，王德滋便选择江苏教育学院作为自己继续深造、学习的院校。他到苏州参加了该校的入学考试，并被顺利录取为数学系学生。1944 年秋天，王德滋便进入该校读书，校址是一所教会中学——晏城中学的旧址。江苏教育学院师资力量较为薄弱，数学系基本没有教授层次的教师，大多仅为中学水平；图书馆等设施亦很简陋，而且，没有开设英语课程，只开设日语。所以，王德滋进校不久便对学校感到失望了。尽管对这个学校不太满意，但对苏州这个城市却抱有好感，于是，他便利用闲暇时间几乎游遍了苏州的园林，同时，还游览了木渎镇、天平山以及灵岩山等景点。此外，在王德滋看来，江苏教育学院的校园十分小巧玲珑、非常漂亮。所以，尽管对学校不满意，但对学校所在的校园和城市却很留恋。王德滋的夫人洪奉青是苏州中学的校友，对苏州亦有很深的感情。因此，时隔几十年后，王德滋与夫人旧地重游，发现原来那座美丽的校园早已荡然无存，而改成一所医院了，不免有点怅然若失。①

王德滋在江苏教育学院只读了一个学期就自动退学，回泰兴去了。此时已是 1945 年初，日寇已处于强弩之末了。

立志献身地质科学

回到泰兴后，王德滋便在城东小学当教师兼教导主任，时任小学校长陆炳诚是王德滋小学时的同学。1945 年 8 月，日本宣布无条件投降，很多后方的大学即将搬回原地，王德滋再次感到了升学的希望，于是，便辞掉了学校教导主任之职，回家复习功课。

---

① 王德滋访谈录（一）——家世背景与求学经历，2014 年 5 月 28 日，南京。资料存于采集工程数据库。

王德滋的四姑父朱东润当时是国立中央大学中文系教授。抗战胜利后，朱东润十分关心王德滋的升学问题。通过书信往来，他向王德滋介绍了中央大学的详细情况以及中央大学理学院地质系的师资力量，并鼓励他报考中央大学地质系。而当时王德滋业已对地质学科产生了浓厚的兴趣。不久，朱东润从重庆回到南京，并返回了阔别多年的故乡，王德滋得以亲聆他的教诲，越发坚定了他报考中央大学地质系的决心。① 当时学校招生不是全国统考，而是由招生学校自主组织考试。由于沦陷区积压的未升学的学生人数很多，报考中央大学的学生有三万人之多，而学校仅录取五百名，录取概率为六十取一，难度很大。王德滋专程到南京参加入学考试，考场就在城南的钟英中学。尽管当时他准备得比较充分，但到了中央大学张榜公布录取名单的时候，他几乎没有勇气去看榜。后来，还是他的哥哥代他到南京去看榜，并从南京夫子庙附近买了一份当天的《中央日报》，上面登有中央大学的录取名单。在理学院的新生名单中，“王德滋”排在第二十八位②，王德滋从此走上了从事地质科学的道路，应该说这是他人生道路上一个很重要的里程碑。看到王德滋在如此激烈的竞争中竟然被中央大学录取，朱东润对他十分器重。③

王德滋之所以坚定地选择地质学作为自己的毕生追求，主要受两位地质学界前辈的影响。一位是泰兴籍的丁文江，④ 他早年留学英国，就读于

---

① 王德滋:《往事杂忆》。南京：南京大学出版社，2012 年，第 12 页。

② 陈骏、王运来：德才兼备 滋兰树蕙——中国科学院院士王德滋记略。见：陈骏主编:《地质与地球化学研究进展——庆贺王德滋院士致力于地质科学 60 周年暨 80 华诞》。南京：南京大学出版社，2006 年，前言第 4 页。

③ 王德滋访谈录（一）——家世背景与求学经历，2014 年 5 月 28 日，南京。资料存于采集工程数据库。

④ 丁文江（1887-1936），字在君，江苏泰兴人，著名地质学家、社会活动家。中国地质事业的奠基人之一，创办了中国第一个地质机构——中国地质调查所。《独立评论》的创办人之一。早年留学日本和英国。1906 年秋在剑桥大学学习。1907-1911 年在格拉斯哥大学攻读动物学及地质学，获双学士。1911 年 5 月离英回国，回国后在滇、黔等省调查地质矿产。除地质学以外，丁文江在地理学、人种学、优生学、历史学、考古学、少数民族语言学等领域也有独特贡献，是一位典型的百科全书式的人物。著有《云南东川府铜矿》《中国之造山运动》等著作。1923 年当选中国地质学会第二任会长。1936 年 1 月 5 日，时任中央研究院总干事的丁文江在湖南谭家山煤矿考察时因煤气中毒遽尔长逝。

图 2-2　丁文江（1887—1936）
（资料来源：王德滋《往事杂忆》）

图 2-3　谢家荣（1898—1966）
（资料来源：王德滋《往事杂忆》）

格拉斯哥大学，获地质学与动物学双学位，回国后，他没有去条件优越的大城市，而是首先到云贵高原考察地质矿产。他有两句名言："登山必到峰顶，移动必须步行"，这充分表明丁文江崇尚实践，而且身体力行。他后来担任过中国地质学会的理事长、中央研究院的总干事。当时蒋介石对丁文江十分器重，内定他为铁道部部长，但是他并未立刻接受，尚在犹豫之中，便先到湖南，沿着粤汉铁路调查煤矿。不幸，在调查煤矿的过程中因煤气中毒去世，年仅49岁，他的墓地选在长沙岳麓山。他生前曾言："埋骨何须桑梓地，人间处处有青山。"丁文江去世时，王德滋还在小学读书，直到高中时，他才了解丁文江的感人事迹，当时他的脑海里就产生了将来也要像丁文江那样从事地质科学的朦胧意识。①

对王德滋影响较深的第二位前辈是谢家荣②。他曾经写过一本名叫《地质学》的书，这是中国最早的一本《地质学》著作，里面有大量的图片，显示了美妙的地质现

① 王德滋访谈录（一）——家世背景与求学经历，2014 年 5 月 28 日，南京。资料存于采集工程数据库。

② 谢家荣（1898-1966），著名地质学家、矿床学家。字季骅，上海人。1916 年毕业于农商部地质研究所，1920 年美国威斯康星大学地质系硕士毕业。曾任农商部地质调查所技正，清华大学、北京大学、中央大学教授，经济部资源委员会矿产测勘处处长，中国地质学会理事长。1948 年当选为中央研究院院士。1949 年后任全国地质工作计划指导委员会副主任委员，地质部总工程师，全国地质普查委员会常委等。中科院学部委员（院士）。曾先后发现安徽凤台磷矿、淮南八公山煤田、南京栖霞山有色金属矿及甘肃白银厂铜矿等，对大庆等油田的发现做出了重要贡献。对石油、天然气、煤、金属、非金属矿产的成矿规律、找矿方向及成矿理论等都有论述。著有《北平西山地质构造史》《中国矿床学》等。

象和祖国的壮丽山河。王德滋被这本书深深吸引住了，促使他坚定地立下了从事地质科学的志向。后来，王德滋进入中央大学地质系，见到了仰慕已久的谢家荣先生并聆听了他为地质系学生讲授的“煤田地质学”，谢家荣渊博的知识以及丰富的实践经验给王德滋留下了十分深刻的印象。[①]

中央大学的学习生活

1946 年 10 月，王德滋从家乡泰兴来到中央大学报到，挂上了印有校门和大礼堂的三角形的中央大学校徽。此时，他的心情万分激动，这成为他从事地质科学事业的起点。

图 2-4　国立中央大学校徽（资料来源：南大校史馆）

当时，国立中央大学拥有文、法、理、工、医、农和师范等七个学院，四十多个系科，其中，理学院拥有数学、物理、化学、生物、地质、地理、气象和心理等八个系。中央大学地质系源自国立东南大学地学系，包含地质、地理和气象三个学科。1930 年 1 月，中央大学地学系一分为二，成立了地质系和地理系（含气象学科）。中央大学地质系不仅历史悠久，而且教师阵容很强。国内地质学界公认中央大学地质系、北京大学地质系和清华大学地质系是民国时期培养地质人才的“三强”。但总的来说，三个大学的地质系规模都不大，学生人数较少。当时，地质学在社会上被视为“冷门”学科[②]。

由于当时中央大学刚从重庆迁回南京，校园分为本部和分部，本部为

① 王德滋：《往事杂忆》。南京：南京大学出版社，2012 年，第 16-17 页。

② 王德滋：《往事杂忆》。南京：南京大学出版社，2012 年，第 17-18 页。

图2-5　国立中央大学校门（资料来源：南大校史馆）

图2-6　国立中央大学礼堂（资料来源：南大校史馆）

现在东南大学所在位置，即四牌楼校园；分部在丁家桥，即现在东大医学院所在的位置。当时，一年级学生都在分部，住的多是木板搭起来的平房，里面是住一百多人的大统舱。教室和图书馆也都是平房。而位于丁家桥的医学院和农学院则是楼房。丁家桥和四牌楼之间有校车相通，那时的校车就是卡车改装的，车厢里面放几条长板凳。有一次王德滋乘坐校车从丁家桥到四牌楼图书馆借书，刚上车不久，就上来了一位四十岁左右、戴着金丝边眼镜、西装革履、风度翩翩的教授模样的人。他坐在王德滋的旁边，并笑问王德滋哪个系的，王德滋回答说："地质系的。"对方笑着说："那我们是同一个系呢。"当时，王德滋不敢冒昧问他的尊姓大名，后来才知道，他就是刚刚从美国明尼苏达大学拿到博士学位回国的徐克勤教授，而这也正是王德滋与自己恩师徐克勤先生的第一次巧遇。这次相遇虽然两人互不认识，也不知对方的姓名，但彼此之间都留下了十分深刻的印象。那时，徐克勤先生住在丁家桥校区，需要到四牌楼校区工作，所以，每天都要坐校车往返其间。①

当时地质系一年级的课程主要有三民主义、语文、英文阅读、英文作文、物理、数学以及地质学入门课程普通地质学等，其中，三民主义这门课，虽然老师讲得很认真，但学生并不感兴趣。从二年级起，专业课开始占据主导地位，包括矿物学、岩石学、光性矿物学、古生物学、地史学、构造地质学、矿床学和找矿勘探方法等，其他课程尚有化学、分析化学、普通生物学等。到了高年级时，有时会开设变质岩石学、古植物学、高等矿床学和煤田地质学等课程。后面几门课不是每年都开设，但假若系主任决定开设，则学生必须选修，类似现在的指定选修课。②

当时中央大学的教风十分严谨，几乎所有课程都由教授担任，实验课则在助教指导下完成，对实验的要求非常高。其中，普通物理实验由冯端先生指导，他那时刚刚大学毕业，穿一件长衫，在学生做实验的过程中一直注视学生的操作是否符合要求，同时，严格审查实验报告，看数据是否

---

① 王德滋访谈录（一）——家世背景与求学经历，2014 年 5 月 28 日，南京。资料存于采集工程数据库。

② 王德滋：《往事杂忆》。南京：南京大学出版社，2012 年，第 19-20 页。

准确，整个过程十分严格，这给王德滋留下了深刻的印象。二年级时的生物学实验课同样让王德滋深刻难忘，不仅要求学生能够通过显微镜对细胞和草履虫等进行仔细的观察，而且，要求对观察的对象进行详细、准确的描述，绘制精确的素描画，如若达不到相应的要求，指导教师便会要求学生重新修改，直到完善。①

二年级时，王德滋从丁家桥搬到四牌楼。当时，地质系位于科学馆（现在改名为健雄馆）三楼，这里既是教室也是实验室。学生宿舍则在文昌桥，是一式的七幢两层楼房，墙面黄色，门窗漆成红色，每个房间安放四张双人铺，住八个人，中间放八张小书桌供学生自修使用。那时的文昌桥宿舍很幽雅，小桥流水，树木扶疏，环境十分优美。当时学校规定，理科学生必须选修两门文科的课程，王德滋便向老同学打听，选什么课最好，老同学介绍说孙本文②的社会学课最值得选，当时，孙本文是中央大学拥有的十三位部聘教授之一③，学术造诣很深。于是，王德滋便选了孙本文先生的课，当时，选这门课的人很多，一个二百多人的阶梯教室坐得满满的。此外，王德滋还选了一门“中国通史”课程，两门课都取得了很好的成绩。④

1950年3月，王德滋已是大学四年级的学生，那时南京已经解放近

① 王德滋:《往事杂忆》。南京：南京大学出版社，2012年，第19页。

② 孙本文（1892–1979），著名社会学家。字时哲，江苏吴江人。1918年毕业于北京大学哲学系。1921–1926年留学美国，1922年获美国伊利诺大学硕士学位，1925年获纽约大学社会学博士学位。回国后，曾任复旦公学教授，中央大学教授、系主任、教务长、师范学院院长，国民政府教育部高等教育司司长。1928年与吴泽霖、吴景超等发起成立“东南社会学会”。1930年，发起成立中国社会学社，任理事一职，并主编《社会学刊》。中华人民共和国建立后，他长期在南京大学任教。毕生从事社会学教学与研究。主要有《社会学原理》《现代中国社会问题》《社会心理学》《近代社会学发展史》以及《当代中国社会学》等著作。

③ 部聘教授制度是抗日战争时期国民政府采取的一项措施。在部聘教授产生过程中，教育部制定了《教育部设置部聘教授办法》，部聘教授是当时中国教育界的最高荣誉，有人称之为“教授中的教授”。部聘教授任期五年，可续聘。1942年和1943年分别评选出三十人和十五人，在共计四十五名部聘教授中，中央大学有十三位，分别是：艾伟（心理）、孙本文（社会）、胡焕庸（地理）、蔡翘（生理）、梁希（林学）、秉志（生物）、楼光来（外文）、胡小石（国学）、柳诒徵（历史）、常导直（教育）、高济宇（化学）、戴修瓒（法律）和徐悲鸿（艺术）。

④ 王德滋访谈录（一）——家世背景与求学经历，2014年5月28日，南京。资料存于采集工程数据库。

图 2-7 地质系师生在四牌楼校园（1948 年，后排右三为王德滋。资料来源：王德滋《往事杂忆》）

一年时间，中央大学亦由人民政府接管，并更名为南京大学，时任军代表孙叔平①（后来任校党委书记兼副校长）组织教师和学生学习社会发展史和历史唯物主义。孙叔平既是革命干部，又是一位大知识分子，他在四牌楼可容纳三千人的大礼堂里讲授社会发展史，整个大礼堂座无虚席，鸦雀无声，非常精彩，教师听了无不佩服。当时学校还聘请了著名地质学家许杰②来校做辅导报告，主要讲从猿到人的进化，他说从猿到人的几百万年

---

① 孙叔平（1905–1983），著名哲学家。安徽萧县人。武昌大学（今武汉大学前身）外文系肄业。1928 年加入中国共产党。抗战时期，任新四军抗大四分校教育长、中国人民解放军华中建设大学教育长、中国人民解放军特种纵队特科学校（今解放军南京炮兵学院的前身）副校长、校长等职。新中国成立以后，任南京大学哲学系主任、副校长，江苏省哲学社会科学研究所所长、江苏省社会科学联合会副主席、哲学学会会长，历史唯物主义研究会顾问、中国哲学史学会顾问。对马克思主义哲学、政治经济学、中国哲学史有较深造诣。六十年代初起尤致力于中国哲学史研究，著有《中国哲学史史稿》《历史唯物主义纲要》等。

② 许杰（1901–1989），号兴吾，安徽广德人。曾先后任中央研究院地质研究所副研究员、研究员，云南大学教授，安徽大学校长，地质部副部长，中国科学院生物地学部副主任，中国地质科学院首任院长，中国地质学会副理事长，中国科学院学部委员（1955 年当选）。1958 年当选为苏联古生物学会名誉会员。是中国笔石古生物学与生物地层学的重要奠基人。在腹足类、三叶虫古生物学方面有很多建树。长期担任地质部及地质科学研究院的领导职务，对新中国地质矿产勘查与科学研究很有贡献。主要著作有《长江下游之笔石化石》（1934）、《宜昌属及宜昌期动物群》（1948）、《柴达木下奥陶系一个新笔石层》（1959）等。

间经受了三大自然灾难：一是漫天的黄沙，像黄土高原的黄土，以及南京的黄土，都是风刮过来的，没有经过流水的搬运；第二大灾难是遍地横流的岩浆，温度高达千度以上；第三大灾难就是漫山遍野的冰雪，整个地球都被冰雪覆盖，形成了“雪球”。古猿战胜了这三大自然灾难，最终才演化为人，这给王德滋留下了深刻的印象。[①]

受业名师

在王德滋看来，“人世间的真情除了亲情而外就算师生情来得最为珍贵，这是一种终生难忘的感情”。在中大地质系读书期间，有几位老师给王德滋留下了终生难忘的印象。

第一位是系主任张更教授[②]。他亲自给一年级学生讲授“普通地质学”，王德滋清楚地记得在第一堂课上，他开宗明义地讲：“普通地质学是地质系的入门课程，非常重要，学好这门课，可以启发你们学习地质学的兴趣，使你们懂得如何认识地质现象，从而正确解释地质现象。”[③]话语虽短，却意蕴深远，令王德滋至今记忆犹新。这里有一件有趣的事至今仍令王德滋难以忘记。王德滋到了学校以后曾经向家里写过很多封信，但令王德滋疑惑不解的是，虽然自己写了很多封信回家，但从来没有收到家里的回信。有一天张更先生走进教室，他对王德滋说道：“Mr. Wang，这里有一堆你的家信。”原来当时中央大学有两个人叫王德滋，他的所有家信都被寄到了另一位王德滋（他是化工系教授）手里，他拆开一看，知道不是自己的

① 王德滋访谈录（二）——求学经历，2014年6月18日，南京。资料存于采集工程数据库。

② 张更（1896–1982），字演参，著名石油地质学家、矿床学家。浙江瑞安人。国立江苏东南大学毕业，后赴美国哈佛大学学习。1936年回国，曾任中央研究院地质研究所副研究员，中央大学教授兼理学院院长。后任燃料工业部石油管理局陕北勘探大队总地质师，西北石油管理总局副局长，北京石油学院教授，石油工业部石油勘探开发研究院总地质师等。早年对金属、非金属矿床有较深的研究。著有《石油地质学》《中外油气田地质学》等。

③ 王德滋：《往事杂忆》。南京：南京大学出版社，2012年，第22页。

信，后来一打听，才知道还有一个名为王德滋的人是地质系的学生，于是便托张更先生带给了王德滋。[①] 学完“普通地质学”后，由张祖还 [②] 先生带他们到汤山去实习，他们从山的这边翻到山的那边，张先生沿途教他们如何使用罗盘，怎样用放大镜观察化石，还教他们画剖面。因此，在王德滋看来，两位“张先生”应是他的地质学启蒙老师。

还有一位教授给王德滋留下了深刻的印象，那就是中央大学最早的地质系主任李学清 [③] 先生。他曾给王德滋上过两门基础课：一门是“矿物学”，一门是“岩石学”。他讲课很有计划，每堂课讲完正好是下课之时，非常准确，而且每次实验他都亲自到场指导，十分认真、负责。此外，对于重要的定理、规律和一些重要的数据，李学清教授都要求同学们能够在理解的基础上熟记，甚至能够背诵。当时，王德滋对这种教学方法颇不以为然，甚至有些反感。但后来等他自己留校任教并讲授“岩石学”时，他才深深感受到这种教学方法对培养自己的专业功底具有重要影响和作用。[④] 后来，王德滋成了李学清的助教，因此，对王德滋而言，李学清无疑是他

---

① 王德滋访谈录（一）——家世背景与求学经历，2014 年 5 月 28 日，南京。资料存于采集工程数据库。

② 张祖还（1910–2000），字慰桥，江苏省南京市人。著名铀矿、同位素地质学家，专长于铀矿地质学及找矿勘探方法的研究。1933 年毕业于中央大学地质系，1939 年任云南—平浪矿务局副工程师。1941 年任云南矿业公司工程师。1943 年任贵州矿产测勘团地质技师。1944 年任中央大学地质系副教授，1949 年晋升为教授，后任南京大学地质系副主任、国务院学位委员会学科评议组成员、江苏省地震学会理事长等职。在六十年代初阐明了华南不同时代，从老到新其含铀量和放射性强度递增的规律，并根据同位素年龄数据指出华南印支运动和印支期花岗岩石的存在。曾获国家教委科技进步二、三等奖，国家自然科学二等奖。著有《中国地质学》（合著）、《铀矿地球化学》等。

③ 李学清（1892–1977），字宇洁，江苏吴江县震泽人。著名地质学家、岩石学家、地质教育家。1913 年考入工商部地质研究所地质培训班，是中国宝玉石矿物学研究的先驱之一，是中国自己培养的第一批地质工作者之一。后赴美留学，获得密歇根大学硕士学位。回国后就职于地质调查所，任矿物岩石研究室主任。1930 年中央大学地学系地质学科独立建系，李学清担任地质系首任主任，并连任十一年，还一度担任中央大学理学院院长。终生从事岩石矿物学的研究与教学，培养了一批卓有成就的地质学家。主编《沉积岩岩石学》，翻译《火成岩成因及地球深度》《光性矿物学》等。

④ 王德滋：《往事杂忆》。南京：南京大学出版社，2012 年，第 23 页。

的恩师。[①]

还有一位教授对王德滋具有十分重要的影响，那就是著名钨矿专家徐克勤先生[②]。徐先生自 1947 年起继张更之后担任地质系主任。他给王德滋讲授过三门课程："光性矿物学"、"高等矿床学"和"变质岩石学"。徐克勤教授在讲课过程中喜欢采用中英文混合的教授方式，王德滋称之为"雨夹雪"教学法。在访谈过程中，王德滋给我们讲述了关于徐克勤教授的一则故事：由于地质学专业的特殊性，要求学生必须参加野外地质实习，但由于当时办学经费不足，仅仅依靠学校的经费根本无法满足学生的野外地质实习需要，在这样的背景下，徐克勤运用自己的专业知识，利用业余时间带领系里的一些青年教师到私营矿山去工作，以此取得报酬贴补学生实习，又怕物价上涨，不得已买了一桶桶汽油"囤积"起来，利用学校提供的卡车，才保证了地质系学生野外地质实习的顺利进行。[③]

除了专任教授外，地质系主任每年还根据需要聘任几位兼职教授。1948 年王德滋读大学三年级时正值姚文光[④]教授休假一年，他主讲的"构

① 王德滋访谈录（一）——家世背景与求学经历，2014 年 5 月 28 日，南京。资料存于采集工程数据库。

② 徐克勤（1907–2002），安徽巢县（今巢湖市）人。著名地质学家、矿床学家、岩石学家。1934 年毕业于国立中央大学地质系。1944 年获美国明尼苏达大学博士学位。曾任中央大学及南京大学地质系主任、教授。南京大学花岗岩火山岩及成矿理论研究所所长，国务院学位委员会学科评议组成员，中国地质学会副理事长，中国矿物岩石地球化学学会副理事长。中科院院士。1956 年加入中国共产党。在湖南瑶岗仙发现中国首个夕卡岩型白钨矿，在赣南首先发现加里东期花岗岩，肯定攀枝花钒钛磁铁矿的经济价值等。著有《江西南部钨矿地质志》《论华南四大旋回花岗岩类》《华南不同时代花岗岩类及其与成矿关系》（合著）等。

③ 同①。

④ 姚文光（1908–1967），江苏武进人。著名构造地质学家，专长于构造地质学及工程地质学的研究。1930 年毕业于中央大学地质系。毕业后曾就职于杭州西湖博物馆、两广地质调查所。1935 年任重庆华西公司工程师，从事铁、煤和建筑材料等矿产的勘探活动。自 1941 年起长期担任中央大学地质系教授、南京大学地质系教授。讲课精辟生动，有口皆碑，是南京大学地质系构造地质学科的创始人之一。编著有《构造地质学》和《大地构造学》两本讲义。

造地质学”需要请人代课。这时，张文佑[①]先生正好从英国留学回来，在中央研究院地质研究所任研究员，中央研究院与中央大学只有一路之隔。于是，徐克勤便聘请他讲授“构造地质学”。当时，他不仅给同学们讲课，还带他们去北极阁实习。另有一门“古生物学”课程，也是请中央研究院的俞建章[②]研究员讲授的。俞建章讲课非常生动，在黑板上画图画得惟妙惟肖。此外，时任经济部资源委员会矿产测勘处处长的谢家荣先生给同学们讲授“煤田地质学”，也给王德滋留下了深刻的印象。这三位教授虽皆为兼职教师，但都尽职尽责，认真严谨，而且，都是将一门课程完整地教完。[③]

吴有训校长轶事

吴有训[④]校长毕业于南京高等师范学校（中央大学前身）。抗战胜利以后，他离开西南联大，出任中央大学校长。吴有训是美国芝加哥大学的博

---

① 张文佑（1909–1985），河北唐山人。中国地质学家、大地构造学家。1930 年入北京大学地质系，1934 年毕业。曾任中央研究院地质研究所研究员兼中央大学教授，后任中科院地质研究所所长，中国地质学会副理事长，北京大学、北京地质学院教授。中科院学部委员（院士）。长期从事区域地质的研究工作。曾主编《1∶400 万中国大地构造图》《中国大地构造纲要》等，阐述了海陆地壳的形成与演化及其对岩浆、沉积、成矿、地震等的控制作用。在大地构造理论上，创立断块构造学说。著有《断块构造导论》《地质科学的展望》以及《广西地质》等。

② 俞建章（1898–1980），著名地质学家、古生物学家。字端甫，安徽省和县人。北京大学毕业，英国布里斯托尔大学博士。曾任中央研究院地质研究所研究员，重庆大学、中央大学教授。后任长春地质学院副院长。中科院学部委员（院士）。从事地质学和古生物学研究和教学工作，对珊瑚化石的研究贡献较大。1963 年建立了中珊瑚目，受到古生物学界的重视。著有《中国下石炭纪珊瑚化石》《辽东震旦纪地层》和《中国下石炭统的异形珊瑚类》（合著）等。

③ 王德滋访谈录（一）——家世背景与求学经历，2014 年 5 月 28 日，南京。资料存于采集工程数据库。

④ 吴有训（1897–1977），字正之，江西高安人，中国近代物理学奠基人、科学家、教育家。历任中央大学教授，清华大学及西南联合大学教授、物理系主任、理学院院长，中央大学校长、交通大学校务委员会主任、华东军政委员会教育部部长、中国科学院近代物理研究所所长、中国科学院副院长、中国物理学会理事长、中国科协副主席等职。1955 年被选为中国科学院学部委员（院士）。

图 2-8 吴有训（1897-1977）
（资料来源：南大校史馆）

士，在读博期间用实验证实了他的导师康普顿提出的“康普顿效应”。1927 年，康普顿获得诺贝尔奖，在很多学界同仁看来，这里面也有吴有训的重要贡献。①

吴有训治校理念十分先进，他一进校就宣布要实行学术自由和教授治校的办学方针②。他一方面，在学校成立了教授会，有关学校的大政方针都要教授会讨论通过。同时，成立了学生自治会，自治会主席由民主选举产生。吴有训的教学理念也很先进，他认为，在大学里，教学与科研应该紧密结合，大学教师必须进行科学研究，教师讲课不能脱离学科的前沿。③

当时王德滋还是一年级学生，渴望一睹吴有训校长的风采。后来听老同学介绍说，看到吴校长并不难，因为他要给物理系一年级学生上“普通物理”课。吴校长当时住在四牌楼，每次都要从四牌楼赶到丁家桥给一年级学生上课，所以王德滋就事先看清课表，然后守在物理系一年级学生的教室门口。上课铃响了，他们看到吴校长高高的个儿，四十几岁的样子，穿一件灰色长衫，夹着讲稿，标准的一个普通教师的打扮，没有校长的派头和架势，看到挤在教室外面的学生频频点头微笑，然后进教室上课。吴有训校长讲课娓娓动听，经常辅以手势，为防止自己讲得太快、太深，他还经常停下来询问同学们：“听懂了没有？”他的音容笑貌直到现在仍然深深印在王德滋的脑海中。而吴有训以身作则、率先垂范，也使得全校教授都积极从事基础课的教学工作。④

---

① 王德滋访谈录（一）——家世背景与求学经历，2014 年 5 月 28 日，南京。资料存于采集工程数据库。

② 王德滋：《往事杂忆》。南京：南京大学出版社，2012 年，第 21 页。

③ 王同①。

④ 王德滋访谈录（一）——家世背景与求学经历，2014 年 5 月 28 日，南京。资料存于采集工程数据库。

在同学中间还流传一则关于吴有训校长的佳话。有一次，他与教育部政务次长杭立武约好谈事。因教育部离中大不远，都在成贤街上，吴有训校长便只身前往，他穿着朴素，又无随从，当他到达教育部门口时，却被门房挡驾，不让他进入。吴有训校长心平气和地与门房进行解释，但是门房还是以貌取人就是不让他进门，也不通报。正在此时，杭立武出来了，看到此事，对门房进行了批评教育，门房则对吴校长再三道歉。事后，这位门房对身边的人说："我总以为大学校长是大人物，一定是西装笔挺，有随从跟着，乘小轿车来部里办事，没有想到堂堂大学校长却如此简朴，令人佩服！"①

吴有训的民主办学方针与蒋介石的独裁政权格格不入，处处受到掣肘和干预。他感到有志难伸，决心辞职，便向教育部递交了辞职报告，连续递交了十四次仍未得到教育部的批准，最后吴有训只得借 1947 年底去墨西哥出席联合国教科文组织会议之机，滞留美国讲学访问，坚决不再就中大校长之职。教育部无可奈何才于 1948 年 8 月批准了他的辞职报告。②淮海战役打响之后，吴有训才回到国内。

① 王德滋:《往事杂忆》。南京：南京大学出版社，2012 年，第 21-22 页。

② 王德滋:《往事杂忆》。南京：南京大学出版社，2012 年，第 22 页。

第三章
投身爱国学生运动

1946 年 11 月 1 日，国立中央大学开学，王德滋开始了在地质系的学习生活，本想好好读书的他，面临的却是蒋介石发动的全面内战，是关心国家命运？还是只顾个人埋头读书？经过认真思考，十九岁的王德滋作出了人生的重要抉择：读书不忘救国，救国不误读书。在这一历史悠久的高等学府中，王德滋一方面如饥似渴地学习地质科学知识，另一方面接受了革命思想的熏陶和洗礼。

南京作为国民政府的首都，无论在政治、文化，还是教育及影响力等方面都具有举足轻重的重要地位和影响。国立中央大学作为当时国内最高学府，不仅是民主进步的堡垒，也是全国高校的风向标，其一举一动都会牵动全国，并在全国产生重大影响。王德滋一跨进中央大学的校门，便受到这种进步气氛的影响。他有个同班同学名叫濮德湘，个儿不高，思想非常进步。他说："抗战胜利以后，全国人民都盼望着和平，建设国家，但是蒋介石却逆历史的潮流而动，撕毁了'双十协定'，发动了全面内战，置全国人民于水深火热之中。我们大学生是时代的先锋，除了读书以外，还应该关心国家的大事，关心时事的发展，这是时代赋予我们大学生的使命啊！”濮德湘的这一番话，引起了王德滋思想上的强烈共鸣。[①]

当时的中央大学，社会团体很多，如同雨后春笋般涌现，同时，还有学生自己办的各式各样壁报。其中一份名为《太公报》的壁报特别受同学们的欢迎。《太公报》制作精美，印刷好后便贴在墙上，该报一经贴出，同学们便争先恐后地去看，王德滋也很喜欢《太公报》。该壁报之所以取名为《太公报》，是因为它自认为比《大公报》[②]办得更好、立场比《大公报》更公正。[③]

当时中央大学由“学生自治会”来管理学生的事项。“学生自治会”由学生自己选举产生，每个学生都有一票。该会一年选举一次，主要是在两派力量当中竞选“学生自治会”的主席，一派是中共地下党组织支持的进步力量，还有一派是国民党、三青团支持的保守派，一派进步，一派保守，壁垒分明。每当竞选的时候，校园里立刻热闹起来。竞选主席的候选人要发表竞选演说，阐述当选后的施政纲领，还要公布理事名单，因此，每当换届选举之时，载着喇叭的卡车在校园里循环宣传，热闹非凡。在王德滋的印象中，在中央大学读书的三年里，都是进步力量取得了胜利，保守派搞得灰头土脸。“学生自治会”有一个议事机构即“系科代表大会”，每个系科都选一名代表参加系科代表大会，重要的事情都在“系科代表大会”上讨论，做出决定。像“五二〇”学生运动以及有关学生罢课、请愿、游行等事宜，都要由“系科代表大会”投票做出决定，然后才执行。[④]

王德滋在中央大学学习期间主要参加了两次学生运动。一次就是发生在 1947 年 5 月 20 日的“五二〇”学生运动。

---

① 王德滋访谈录（二）——求学经历，2014年6月18日，南京。资料存于采集工程数据库。

② 《大公报》，1902 年 6 月 17 日在天津创刊，是中国发行时间最长的中文报纸之一，创办人为英敛之，1926 年起由吴鼎昌和张季鸾接办，1956 年 10 月 1 日迁北京。现有香港《大公报》。

③ 同①。

④ 同①。

“五二〇”学生运动

“五二〇”学生运动虽然发生在 5 月 20 日，但其酝酿时间却是从 5 月 10 日开始的。此时正值解放战争时期。当时学生的伙食都是由学生自己管理，伙食团的团长、会计、出纳、采购员均由学生担任，另有一些工人负责食堂具体工作。王德滋曾担任过伙食团的会计。5 月 10 日，伙食团的布告栏里面贴出了一张漫画，漫画上画了一口大炮，一些学生向炮口伸出手，标题是“向炮口要饭吃”。因为蒋介石发动内战，物价飞涨，学生伙食的副食费远远赶不上物价的涨幅。如果不增加副食费，伙食将无法继续维持。伙食团为此专门召开了桌长会议，一桌八个人，每一桌推选一位桌长。桌长会议认为，这个情况十分严重，伙食办不下去了，要向“学生自治会”反映。随后，“学生自治会”召开系科代表大会，决定向教育部请愿。当时教育部办公地点在南京市成贤街上，中央大学也在此街，从中央大学步行至教育部不到十分钟。因此，学生自治会决定以后，学生马上就集中起来，把教育部团团围住，教育部所有的办公厅都被学生占领。部长朱家骅[①]出来接待学生，学生提出要求，朱家骅打官腔，他说现在国家经费困难，希望学生能够体谅国家的难处。最后没有结果，学生便在教育部的墙壁上写了一副对联：“朱门酒肉臭，路有冻死骨”。中间画了一头肥猪，猪面前有一只破碗，以此对教育部和朱家骅进行讽刺。因为到教育部请愿没有结果，第二天，学生便把队伍开到了挹江门附近的行政院，学生队伍开到行政院里面，在那里整整守了一天，中午伙食团把馒头挑到行政院，请愿的学生便在行政院里面的空地上开饭。时任行政院副院长王云五出来接待学生，同样也是官腔十足。王云五本是社会贤达，他既不是国民

① 朱家骅（1892–1963），字骝先，浙江吴兴人，早年留学德国，归国后任北京大学教授。1926 年任中山大学代理校长。1930 年至 1931 年任中央大学校长。后历任国民党政府教育部部长和国民党中央党部组织部部长等职。1949 年去台湾。

党，也不是共产党或民主党派，属于无党无派，所以学生对他稍微客气一些。因王云五长得比较胖，学生便问他："你王云五这么胖乎乎的，我们这么瘦，这是为什么？"弄得王云五非常尴尬。但是因为他也做不了主，最后也是无果而终。反复几次请愿，学生的副食费问题终究还是没有解决，为此，学生自治会决定 5 月 20 日举行示威游行，同时联合了上海、杭州、苏州等城市共计十六所高校的学生代表参加，当时在南京地区主要是中央大学（约三千人）和金陵大学的学生计有四千余人参加了游行示威。此次运动的口号是"反饥饿、反内战、反迫害"。之所以以此作为这次运动的口号，是因为首先需要解决的就是吃饭问题，而内战是导致饥饿的直接原因，同时，因为国民党政府经常在学校逮捕进步学生，所以，也要"反迫害"。那时王德滋还是一年级学生，运动爆发的时候，王德滋还住在丁家桥校区。①

1947 年 5 月 20 日清晨，天空有些阴沉，一清早丁家桥校区的同学们便集合起来，准备参加游行请愿，此时国民党的军警如临大敌，早早地便把丁家桥的校门封住了。学生们群情激奋，冲出了他们的包围，然后前往四牌楼的大操场欲与老同学们汇合后一起出发。王德滋参加了此次运动。队伍从丁家桥向四牌楼前进，队伍的两边都是军警，他们出动的人数几乎与学生一样多。四牌楼有四个门，西门是一个侧门，队伍从西门进去到了大操场，那时高年级同学已经开始整队，每人手拿一面小旗子，上面写有口号。此时，国民党的军警已经把几个主要的校门都封锁起来，阻止学生外出。经过几轮侦察，中大的游行总指挥带领队伍从军警把守比较薄弱的西门冲了出去。游行队伍到了鼓楼，与金陵大学的学生汇合后便由鼓楼向珠江路前进。游行队伍的最前面，两位同学一左一右高高地举起一个长长的横幅，上面写着"反饥饿、反内战、反迫害"等内容，几位同学神情肃穆地抬着一尊孙中山的巨幅画像走在横幅的下面。大家一面呼喊口号，一面高唱"团结就是力量"，精神非常饱满。当游行队伍走到珠江路口时，只见国民党的宪兵、警察早已守候在那里。队伍通过了一半时，他们开始

① 王德滋访谈录（二）——求学经历，2014 年 6 月 18 日，南京。资料存于采集工程数据库。

图 3-1 “五二〇”学生运动游行队伍（1947 年 5 月。资料来源：南大校史馆）

动手了，用高压的水龙头猛冲学生队伍，队伍被冲垮后，军警便用铁棍殴打学生，当场就有 100 多个学生受伤倒地，还有 20 几个同学被逮捕，队伍就这样被冲散了。因为王德滋等是一年级学生，排在队伍的尾部，眼看过不去了，大家就分散开来，化整为零，从小巷子绕过去和大队汇合。游行的路线从珠江路到国府路（现为长江路），然后沿着国府路前进，逐步逼近国民大会堂（现为人民大会堂）。当时里面正在召开国民参政会。国民党的军警布了五道防线，其中，第一、二、三道防线都是骑兵，挡得严严实实。面对骑兵，游行学生只得席地而坐。此时，骑兵发出威胁：“赶快解散你们的队伍，不然我们的马队就冲过来了，踏死就活该啦！”面对马队，同学们丝毫没有退缩。此时，天空突然下起了瓢泼大雨，每个学生都淋得像落汤鸡一样，但仍坐在地上，岿然不动。国府路两边的老百姓看到学生淋雨，非常关心，纷纷拿了雨具帮学生挡雨，还有热心的老百姓给学生送来了开水，学生宣传队也来回地鼓动，所以大家情绪高昂，饿着肚子坚持了六个多小时。这时候，国民参政会的秘书长邵力子出来了，学生知道他比较倾向进步，就决定派代表和他谈判。后来双方都做出了让步，让骑兵散开，学生队伍继续往前走，但不去国民政府门前请愿，而是经过国民大会堂的前面，从碑亭巷经成贤街回校。游行队伍在国民大会堂前面高呼口号，情绪非常激动。王德滋等从校本部回到丁家桥时天已经漆黑了，经历了整整一天。这次运动在国内影响很大，意义不亚于“五四”运动，当时上海、北京（时称北平），也在同一天举行了“反饥饿、反内战、反迫害”的游行，南京、北京、上海三个大城市同步进行。这次运动还带动了全国六十几个大中城市在此后的一两天内也冲破国民党政府的禁令，举行了相应的游行、示威，由此演变为全国性的学生运动。与此同时，反抗国民党的工人、市民运动也掀起了高潮。“五二〇”运动，标志着“第二条战线”的形成。5 月 30 日，中共中央主席毛泽东在为新华社所写的《蒋介石政府已处在全民的包围中》的评论中指出：“中国境内已有了两条战线。蒋介石进犯军和人民解放军的战争，这是第一条战线。现在又出现了第二条战线，这就是伟大的正义的学生运动和蒋介石反动政府之间的尖锐斗争。”第二条战线的形成，有力地配合了人民解放军军事战场的斗争，对推翻国民党反动统治发挥了重要作用。这次学生运动的主体就是中央大学，中央

图 3-2　南京“五二〇”广场雕塑（资料来源：王德滋《往事杂忆》）

大学改名为南京大学以后，就以每年的5月20日作为南京大学的校庆。[①]

2007年5月，为纪念“五二〇”学生运动发生六十周年，“南京市人民政府决定在长江路与洪武北路交汇处（即当年学生与马队对峙的地方）开辟一个广场，命名为“五二〇”广场。广场中竖立了三十六尊青年学生的塑像，形象地展现了当年青年学生的斗争风貌。”[②]

应变护校斗争

1948年8月，吴有训校长的辞职申请获得教育部批准，由数学系教授周鸿经[③]继任中央大学校长。从1948年底到1949年初，国民党在战场上节节败退，在辽沈、平津、淮海三大战役中，国民党军全线溃败，此时，人民解放军基本上已经占领了长江以北，准备渡江。在此形势下，蒋介石政府自感形势不妙，遂给周鸿经下达命令，要把中央大学迁到台湾去。周鸿经在校务委员会上提出迁校问题后，教授们一致反对。据王德滋回忆，当时，物理系的一位教授手拿一个墨水瓶，从科学馆二楼的楼梯滚下去，一下子砸得粉碎。他说：“一个墨水瓶都粉碎了，这么多坛坛罐罐怎么经得起这样大的折腾呢！”周鸿经无奈，又提出了第二套方案，就是先将中央大学迁到厦门去，然后再经厦门迁至台湾。校务委员会的教授们同样极力反对。周鸿经自感无法向国民党政府交代，遂弃校出走，一同出走的还有训导长和总务长。一时间，学校变得群龙无首。这时候教授们自动站出

① 王德滋访谈录（二）——求学经历，2014年6月18日，南京。资料存于采集工程数据库。

② 王德滋:《往事杂忆》。南京：南京大学出版社，2012年，第38页。

③ 周鸿经（1902–1957），著名数学家、教育家。江苏徐州人。国立东南大学毕业，后赴英国伦敦大学深造，获博士学位。1937年秋受聘为中央大学数学系教授，并曾兼任数学系系主任，1941年任学校训导长。1945年任国民政府教育部高等教育司司长。1948年春辞司长职专任中央大学教授，旋兼任中央大学教务长，1948年8月任国立中央大学校长。1949去台湾。1957年在美国病逝，终年五十五岁。

来，成立了校务维持委员会，推举梁希[①]、郑集[②]和胡小石[③]三位教授作为常务委员，梁希任校务维持委员会主席。在校务维持委员会领导下，成立了中央大学应变委员会。之所以取名为应变委员会，是因为当时解放军即将渡江，国共两军即将在南京展开激战，突发事件随时都有可能发生，为应对各种情况的出现，故而成立了中央大学应变委员会。应变委员会中既有教师，也有学生和职工。分为三个组：一个是财务组，准备经费；二是购料组，负责给师生准备三个月的大米和面粉；三是校产组，负责将校产进行登记造册。为防止坏人破坏校产，学校还组成了巡逻队，日夜巡逻；中央大学医学院还专门成立了医疗队，以备不时之需。因此，此时的中央大学已经初步摆脱了国民党政府的控制，完全由师生自己管理，社会上称之为"小解放区"。在此期间，王德滋表现积极，思想进步，前期即参加了中共地下党的外围组织——新民主主义青年社（共青团的前身）。1949年1月，经过地下党组织的层层考察，王德滋被吸收入党，成为中共地下党组织的一员，他的介绍人为王德滋的同班同学俞剑华（他比王德滋早一个月入党）。[④]他们的主要任务是参加地质系的应变护校工作，[⑤]同时参加编印油印刊物《南京学联》，报道各地学运动态，王德滋负责文字，俞剑

① 梁希（1883–1958），著名林学家、林业教育家和社会活动家。浙江吴兴（今湖州）人。早年在浙江武备学堂毕业后，两赴日本留学，1907年加入中国同盟会，后赴德国留学。1927年回国。曾任浙江大学森林系主任、中央大学教授、南京大学校务委员会主席、国家林垦部部长、九三学社中央副主席、中国科协副主席、中国林学会理事长等职。著有《林产制造化学》《木材防腐学》等。

② 郑集（1900–2010），号礼宾，四川南溪刘家镇人，著名生物化学家、营养学家，1928年毕业于中央大学生物系，长期执教于南京大学医学院、生物系，2010年病逝。1936年获得美国俄亥俄州立大学博士学位。回国后历任中国科学社研究所研究员，中央大学医学院教授、生化科主任。新中国成立后任第四军医大学教授，南京大学医学院教授、生物化学系教授，中国营养学会理事长，中国营养学的奠基人，中国生物化学的开拓者之一，世界最长寿教授。

③ 胡小石（1888–1962），名光炜，字小石，号倩尹，又号夏庐，斋名愿夏庐，晚年别号子夏、沙公。南京人，祖籍浙江嘉兴。国学大师。兼为文字学家、文学家、史学家、书法家、艺术家。於古文字、声韵、训诂、群经、史籍、诸子百家、佛典、道藏、金石、书画之学，以至辞赋、诗歌、词曲、小说、戏剧，无所不通，尤以古文字学、书学、楚辞、杜诗、文学史最为精到。曾任金陵大学教授，中央大学中文系教授兼系主任、文学院院长，南京大学中文系教授兼系主任，文学院院长，南京大学图书馆馆长，与陈中凡、汪辟疆并称南大中文系"三老"。

④ 王德滋访谈录（二）——求学经历，2014年6月18日，南京。资料存于采集工程数据库。

⑤ 王德滋：《往事杂忆》。南京：南京大学出版社，2012年，第39页。

华负责印刷。这是一个半公开刊物，主要面向南京的大专院校同学，办了几期，南京就解放了。

“四一”学生运动

1949年1月，“三大战役”结束，蒋介石宣布下野，由李宗仁①任代总统。李宗仁上台后力图改变公众对国民党政府独裁统治的印象，宣布释放政治犯，但因李宗仁影响有限，蒋介石依然担任着国民党的总裁，牢牢地掌握着党政军的实权，李宗仁的这条政令只在南京发挥作用，在别的地方并未得到有效贯彻和执行。因此，该政令发布后，只有关在南京牢房的进步人士被放了出来，其他很多地方，如重庆等地仍有很多进步人士被关押在监狱之中，甚至有很多进步人士和革命同志被迫害致死。除此之外，此时李宗仁开始策划国共和谈，即第三次国共合作，派出了以张治中为首的和平代表团到北京与周恩来等中共代表举行和谈。当时李宗仁意欲划江而治，长江以北归共产党，长江以南归国民党。但是共产党岂会上当，在和谈中提出了“八条二十四款”。②和谈的日期从4月1日开始。就在这一天，学生自治会决定联合在南京的十所高等学校（主体是中央大学，其次是金陵大学）举行游行示威。因为在学生们看来，所谓的“和谈”，必然是假和谈、假和平，国民党政府只是想借和谈而苟延残喘。于是，就在1949年4月1日这天，南京的大专院校学生举行了游行示威，当时约有六千名学生参加，口号是“争生存、争和平”。游行队伍在中央大学的操场集合后从鼓楼到珠江路再到国府路，一直到达总统府门口，最后队伍在金陵大

① 李宗仁（1891-1969），字德邻。中国爱国民主人士。广西桂林人。广西陆军速成学校毕业。早年加入同盟会。中国国民革命军陆军一级上将，中国国民党内“桂系”首领，曾任中华民国首任副总统、代总统。北伐战争时任国民革命军第七军军长、西征军总指挥、第三路军总指挥、第四集团军总司令、中央政治委员会武汉分会主席。1948年4月任“副总统”。1949年1月任代“总统”，12月去美国。1965年7月回到北京，发表声明，决心为国家统一作出贡献。

② 王德滋访谈录（二）——求学经历，2014年6月18日，南京。资料存于采集工程数据库。

学的操场上解散，上午游行很顺利。解散以后，戏剧专科学校的学生在回校途中，被埋伏在大中桥的国民党军官收容总队的暴徒包围、殴打，一名学生逃出来后，跑到文昌桥的中央大学学生宿舍来求援。[①]

此时，正值中午时间，同学们刚刚吃过午饭，准备休息，突然听到敲脸盆的声音，说剧专的同学被打了，通知大家赶快集合，前去救援，同学们纷纷从宿舍跑出来，女学生在中间，男学生在外面，六个人一排，形成一支约两千人的救援队伍，王德滋也参加了。当时领队的同学宣布直接到总统府请愿，于是队伍就径直开到了总统府门口，呈弧形分布，在总统府门口席地而坐，要求惩办凶手。就在等待答复的时候，突然从西边来了五辆大卡车，上面满载军官收容队的暴徒，手里拿着带有铁钉的木棍，直接扑向学生。坐在西边和中间的同学躲进了总统府，进去后门马上关了起来，原来是军官和警察勾结起来对学生进行殴打，有四十七名同学受伤，两个同学和一位工友被暴徒打死，这就是震惊中外的“四一”惨案。“四一”学生运动牺牲的三位烈士，两位是中央大学学生，一位是政治大学司机。他们的血衣至今还陈列在雨花台陈列馆里，他们的墓便在烈士陵

图 3-3 “四一”学生运动游行队伍（1949 年 4 月。资料来源：南大校史馆）

① 王德滋访谈录（二）——求学经历，2014年6月18日，南京。资料存于采集工程数据库。

园里面。[①]

就在发生血案的这一天，北京和谈正在进行，周恩来当场说：“你们既然来和谈，却又在南京制造血案，你们要立即惩办凶手，否则说明和谈完全没有诚意。”因此，此次学生运动实际上从根本上揭露了国民党政府假和平的阴谋。4 月 20 日和谈破裂，4 月 21 日毛泽东主席、朱德总司令立即发布了渡江作战的命令。南京实际上是和平解放的，因为国民党政府早已迁到广州，国民党的军队也已主动撤退，南京已变成空城。此时，首都警察总署派人跟中央大学联系，他们说“我们准备散伙了，这里有一些枪支和弹药，你们可以来接收。”于是中央大学的大队人马开到了警察总署，而当时警察们都准备解散回家了。每当回忆起此事，王德滋都感觉这简直是个莫大的讽刺。发生“四一”学生运动的时候，警察作为打手制造了“四一”惨案，而刚刚过去二十天，他们自己却要逃命了。学生们把警察总署的枪支和弹药都扛了回来。此时的南京已处于真空状态，既没有国民

图 3-4　南京大学纪念“四一”学生运动六十周年（2009 年。前排左四为王德滋。资料来源：王德滋《往事杂忆》）

① 王德滋访谈录（二）——求学经历，2014 年 6 月 18 日，南京。资料存于采集工程数据库。

党军队，也没有人民解放军，中央大学的学生就拿着这些枪支站岗放哨，保卫学校。当人民解放军一进南京，他们所做的第一件事情就是把这些枪支交给解放军。当时同学们都非常兴奋，三五成群地到珠江路欢迎解放军队伍，解放军从挹江门进来，沿着中山北路向总统府方向走去，① 这给王德滋留下了十分深刻的印象。

① 王德滋访谈录（二）——求学经历，2014年6月18日，南京。资料存于采集工程数据库。

第四章
留校任教

1949 年 4 月 23 日，南京解放。8 月 8 日，南京市军管会文教委员会决定将“国立中央大学”更名为“国立南京大学”。1950 年 10 月 10 日，接华东军政委员会教育部部长、中央大学前校长吴有训签发的通知，去掉“国立”二字，迳称“南京大学”。[①] 南京大学完全继承了中央大学的院系结构，校园仍设在四牌楼和丁家桥。王德滋的四年大学生活，三年在中央大学，一年在南京大学，虽然是同样的校园，却是新旧两个天地。1950 年 7 月，王德滋大学毕业，地质系有一个留校名额，确定由俞剑华留校。王德滋被分配到哈尔滨工业大学读研究生。王德滋愉快地服从了分配，他已卷好了行李整装待发了，突然接到留校的通知，原来是系主任徐克勤教授强调地质系教学工作的需要，向校领导要求增加一个留校名

图 4-1　王德滋于南京大学毕业时留影（1950 年。资料来源：《王德滋文集》）

① 王德滋主编：《南京大学百年史》。南京：南京大学出版社，2002 年，第 289-291 页。

额，获得了批准。就这样，王德滋留校成为南京大学地质系的一名助教。[①]

当时的地质系是个小系，全系教师职工才十八人。其中，教师十五人，绘图员一人，磨片工两人，加上王德滋和俞剑华，正好二十人。系主任徐克勤决定让王德滋做李学清教授的助教，负责岩石学实验；让俞剑华做陈旭[②]教授的助教，负责古生物和地史学实验。谁知这次分配却决定了王德滋和俞剑华终身的研究方向。地质系没有专职行政人员，行政工作由绘图员蒋志超兼管。系里也没有专职图书管理员，因此，徐先生又指定俞剑华兼行政秘书，王德滋兼图书管理员。王德滋还有一个社会工作，就是担任南京大学工会秘书。他当时和俞剑华合住在四牌楼一座很旧的教习房

图 4-2　王德滋与五二届毕业班合影（于南京大学四牌楼校园大礼堂前，1952 年 8 月。第二排左起：刘元常、李玶、汪正然、郭令智、徐克勤、姚文光、李学清、陈旭、张祖还、肖楠森、杨鸿达、王德滋、俞剑华、张瑞锡。资料来源：《王德滋文集》）

① 王德滋访谈录（二）——求学经历，2014年6月18日，南京。资料存于采集工程数据库。

② 陈旭（1898–1985），字旦初，浙江乐清人。著名古生物学家、地质教育家。1925 年毕业于北京大学地质系。曾任中央研究院地质调查所研究员、中央大学教授。新中国成立后，历任南京大学教授、古生物学地史学教研室主任，中国微体生物学会第一届理事长。长期从事古生物学、地史学的教学和科研。是南京大学古生物学科的创始人。

二楼的一个房间内，此处原为南京高等师范的教师住处。里面陈设十分简陋，只有两张床、两张桌子、两个书架，他们就这样住了下来，当时他们的工资只有三十五元，交掉伙食费后只剩二十元钱左右，但是他们感觉非常满足。[①]

院系调整前后

1952 年，我国以苏联高等学校为样板进行全国范围的院系调整，这是涉及每所大学的一次大变革。在院系调整中，南京大学的文、理学院与金陵大学的文、理学院合并成立了新的南京大学，性质属于综合性大学，南京大学的工学院独立，成立了南京工学院，[②] 南京大学的农学院与金陵大学的农学院合并成立了南京农学院等，原来南京大学的四十余个学科分散到十一个衍生院校中。南大地质系在这次调整中不仅保住了原来的教师阵容，而且由于浙江大学地理系地质组教师的调进反而加强了。令王德滋感到特别惊喜的是，他仰慕已久的孙鼐[③] 教授也调进南大来了。六年前，王德滋在中央大学读书时，孙鼐先生正在浙大任教，王德滋研读了他编著的由商务印书馆出版的《普通地质学》教材，反复钻研了许多遍，爱不释手，崇拜之情，油然而生，想不到这次院系调整促成了王德滋与孙鼐先生相遇，这是多么难得的机遇啊！这一年，地质系还加强了师资引进和选留的强度，达到十四名之多，地质系师资成倍增长，大发展的机会来啦。[④]

---

① 王德滋访谈录（二）——求学经历，2014年6月18日，南京。资料存于采集工程数据库。

② 王德滋：《往事杂忆》。南京：南京大学出版社，2012 年，第 52 页。

③ 孙鼐（1910–2007），字调之，江苏南京人。著名岩石学家、地质教育家，专长于火成岩岩石学的研究。1933 年毕业于中央大学地质系。先后执教于中央大学、重庆大学、浙江大学和南京大学地质系，1946 年晋升为教授；1957 年加入中国共产党。1958 年曾短期调任南京地质学院找矿勘探系主任。长期受聘为《辞海》编委会委员兼地质学分科主编。终生从事岩石学的研究与教学，对我国火成岩岩石学研究卓有建树，尤其是在华南花岗岩研究方面更是作出了突出的贡献。发表论文多篇，出版教材多部，曾获国家自然科学二等奖和第一届全国高校优秀教材奖。

④ 同①。

图 4-3　金陵大学校门（资料来源：南大校史馆）

校园也作了相应调整。金陵大学的美丽校园成为调整后的南京大学校园，四牌楼校园成为南京工学院的校园。王德滋怀着依依不舍的心情离开了学习和工作五年之久的四牌楼校园。

金陵大学的校园位于鼓楼附近，校门颇有特色，远看像是一座具有民族风格的建筑，校门呈拱形，门前有几级台阶，进入校门就是传达室，校门和传达室是连在一起的。北大楼是金陵大学校园的标志性建筑，建于1919 年，墙上爬满了青藤，显得十分古色古香。

中华人民共和国成立初期，百废待兴。国家急需大量地质人才，而新中国成立前全国培养的地质工作者尚不满三百人，完全不能满足国家对地质人才的需求。从 1952 年起，地质系开始大批招收专科学生，并分设两个专业：一是“金属、非金属矿产地质专业”，二是“水文地质、工程地质专业”，学制均为二年。为了集中精力办好专科，地质系暂停招收本科生。1952 年招收专科生三百五十九名，1953 年招收四百〇一名，1954 年招收二百五十名。[①] 此外 1951 年地质系受西北军政委员会的委托，还招收

① 王德滋：《往事杂忆》。南京：南京大学出版社，2012 年，第 54 页。

图 4-4 北大楼（资料来源：南大校史馆）

了四十名专科生。地质系在校学生人数最高时近千人，成为全校的第一大系。而在 1924 年至 1949 年的四分之一世纪的全部办学过程中，中大地质系一共才培养了一百多名毕业生。[①]

那时，地质系的党组织力量非常薄弱，教师中只有三名党员（王德滋、俞剑华[②]和刘元常[③]），另有两名辅导员是党员，学生中有五名调干生是党员。师生在一起成立一个党支部，王德滋任支部书记。为了增强党组织的核心作用，他们在师生中积极发展党员。南大地质系之所以有今天，与上世纪五十年代在教师中建设一支又红又专的师资队伍是分不开的。

1956 年知识分子曾有过短暂的春天。全国知识分子会议号召向科学进

① 王德滋：《南京大学地球科学与工程学院简史》。南京：南京大学出版社，2011 年，第 264–266 页。

② 俞剑华（1923–2000），江苏宜兴人。著名古生物学家。在中央大学求学期间于 1948 年 12 月加入中国共产党。1950 年毕业于南京大学地质系。毕业后留校任教，曾任南京大学教授、地质系党总支书记、地质系主任、地球科学系主任、中国古生物学会常务理事、江苏古生物学会副理事长等职。擅长古生物与地层学的研究。在笔石的分类原则和分类方案以及我国下扬子地区奥陶系的研究方面作出了突出的贡献。

③ 刘元常（1925–1987），四川安岳人。在中央大学学习期间于 1949 年 5 月加入中国共产党。1951 年毕业于南京大学地质系，留校任教，分配在区域地质教研室从事教学与研究工作。后调至校部机关从事管理工作，历任科研处副处长、分析中心副主任等职。

军，吸收高级知识分子入党，南大首批有七位教授入党，其中，地质系即有三位（李学清、徐克勤和张祖还），在青年教师和学生中也积极发展党员。1957 年成立了地质系党总支，教师和学生分开成立支部，王德滋任党总支书记。不久，郭令智[①]、孙鼐也先后入党。在全系八位教授中，有五位入了党，比例之高，在全校各系是遥遥领先的。

图 4-5　王德滋（右）、俞剑华（左）、刘元常合影（资料来源：王德滋《往事杂忆》）

当时，学校号召学习苏联，从专业设置、教学计划、教学内容、教学方法均以苏联为蓝本，要求全校教师突击学习俄文，从字母学起。王德滋在地质系带头学习。他不仅能顺利阅读俄文专业书籍，还独自翻译出版了两本俄文地质教材，一本是《火成岩岩石化学导论》，一本是《晶体光学研究法》，这两本书成为地质系学生学习岩石学的重要参考书。有的老师曾说："王德滋这个年轻人太勤奋了，学俄语学得太苦了，从字母学起到最后把书译出来，很不容易。"[②] 当时学习苏联也有一些形式主义的东西，例如实行"六小时一贯制"，即六节课连续排，不分上、下午，在四节课结束时，食堂把馒头送进教室，学生吃了馒头，然后接着再上两节课。苏联高校实行"六小时一贯制"是根据自身的高纬度气候条件特殊安排的，中国高校完全没必要这样做，所以没有坚持多久就停止了。再如，在教学计

① 郭令智（1915−2015），湖北省安陆县人。著名构造地质学家、地质教育家，在板块构造和华南大地构造研究方面造诣精深。1938 年毕业于中央大学地质系，成绩优异，遂留校任教。1949 年赴英国深造，1951 年绕道香港回到祖国，在南京大学地质系任教。曾任南京大学副校长、代校长、校务委员会主任、中国地质学会副理事长、名誉理事。1993 年，当选为中国科学院学部委员（院士）。1998 年，任中国科学院资深院士。1999 年，获第六届"李四光地质科学研究者奖"及香港何梁何利基金会授予的"科学与技术进步奖"。发表或合作发表研究专著和论文一百五十余篇（部）。先后三次获得国家级自然科学奖和三次省、部级科技进步奖。

② 王德滋访谈录（二）——求学经历，2014 年 6 月 18 日，南京。资料存于采集工程数据库。

划中，取消英语课，只开俄语课，对于这一代人的培养也起了十分有害的作用。①

站稳讲坛

1953年秋季，根据教学计划的安排，系主任徐克勤决定，由王德滋为“金属、非金属矿产地质专业”学生讲授“岩石学”课程，当时该专业分为甲、乙两个大班，甲班的岩石学课由孙鼐教授讲授，乙班由王德滋讲授。那时王德滋还是一个初出茅庐的助教，与孙先生反差太大了，他担心讲不好，学生会造反。但是形势所逼，“赶鸭子上架”，他只好硬着头皮接受系里交给的任务。那是近百人的大班课，每周讲课四小时，实验两小时。王德滋讲课，韩同蓉带实验。他觉得讲课的成效，关键在于是否认真备课，“给人一杯水，自己得准备一桶水”，要想讲好课就不能靠现买现卖。王德滋认真写讲稿，不仅文字力求条理化，还包括图怎么绘，相当于是一份详细的教案。写好讲稿，王德滋又关起门来独自试讲，并给自己规定三点要求：一是做到脱稿讲课，不照本宣科；二要突出重点，重要内容讲深讲透；三是敢于面对学生，不要面朝黑板。那时王德滋才二十六岁，精力充沛，白天上课，晚上辅导，全力以赴。一位叫黄崇轲的同学，专门写了一篇报道，登在南大校报上，标题是《为学生敬爱的王德滋助教》②。王德滋感到很欣慰，因为终于得到学生的认可。③

教好岩石学，实验与讲课同等重要。王德滋和韩同蓉共同准备实验课，并且尝试进行改革。以往，岩石实验课将观察标本与观察薄片（将岩石切成0.03毫米厚度的薄片置于偏光显微镜下观察）完全分开，看标本时看不到薄片，而看薄片时又看不到标本，王德滋决定改变这种很不合理的

① 王德滋访谈录（三）——艰难岁月，2014年6月24日，南京。资料存于采集工程数据库。

② 为同学敬爱的王德滋助教。《南京大学校刊》，1952年12月24，第二版。

③ 王德滋访谈录（二）——求学经历，2014年6月18日，南京。资料存于采集工程数据库。

状况，做到在偏光显微镜下观察薄片时，标本就在手边可以相互对照。小革新大受欢迎。尽管改革取得了成效，但由于偏光显微镜数量太少，而学生人数较多，学习条件相当艰苦，上实验课时，五人合用一架显微镜，二节课下来平均每人只分摊到二十四分钟。为了弥补这一缺陷，晚上实验室也照常开放，灯火通明，王德滋不计报酬地“加班”辅导学生观察标本，看显微镜，巩固课堂效果，同时为学生答疑。①

从 1953 年起，王德滋一直讲授“光性矿物学”和“岩石学”课，这是地质系学生必修的基础课。王德滋边教边改进，渐渐在讲坛上站稳了脚跟。五六届同学姚莲英对王德滋的授课留下了十分深刻的印象，她认为王德滋和蔼可亲，不摆老师架子，从不训斥学生，同时总结了王德滋讲授岩石学课程的五个特点：一是温故知新，习惯于讲课前先概括上一堂课已讲述的内容，以求与当堂所讲内容衔接；二是讲课逻辑性强，条理有序，板书端整，易于同学记笔记；三是突出重点、难点，兼顾全面，达到少而精的效果；四是理论联系实际，采取课堂教学、实验实习、野外考察相结合的模式；五是结合教学对学生进行热爱地质专业的教育。②

六一届学生刘德良对王德滋的教学方法也有深刻印象，他认为王德滋非常注重讲课的方法、艺术和技巧，善于运用启发式、讨论式等教学方式而不是单纯的灌输式，从而引发学生的学习兴趣和科研欲望，真正做到了传道有方，授业有术，解惑有法。③

学习岩石学有一个重要环节就是去野外直接考察岩石露头，这是室内学习所达不到的。在一次访谈中，王德滋讲述了他带领学生去山东泰山考察变质岩的经历。那是 1956 年夏天，王德滋带领五四届同学去山东泰山进行变质岩实习，这是他第一次登上泰山。泰山发育太古代的片麻岩，是变质岩实习的典型地区。在泰山杂岩中，有两类片麻岩，一类是黑云母斜长片麻岩，呈层状，由沉积岩变质而来；另一类是花岗片麻岩，呈块状，由

---

① 王德滋访谈录（二）——求学经历，2014 年 6 月 18 日，南京。资料存于采集工程数据库。

② 姚莲英：又红又专的典范——记王德滋老师的先进业绩。2015 年，未刊稿。资料存于采集工程数据库。

③ 刘德良：诚诚恳恳做人・切切实实做事——感悟王德滋老师的亲切教诲。2015 年，未刊稿。资料存于采集工程数据库。

花岗岩变质而成。在野外，可以清晰地见到花岗片麻岩侵入到黑云母斜长片麻岩之中，而二者又被未经变质的基性火成岩所侵入。这种宏观现象在课堂和实验室里是无法学习到的。王德滋要求同学们画出三者关系的素描图，以此训练他们的基本功。泰山既有很多人文景点，从红门到玉皇顶，沿途有很多名胜古迹，又有优美的自然风光（奇峰、瀑布、云海、苍松），其最高峰一千五百三十二米。为了看日出，他们在玉皇顶住了一宿。当时，同学们天未明即起身，裹着棉被朝东方遥望，天空先是微露曙光，接着是霞光万道，转瞬间一轮红日喷薄而出，他们都被这奇妙的景观深深吸引了。这次泰山之行，不仅让同学们领略了祖国的如画江山，也使学生更加热爱自己的专业[①]。

王德滋从 1953 年初登讲坛，1963 年离开地质系调往教务处，这十年时间，他一直坚守在教学第一线，不仅站稳了讲坛，而且培育了深厚的师生情谊。

科研起步

提出与叶良辅、罗森布施不同的观点

王德滋的地质研究工作始于五十年代中后期，主要利用业余时间凭着对地质科学研究的热爱去做的。新中国成立初期，百废待举，百业待兴，国家建设和国防事业急需工业原材料，地质行业当仁不让地担当起了“工业尖兵”的角色。作为院系调整后我国少数几个地质系之一，南大地质系的招生规模急剧增加，教师的教学工作量都处于超饱和状态。比其他教师更忙的是，地质系建立了党支部（后扩建为党总支），地下党出身的王德滋相继被任命为支部书记和总支书记，负责全系教师和学生的思想政治工作和地质系的党建工作，所有这些工作都是要在完成教学

① 王德滋：站稳讲坛。2015，未刊稿。资料存于采集工程数据库。

任务的同时进行的。而地质学科的科研又有一个很大的特点，那就是它不是仅在实验室、图书馆就能完成的，而是包括了室内研读资料、野外调查取样、镜下观察薄片、机上测试样品的“内、外、上、下”相结合的综合研究，最紧要的就是必须到野外收集第一手资料。而他平时抽不出时间，只能利用星期天（那时是六天工作制）和假期就近进行野外工作。宁镇山脉是中国早期地质工作的发祥地之一，朱森、李毓尧、李捷已联手出版了《宁镇山脉地质图》[①]和《宁镇山脉地质》[②]，但是，王德滋发现该区的煌斑岩研究是一个薄弱环节。于是他瞅准这一方向，决心开展宁镇山脉的煌斑岩研究。

但是，随着研究的开展与研读资料范围的扩大，王德滋发现已经有人对江苏高资地区的煌斑岩进行过研究。1930年前后叶良辅[③]、喻德渊[④]在研究宁镇山脉火成岩地质史时就对江苏高资地区的煌斑岩进行了“系统描述和研究”[⑤]。叶良辅属于我国自己培养的第一代地质学家、岩石学家，二十年代做过中山大学地质系系主任、中央研究院地质研究所研究员，对全国许多地区的地质矿产作过调查研究，其中较重要的是对火成岩和有关矿床的研究。喻德渊在对宁镇地区煌斑岩进行研究时还只是中央研究院地质研究所的一位年轻助理，是位青年才俊。1929 年冬，喻德渊等人两次到南京、镇江作地质调查，写出《南京镇江间火成岩之研究》。1934 年，叶良

① 朱森，李捷，李毓尧:《宁镇山脉地质图》。南京：中央研究院地质研究所，1935 年。

② 李毓尧，李捷，朱森:《宁镇山脉地质》。南京：中央研究院地质研究所，1935 年。

③ 叶良辅（1894-1949），字左之，杭州人。1894 年 8 月 1 日出生于杭州。是我国早期的著名地质学家、岩石学家。1913 年考入工商部地质研究所学习地质，1916 年毕业后进入农商部地质调查所，任调查员。1920 年留学美国，在哥伦比亚大学获理学硕士学位，1922 年回国，仍在地质调查所工作，后兼任北京大学地质系教授。1927 年任广州中山大学地质系主任，1928 年任中央研究院地质研究所研究员。1949 年 5 月任浙江大学地理系系主任，同年 9 月 14 日病逝。

④ 喻德渊（1903-1971），江西萍乡市人。1929 年毕业于北京大学地质系。曾任中央研究院地质研究所助理研究员、研究员和湖南大学教授等职。1945 年至 1946 年曾到英国、挪威、瑞典和美国等地进行地质、矿床考察。建国后历任中国科学院地质研究所研究员，政务院财经委员会矿产地质勘探局副局长，东北地质专科学校副校长，长春地质学院教授、副院长、代院长，院长。著有《宁镇火山岩地质史》《苏州花岗岩》《大别山南坡之冰川现象》等著作。1971 年 7 月 8 日在江西萍乡因病逝世。

⑤ 王德滋:《江苏高资下蜀煌斑岩的研究》。见:《王德滋文集》编辑组,《王德滋文集》。南京：南京大学出版社，2012 年，第 527 页。

辅与喻德渊合作著成《宁镇山脉之火成岩地质史》，系统研究了宁镇之间火成岩的岩石特点、分类与地质演化史，开辟了我国区域火成岩学研究的先河，对南京镇江间火成岩地质等方面的调查研究具有开创性意义。1955年春，南京大学地质系地勘专业的侯方浩、蒋福新曾在该区收集毕业论文资料，其中有关煌斑岩部分有了一些有意义的发现，“缺点在于他们对于该区煌斑岩未能进行深入而全面的研究，获得的资料也较零星”。[①]

王德滋把研究的具体地点选在南京与镇江之间的高资、下蜀一带，因为这里离南京较近，可以利用星期天采取蚂蚁啃骨头的办法进行野外地质工作。于是，他在星期天早晨随身携带水壶、干粮乘最早一班慢车去工作地点，出了车站还要步行十几里路才到达山区。在野外，他独自一人爬山越岭，边观察，边采集标本，傍晚又背着几十斤重的岩石标本走到车站，乘最晚一班慢车回南京。就这样，他利用了十几个星期天终于将宁镇山脉的煌斑岩基本上都调查清楚了。然后他利用晚间和节假日持续地进行薄片观察、样品分析和理论研究，最终于1957年写成一篇一万多字的学术论文——《江苏高资下蜀煌斑岩之研究》，刊登在《南京大学学报》上[②]。

《江苏高资下蜀煌斑岩之研究》这篇论文，材料比较丰富，数据也很

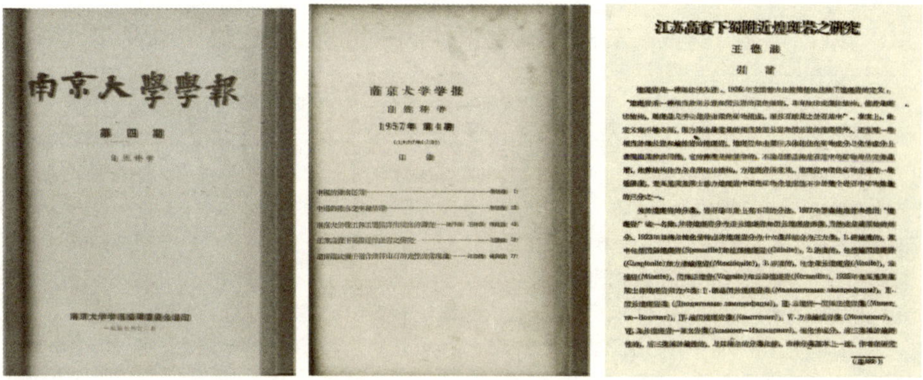

图4-6 《江苏高资下蜀附近煌斑岩之研究》

① 王德滋:《江苏高资下蜀煌斑岩的研究》。见:《王德滋文集》编辑组:《王德滋文集》。南京：南京大学出版社，2012年，第528页。

② 王德滋：江苏高资下蜀煌斑岩的研究。《南京大学学报》，1957年第4期。

详实，分析客观中肯，提出了不少独到的见解，甚至对有的权威的观点也敢于提出不同看法，真有几分“初生牛犊不怕虎”的味道。

煌斑岩，是火成岩中一种特殊的暗色脉岩类岩石，是一种脉状侵入岩。1936年克诺勃夫比较简括地给出了煌斑岩的定义：“煌斑岩系一种相当于正长岩和闪长岩的深色脉岩，具有粒状或斑状结构。倘若是斑状结构，则斑晶几乎全部是由深色矿物组成，而长石只见于基质当中。”王德滋认为，“此定义尚不够全面”，因为除去最常见的相当于正长岩和闪长岩的煌斑岩外，“还发现了一些相当于辉长岩和碱性岩的煌斑岩”，煌斑岩和主要侵入体往往在矿物成分上与化学成分上表现出某种共同性，“它的种类是较复杂的”；而且，“不论是斑晶还是基质中的矿物均呈完美晶形”，此种结构“为煌斑岩所常见”。[①] 在这里，王德滋大胆地提出了两点见解，第一，煌斑岩不仅仅只是“相当于正长岩和闪长岩”的深色脉岩，还有一些是“相当于辉长岩和碱性岩”的煌斑岩；第二，长石并不是“只见于基质当中”，而是既可以存在于“基质”当中，也可以存在于“斑晶”当中，而且呈现出“完美晶形”。

叶、喻二氏将宁镇山脉火成岩活动分为五个时期，并将煌斑岩与辉长岩归为一期，并由此得出煌斑岩先于花岗细晶岩（即该书中的长英岩）侵入的结论，王德滋研究后发现此结论“与野外某些事实尚不符合”。叶、喻两人初步研究高资下蜀附近的煌斑岩以后，认为这里主要有下列几种类型：碱闪煌斑岩（Camptonite）、闪斜煌斑岩（Spessartite）、拉辉煌斑岩（Odinite）、闪辉正煌岩（Vogesite）和方沸碱煌岩（Monchiquite）等五类。王德滋认为“这基本上是正确的”。但是，有几点值得讨论。第一，根据王德滋的研究，“碱闪煌斑岩可能并不存在”，而是闪斜煌斑岩一类的岩石，因为碱闪煌斑岩与斜闪煌斑岩的区别主要在于前者必需含有棕闪石（Barkviekite）作为其主要矿物，但“此矿物实际上并未发现”。第二，根据化学成分与矿物成分分析，“闪辉正煌岩的存在也值得怀疑”，而可能是一种过渡型的正闪斜煌岩（Orthoclase Spesartite），介于闪辉正煌岩和闪斜

① 王德滋：江苏高资下蜀煌斑岩的研究。见：《王德滋文集》编辑组：《王德滋文集》。南京：南京大学出版社，2012年，第527页。

煌斑岩之间。第三，根据化学成分与矿物成分，王德滋将高资下蜀地区的煌斑岩归纳为两大类型、六种岩石，即属于钙碱性的闪辉斜煌岩、辉云斜煌岩、拉辉煌斑岩、正闪斜煌岩和属于基碱性的拉长方沸碱煌岩、无长石方沸碱煌岩。第四，叶、喻二氏对于煌斑岩形成的地质条件、煌斑岩在杂岩体中的空间时间上的分布规律以及煌斑岩与成矿作用的关系等方面“均探讨不多”。①

在论述煌斑岩的成因问题时，王德滋认为罗森布施的“二分脉岩”观点“不尽妥当”。② 罗森布施（1836—1914）是德国近代著名岩石学家，确立了应用偏光显微镜研究岩石方法的基础，是岩类学的奠基人之一，曾创立火成岩中矿物结晶顺序的经验法则。“煌斑岩”这一名称就是他 1877 年首次提出的。按照罗森布施的成因理论，煌斑岩是岩浆房中结晶重力分异的结果，先结晶的矿物由于密度大，沉降到岩浆房的底部，在这里它们可以重新熔化而形成所谓煌斑岩浆，这种分异的另一极端即形成酸性的分异物，即细晶岩和伟晶岩。我们姑且称其为“密度说”或“重力说”。而王德滋不认同这一观点，并且提出了自己的看法，我们姑且称其为“熔离说”。他认为，由于煌斑岩与花岗闪长岩在成分上相似，仅仅是铁镁矿物的含量有所不同，说明“煌斑岩较大可能是岩浆房内分异的产物”，并且这种分异不一定是结晶重力分异，而“很可能是熔离分异”，因为“现在实验证明硅酸盐熔体完全有可能发生此种熔离分异”。“分异出的煌斑岩浆处于岩浆房的底部”，因此，才会出现“当岩浆由岩浆房上升时，煌斑岩浆恒处于最后侵入的地位”的现象。很难想象煌斑岩和细晶岩是一种岩浆因矿物密度不同而发生重力分异的结果。事实上，细晶岩脉几乎无例外地位于主要侵入相———花岗闪长岩体的内部，它应是花岗闪长岩和花岗岩固结后残余岩浆的产物，而煌斑岩比细晶岩更广泛的空间分布，则昭示着“煌斑岩浆来自地壳中比较深的部位”。所

① 王德滋：江苏高资下蜀煌斑岩的研究。见:《王德滋文集》编辑组:《王德滋文集》。南京：南京大学出版社，2012 年，第 527-528 页。

② 王德滋：江苏高资下蜀煌斑岩的研究。见:《王德滋文集》编辑组:《王德滋文集》。南京：南京大学出版社，2012 年，第 538 页。

以，用罗森布施的理论去解释，认为“煌斑岩和细晶岩构成一种岩石的两个极端，它们中和而得的平均成分就是母体的成分”的观点，“不尽妥当”。①

概括地说，《江苏高资下蜀附近煌斑岩之研究》特别注意各种类型煌斑岩的化学成分和矿物特点、煌斑岩形成的地质条件、煌斑岩相互之间的关系以及煌斑岩与其他侵入体的关系等方面，提出不少新的独到见解。

时隔一年，王德滋发表了另外一篇关于镇江地区火成岩研究的论文《江苏镇江的火成岩及其接触变质作用》，针对叶良辅、喻德渊《南京镇江间火成岩地质史》一书中对镇江一带火成岩的记载“不够详尽”，尤其是对于火成岩所产生的接触变质作用“几乎没有说明”的问题，进行了深入研究，重点提出两条“商榷”意见。②

第一，“叶良辅、喻德渊二氏曾简单地把北固山的喷出岩系看做是由一种岩石流纹凝灰岩所组成，这点不够正确。”叶、喻二氏所认为的“流纹凝灰岩”，在王德滋看来可能是“硅化石英粗面凝灰岩”，而它们在北固山只占很少一部分。王德滋通过详细观察、反复比对，按岩性和堆积顺序，把北固山的地层由下往上分为五层：粗面集块岩、硅化石英粗面凝灰岩、黑云母粗面斑岩、流纹状粗面岩、粗面角砾岩，提出了“北固山的喷出岩系主要是由不含石英的粗面岩组成”的观点并予以充分的论证。前文已述，叶良辅是我国早期著名岩石学家，与中央大学地质系首任系主任李学清都是“十八罗汉”的骨干成员，比徐克勤还要高上一辈，算来当是王德滋“师爷”辈分的人了。

第二，建议把宁镇山脉火成岩的活动分期由“五分法”改为“三分法”。叶、喻二氏将宁镇山脉火成岩活动划分为五个时期：第一期是建德系喷出岩，包括中性至酸性的岩流及火山碎屑岩；第二期是侵入岩，主要是花岗闪长岩及其斑岩；第三期是侵入岩，包括辉长岩、辉绿岩及煌斑岩；

---

① 王德滋：江苏高资下蜀煌斑岩的研究。见：《王德滋文集》编辑组：《王德滋文集》。南京：南京大学出版社，2012 年，第 538 页。

② 王德滋：江苏镇江的火成岩及其接触变质作用。《地质论评》，1958 年第 18 卷第 2 期，第 87–98 页。

第四期是侵入岩，主要是长英岩（花岗细晶岩）；第五期是喷出岩，主要是玄武岩及其碎屑岩。第一期系在白垩纪末喷出，第二期至第四期侵入岩均属燕山运动末期时侵入，最末期玄武岩则系喜马拉雅运动的喷出物。王德滋研究后认为，“叶、喻二氏所作结论基本上是正确的”，同时也提出了自己的鲜明观点：“第二至第四期岩石可总称为侵入杂岩期，因为这三期岩石可能来自同一岩浆房，无论在时间上还是空间上均有密切关系。”例如，第四期的长英岩（花岗细晶岩）很明显和花岗闪长岩有关，它们大部分侵入花岗闪长岩的节理中，系花岗闪长岩浆结晶末期产物，因此“将花岗闪长岩与长英岩划为独立的两期，易使人误解为两种独立的岩浆形成”，这就不够妥当。其次，确定侵入岩之先后顺序不能仅根据少数地点的穿插关系遽下结论。因为宁镇山脉的侵入杂岩中的各个成员的形成“很难确定一个严密的先后次序”，决不能说所有的长英岩都比辉长岩、辉绿岩及煌斑岩来得晚。不少野外观察证实了这一点。例如在下蜀石砀山脊即发现“闪斜煌斑岩侵入白岗岩中”，这说明“煌斑岩在侵入杂岩中的时间尚迟于花岗细晶岩”。有鉴于此，王德滋认为，镇江地区火成岩活动“大体上可分为三期”，即第一期是“粗面岩期”，喷出为主，同时有小型浅成侵入体，主要岩石为粗面岩、粗面凝灰岩、流纹凝灰岩等；第二期是“花岗闪长岩期”，主要是深成相与半深成相的花岗闪长岩的侵入，并包括后期形成的花岗细晶岩；第三期是“各类岩墙形成期”，主要是煌斑岩、玢岩及辉绿岩等岩墙的形成。①

济南“齐烟九点”奇观的岩石学解释

唐朝诗人李贺《梦天》诗云“遥望齐州九点烟，一泓海水杯中泻”，“齐烟九点”即由此诗句演化而来。诗中“齐州”本指中国，清代人因济南古称齐州，便借用该诗句来描绘济南的山景。“九”并非确数，泛指山多。今一般是指自千佛山“齐烟九点”坊处北望所见到的卧牛山、华山、

① 王德滋：江苏镇江的火成岩及其接触变质作用。见：《王德滋文集》编辑组：《王德滋文集》。南京：南京大学出版社，2012年，第543–557页。

鹊山、标山、凤凰山、北马鞍山、粟山、匡山、药山等九座孤立的山头。它们都是济南的风景名胜。

游人大多只知其美，而不知其所以美。复杂多样的地质因素尤其是岩石学因素，造就了这独具魅力的奇特景观，而于不经意间解开“齐烟九点”成因之谜的专家便是孙鼐和王德滋。说是解开了奇观的成因之谜，是因为从他们合写的一篇论文中可以看出“齐烟九点”的形成机理；说他于不经意间而为之，是因为他们做的是纯学术研究，并非有意去解答“游人”之疑惑。

济南郊区辉长岩和碱性伟晶岩发育良好，是进行火成岩实习的理想地区。1956 年夏，孙鼐和王德滋率领南京大学地质学专业同学到山东进行教学实习，曾在此区工作一个星期，对该区火成岩做过比较详细的观察，发现巴尔博等人早年所写文章中叙述的情况与他们所观察到的情况不尽符合，遂有意对此区火成岩进一步加以研究。是年秋，孙鼐、王德滋和董忠泉、于镇藩四人再到此区，进行深入的研究。他们利用济南市建设局所测的二万分之一地形图进行填图，并将不同类型的基性岩加以划分，系统地采集标本，详细观察岩性的变化、伟晶岩的种类以及接触交代现象。山峰与山峰间相距较远，交通不便，他们需靠两条腿攀登每座山峰。其中，有一座山叫鹊山，位于黄河北岸，还必须乘渡船前往。他们在野外连续工作了十二天。返校后，孙鼐、王德滋等对收集到的标本等材料进行薄片研究、化学分析、光谱分析、油浸法测定及化学成分的计算等。由于教学任务繁忙，直到年底他们才结束了这项研究。论文完稿后他们送给徐克勤和李学清两位教授审阅，获得首肯。这就是孙鼐和王德滋发表在《地质学报》上的《济南辉长岩及伟晶岩的研究》一文。①

济南，位于山东地块的西部，泰山穹窿的西北麓，在其西、北、东三面都是广阔的冲积平原。在济南北郊的冲积平原上，有很多分散的小孤山，多数是暗色辉长岩构成。站在济南南郊千佛山山顶向北眺望，平原上的这些小山隐约可数，济南“孤柱一峰，齐烟九点”的著名景点指的就是

① 孙鼐，王德滋：济南辉长岩及伟晶岩的研究。《地质学报》，1958 年第 5 期，第 179–220 页。

图 4-7 与孙鼐（中）、董忠良（右一）考察济南辉长岩（资料来源：王德滋《往事杂忆》）

这一现象了。“一峰”，指的是突兀矗立的千佛山，在北面拱卫着济南城的华山、鹊山、凤凰山等九座山峰，便是“九点”了。

孙鼐、王德滋等调查后证实，济南北部出露的岩体全部是辉长岩，岩体的南部与济南灰岩接触。辉长岩是火成岩的一种，系来源于上地幔的玄武质岩浆经侵入作用而形成，广泛分布于地壳的各种构造环境。辉长岩规模大小悬殊，小者几或几十公里，大者可达几百平方公里，如驰名中外的山东“济南青”辉长岩即属此类。孙鼐、王德滋等勘查的辉长岩的露头呈一东西狭长形，东西长约十四公里，南北宽约六公里，岩体分布零散，多呈锥形小山，除华山高约二百余米外，其他都是数米或数十米的小孤山如因小而得名的“粟山”。虽然低矮，但是，露头一般都非常新鲜，研究价值极高。

这些小山是如何形成的呢？辉长岩是一种基性深成侵入岩，属于半深成相岩株，现出露部分只是岩株上部凸尖的小型岩穹，每一座小山就是一个岩穹。由于基性岩浆结晶分异作用显著，凸尖的高低不一，便导致了岩穹的原来位置的高低不一，其后经过地面剥蚀，便形成了许多分散的小山包，也就是我们所看到的“齐烟九点”了。如北马鞍山，实则是两个岩穹离得如此之近以至于它们看起来就像一座山似的。孙鼐、王德滋认为：“这些岩穹在深部是相连的，属于一个整体”。

而诸山“壁立千仞”、“悬空欲飞”、“虎牙桀立”、“九峰并峙”等奇特景象的出现，又当如何解释呢？王德滋等研究后发现，“本区火成岩的节理，非常发育”。大致而言，“纵节理和横节理较为发达，一组近东西（北 75°—80°西），一组近南北（北 5°—15°东），而水平节理较差，因此岩石多切割成方柱形，经风化后，多沿节理崩落”。所以，“本区山的高度虽很小，但多陡峻，且山的近顶，常为崩落岩块杂乱堆积”，以“鹊山、药山及匡山最为显著”。①

反右斗争前后

1957 年 3 月毛主席在上海干部会议上讲：“现在党内和党外啊，这条鸿沟太深了，我们应该想办法通过整风把这个沟填平。”不久，党内又传达了毛主席在全国宣传工作会议上的讲话，他说：“我们党和民主党派要长期共存、相互监督，一个人为什么长两个耳朵，就是兼听则明嘛，不能光听一面之词，而嘴巴只能有一个，不能有两个嘴巴，从外交角度讲，对外发言，只能是一个声音。”王德滋听后感觉十分振奋，认为毛主席讲得十分生动、正确。1957 年的 4 月，中央发出“整风”运动指示，反对官僚主义、宗派主义和主观主义，要求大家帮助党进行整风。在整风过程中主要采取“四大”办法，即大鸣、大放、大字报和大辩论，当时南京大学的校报报道说：“春风已经吹到南大了”。此外，学生会搞民主讲台，从南园到北园两面贴出了无数张的大字报，群众参与的面相当广泛。时任南大党委书记陈毅人②，对于这种形势心存疑虑，担心局势失控无法收场，所以，他宣称自己身体不好，甘愿放弃领导。毛主席点名批评陈毅人从右的方面反对他。因被毛主席点名批评，所以江苏省委很重视，马上派了省委常委周一峰来南京大学督阵，先鸣放，后反右。后陈毅人被降职，从南京大学党委书记调任南京图书馆副馆长。“文化大革命”期间，南京图书馆对陈毅人进行了批斗，让他老实交代问题，他于批斗当晚跳塘自尽，年仅五十一

① 孙鼐，王德滋：济南辉长岩及伟晶岩的研究。《地质学报》，1958 年第 5 期，第 182 页。

② 陈毅人（1916–1967），江苏南通人。1953 年从中共南京市委宣传部教育科调进南大，始任党委副书记兼政治辅导处主任，1956 年初升任党委书记，1957 年兼任校长助理。1959 年调任南京图书馆副馆长。“文化大革命”初期因受迫害而自尽。

图 4-8 陈毅人（1916—1967。资料来源：南大校史馆）

岁。每念及此，王德滋都感到极度悲痛和怀念，陈毅人关心群众，平易近人，是一位很好的党委书记。[①]1987 年 6 月 18 日，为缅怀陈毅人同志，王德滋在《南京大学校报》上发表了《正确执行知识分子政策的楷模——纪念我的良师陈毅人同志》[②]。

1957 年 6 月 6 日，《人民日报》发出了"这是为什么"的社论，由此开始了"反右"斗争。当时，地质系刚刚成立党总支，王德滋担任党总支书记。当时有一位三年级的女学生，叫高文华，正在地质队实习，她有一个问题没有想通，就是为什么国务院的十二位副总理都是党员，难道就不能有一位副总理是非党员吗？她并没有在公开场合谈论此事，而是作为思想汇报，向地质队的书记进行了汇报。而这个地质队长正愁抓不到右派，于是便将高文华划成了右派，在地质队进行批判，后来地质队又把材料盖上公章转到了南京大学，这个材料到了王德滋的手中。王德滋认为高文华是预备党员，在学校表现很好，怎么到了地质队实习就变成右派呢。他认为地质队的做法是错误的，后来他向党委分管这件事的副书记进行了汇报，他说："高文华是南京大学的学生，地质队无权划她为右派"。党委同意地质系总支的意见，便把高文华的右派问题给否定了，挽救了一个青年女学生的政治生命。后来高文华对王德滋一直心存感激。王德滋却说："你不要感谢我，我是按照政策办事。"[③]

反右期间，还有一件事情一直萦绕在王德滋的心头，挥之不去。那就是在鸣放时期，地质系有一个名叫雷戡的一年级学生，他贴出一张大

① 王德滋访谈录（二）——求学经历，2014年6月18日，南京。资料存于采集工程数据库。

② 王德滋：正确执行知识分子政策的楷模——纪念我的良师陈毅人同志。《南京大学报》，1987 年 6 月 18 日。

③ 同①。

字报，标题是“二十条大纲”，全属政治性内容，且以纲领的形式张贴在校园里，由此全校闻名，无人不知。后来，王德滋找雷戡谈话，询问他“二十条大纲”的产生过程，雷戡当时仅十八九岁，思想比较单纯、幼稚，他手拿一个小本子东抄西凑，拼成了“二十条大纲”。事情发生以后，雷戡本人也意识到了问题的严重性，在精神上产生了很大的压力。在谈话过程中，雷戡拿出一把匕首，外面套了一个皮套子，他说：“王老师我把这个交给组织，我怕万一想不开自杀了，现在把这个匕首交出来，也是我的一个态度。”虽然他本无恶意，王德滋也想尽量将他保护起来。但因此事影响太大，整个校园无人不晓，最后，稍微对他做了一点批判，就被校方开除了。有一天王德滋在汉口路看到雷戡拉着一板车的煤球，他说离开学校以后就自食其力，在一个煤球店里面做小工。王德滋当时听了对雷戡产生了一种深深的同情和怜悯之情，在他看来，好好的一个年轻人，就因为贴了一张大字报便葬送了自己一生的前途，实在可惜！①

此外，地质系助教陈以洛的事情也始终令王德滋难以忘记、心存内疚。当时在整风运动中，除了鸣放、贴大字报外，校、系两级还召开座谈会。当时地质系助教陈以洛在一次座谈会上提出了一条意见，他认为，大学毕业生就业由国家统一分配是不合理的，应该自谋职业，他说：“良禽择木而栖嘛！鸟总是选最好的树，人应有选择职业的自由”，当时他的这些言论被认为是右派言论。又因陈以洛带学生实习时有时会信口开河，学生对他提出不少意见。最后，陈以洛被划为右派，撤销教师职务，并被下放劳动教养，不久摘帽分配到了镇江的地质队。王德滋四处打听他的消息，后来得知陈以洛已于七十岁时去世。王德滋认为陈以洛完全可以不划为右派！为这件事而深感内疚。②

王德滋为保护学生和老师，甘愿冒自己被批判的风险，很多学生和老师对此心存感激。刘昌实教授在回忆这段往事时指出，时任地质系总支书记王德滋为了保护同学们做了大量的工作，能不戴帽子的就坚决不让戴，他们班没有一个被划为右派分子，但为此王德滋自己却受到了批判。对

---

① 王德滋访谈录（二）——求学经历，2014年6月18日，南京。资料存于采集工程数据库。

② 同①。

图 4-9 郭影秋（1909—1985。资料来源：南大校史馆）

此，他们班上的同学都心存感激。他们五五级同学曾举行过两次聚会：一次是在八十年代，一次是在 2011 年。在座谈会上，大家都对两位领导非常感激，一位是校领导陈毅人，一位是系领导王德滋，他们认为，正是得益于两位领导的保护，他们才有了今天的圆满聚会，每个人才有了事业上的发展和成功，并且出了科学院院士金玉玕和工程院院士童晓光两位院士。①

反右斗争接近尾声之际，郭影秋②出任南京大学校长兼党委书记。他十分热爱教育事业，积极响应党中央加强教育战线的号召，主动要求到教育第一线工作，中央批准了他的请求并委任他为南京大学校长。郭影秋严于律己，宽以待人，注重修养，联系群众，艰苦朴素，虚怀若谷，深受师生爱戴。根据王德滋的回忆，有一天，他主动约王德滋晚上到他家中商谈关于地质系办公用房的问题。郭校长认为地质系办公用房，尤其是教学用房紧张，决定将学校“南楼”分给地质系用做行政办公场所，从而可以使其迁出“东南大楼”扩大教学用房。王德滋听后很是高兴，第二天便将郭校长的意见汇报给了地质系主任徐克勤先生。徐克勤认为：“我们是最基层的教学科研单位，即便办公用房稍显紧张，系行政部门亦不能脱离师生而单独办公。”王德滋听后感觉很有道理，他向郭校长汇报了徐克勤主任的意见。他沉吟片刻后说：“徐克勤

① 刘昌实访谈录，2014 年 10 月 30 日，南京。资料存于采集工程数据库。

② 郭影秋（1909-1985），原名玉昆，又名萃章。江苏铜山县人。1928 年肄业于无锡国学专修科，1932 年毕业于江苏教育学院。1935 年起从事中共地下工作，后投笔从戎，曾任冀鲁豫军区政治部主任、解放军十八军政治部主任等职。新中国成立后历任川南行署主任、云南省长兼省委书记。1957-1963 年任南京大学校长兼党委书记。1963 年调任中国人民大学党委书记兼副校长，1978 年人大复校后任党委第二书记兼副校长。著有《李定国纪年》和《郭影秋诗选》等书。

同志的意见是对的，系行政是基层，应该密切联系群众，你们的用房困难先暂时克服一下吧！”郭校长虚怀若谷、不强加于人的处事方式和高尚品质给王德滋留下了深刻的印象。[①]

亲历“教育革命”

“教育革命”是“大跃进”的伴生物

1958年，是我国执行第二个五年计划的第一年，当时中央提出了“鼓足干劲，力争上游，多快好省地建设社会主义”的总路线，全国掀起了“大跃进”运动。[②]社会主义建设总路线、“大跃进”以及随之而生的“人民公社”，[③]在1960年5月以前曾被称作“三个法宝”，5月以后又称为“三面红旗”。在总路线指引下发动的“大跃进”和人民公社化运动，席卷全国，风头强劲，“大炼钢铁”“大办人民公社”成为不可阻挡的社会洪流。尽管其动机是“通过群众运动实现高速发展”，但事实上不但给我国经济建设和人民生活带来了严重困难，而且还损害了国家的经济建设。回过头来看，“三个法宝”或曰“三面红旗”都是一个盲目冒进的问题：总路线是在经济建设总的指导思想上的盲目冒进：大跃进是表现在生产力发展方面的盲目冒进；人民公社则是反映在生产关系和社会制度变革方面的盲目冒

---

① 王德滋:《往事杂忆》。南京：南京大学出版社，2012年，第64–65页。

② “大跃进”运动，是1958年至1960年中国在经济建设上开展的群众运动。1957年9月起，毛泽东在中共八届三中全会上严厉批评“反冒进”，要求经济建设通过群众运动实现高速发展。1957年11月13日《人民日报》社论首次提出“大跃进”口号。次年5月，中共八大二次会议通过了“鼓足干劲，力争上游，多快好省地建设社会主义”的总路线，“大跃进”在全国展开。1960年6月，中共中央在上海举行政治局扩大会议，初步总结几年来经济工作的经验教训，“大跃进”运动得以逐步停止。

③ 人民公社，是1958年至1982年在中国农村实行的政社合一的人民公社管理体制。公社管理委员会就是乡人民委员会（乡人民政府），它管理生产建设、财政、粮食、贸易、民政、文教卫生、治安、民兵和调解民事纠纷等工作，既是政权在农村的基层单位，又是中国社会主义经济在农村的基层单位。该基层组织的特征是工、农、商、学、兵（民兵）相结合。毛泽东说人民公社的特点是“一曰大，二曰公”。

进。半个多世纪，弹指一挥间。但对经历过那“如火如荼”岁月的王德滋来说，却是“刻骨铭心”的，每每回忆起来，总是五味杂陈，难以名状。

而“教育革命”则是全民大跃进的伴生物。随着“大跃进”运动的骤然兴起，教育界也开展起了“教育革命”。所谓“教育革命”，是指在1958至1960年期间，以自上而下发动的全民“大跃进”为背景，以“贯彻党的教育方针”为主要内容，全面地突击性地进行教育革命的群众运动。该运动声势浩大，持续长久，因此又被称作“教育大革命”。

1958年9月19日，中共中央、国务院发出了《关于教育工作的指示》。《指示》突出强调了“两条路线之间的斗争”和“克服教育工作中的右倾思想和教条主义思想”，提出大鸣、大放、大字报、大辩论应当成为中等以上学校“普遍和经常的方法”，提出“必须把生产劳动列为正式课程，每个学生必须依照规定参加一定时间的劳动”。教育革命的主要内容是进行教学改革，坚持教育与生产劳动相结合，开展勤工俭学。这场改革有“左”的色彩，提出“以十五年左右的时间来普及高等教育”的目标显然不符合当时的中国国情，这一目标我们至今尚未达到。①

南京大学有失有得

这个大跃进自然也影响了南京大学校内的形势。当时学校领导按上级要求提出要实行教学、科研、生产劳动三结合，提出学校要办成既是大学，又是研究所，又是工厂的“三结合”体制。在这样的形势下，完全冲破了正常的教学秩序，全校闹起了“教育大革命”。南大出现了几个“大”，一是大炼钢铁，二是大办工厂，三是大搞科研，四是大编教材，五是大办体育，都是“大”，万马奔腾。地质系还多了一个“大”，就是配合

① 依照美国学者马丁·特罗二十世纪六十年代末七十年代初提出的高等教育大众化理论，国际上都把高等教育毛入学率（能够接受高等教育的人数占适龄人口的比例）低于15%时称作高等教育的“精英化”阶段；在15%—50%之间称作高等教育的“大众化”阶段；超过50%时称作高等教育的“普及化”阶段。我国早此十年提出的“普及高等教育”是特定语境下的“普及”，后来有人将其朴素地理解为“大学，大学，就是大家都来学”。

大炼钢铁，到野外去大找铁矿。学校还总结出了贯彻教学、科研、生产劳动三结合方针的“三条途径”，即“文科办农场、工厂，以从事工农业生产为主，接触实际，体验生活，配合中心，进行社会工作；理科结合专业特点，利用实验设备与工矿企业协作，大办工厂，进行工业生产；地学密切结合专业，进行野外勘探、测量及资源调查工作”。[①] 例如地质系一年级学生入学还没几天，就被拉到野外去找铁矿了，所以说正常的教学秩序被破坏了。

这种混乱的局面大约维持了大半年，后来郭影秋校长在1959年3月全校运动会的闭幕式上发话了：“要收心鼓劲，坐下来，钻进去，认真读书。”他还说：“教学是压倒一切的中心任务。”郭校长发话了，教学秩序恢复了，学生就进到课堂里上课了。王德滋觉得，“大跃进”总体上是失败的，“大炼钢铁”是失败的，大办“人民公社”也是失败的，但是，南京大学却是有失也有得的。得在哪一方面呢？收获之一就是南京大学成立了一些新的专业，特别是在有关和平利用原子能方面，南大成立了四个专业：原子核物理、放射化学、生物物理和放射地质。其中，放射地质专业就是在王德滋主持下创办起来的。

创办放射地质专业

筹建和平利用原子能（即核能）方面的四个专业，不同于开办普通专业，学校格外重视而又十分慎重。郭影秋校长与徐克勤等系主任商定，各专业筹建人必须由业务上拔尖、政治上可靠、言行上稳健的教师来担任。地质系党政研究指定时任系主任助理的王德滋为放射地质专业（为保密起见，时称“63”专业）的筹备负责人。1958年9月，放射地质专业即“63”专业成立，王德滋担任承办该专业的放射地质教研组主任兼党支部书记。据参与该专业创办、今已年近八旬的赵懿英教授的回忆，还原了当年王德滋在“零”起点的背景下摸索着创建“63”专业的诸多场景。[②]

---

① 王德滋：《南京大学百年史》。南京：南京大学出版社，2002年，第341页。

② 赵懿英访谈录，2014年10月31日，南京。资料存于采集工程数据库。

1958年，南京大学受命在物理、化学、生物、地质系分别成立核能专业，地质系党政决定由王德滋担任党支部书记筹建“63”专业。当时一无教师，二无学生，三无仪器设备，四无教材，五无教学计划，可以说是一无所有。在这样的背景下，要即刻培养出核能专业人才，谈何容易？在重重困难面前，王德滋运筹帷幄。首先，他向教育部申请，先后从苏联聘请地球化学专家洛谢夫教授来校讲授“稀有元素地球化学”，聘请铀矿地质专家哥特良尔教授讲授“铀矿地质”，并将这些讲稿翻译成专著出版。

1958年底，苏联在上海中苏友好大厦举办“和平利用原子能展览”，王德滋带领刘金意、张富生和赵懿英赴上海参观学习。全国来学习原子能知识和技能的学员很多，王德滋是当时地质馆学员的负责人，由于没有核能地质的翻译，学员听课异常困难，王德滋就组织刘金意、张富生和赵懿英三位老师白天听课，晚上翻译讲稿，第二天再印发给全体学员，人手一份。夜以继日，天天如此，直至1959年春展览结束。展馆赠送他们一部分铀矿标本、仪器和资料，他们如获至宝。

因缺少教师，地质系专门引进了北京地质学院毕业的物探研究生潘恩沛、留学南斯拉夫的物探教师刘金意和长春地质学院物探系毕业生石玉春，组成了“63-2”专门组，即放射性物探专门组；从系内外专业调进了刘英俊、王鹤年组成了“63-3”专门组，即稀有元素地球化学专门组。后来，系里委任张祖还教授为教研组主任，并由他亲自挂帅组成了“63-1”专门组，即放射地质专门组。为更好的培育人才，他们又专门聘请了来华支援建设的苏联专家：一位是米克舍维奇，他专长放射性物探；一位是柯钦，专长放射性矿产地质；还有一位是可里库夫，专长放射性水文地质。这样，教师组建工作初步完成。

没有学生怎么办？南京大学地质系决定从全系高年级中抽调学生组成“63-1”“63-2”和“63-3”三个班级。

这样，教师有了，学生也有了，由王德滋带领组建的“63”专业在南京大学的校园里正式诞生，并开始成长。但是，其经历并非一帆风顺。1959年下半年，中苏关系紧张，苏联单方面撕毁协议，撤走专家，这对刚成立不久的“63”专业来说，面临严重困境。在困难面前，王德滋和张祖还教授不畏艰险，坚定不移地领导“63”组全体成员自力更生，艰苦奋斗，齐心协力，勇往直前，每位教师都勇挑重担，接受各门课程的教材建设、课堂讲授、野外实习和论文指导等各项工作。从 1959 年至今每年都有本科毕业生、硕士和博士研究生走上国家核能事业单位，并担负重要的工作任务。

赵懿英在讲述中提到后来“系里委任张祖还教授为教研组主任”，其实，这正是王德滋想方设法促成的。他觉得一个专业如同一座“庙”，要提高其知名度，最好是请一位“菩萨”即教授来坐镇。“63”专业的“庙”已经有了，但是还没有“菩萨”。年仅 31 岁的王德滋当时只是位讲师，还算不上“菩萨”。而那时地质系的矿床学教研组，却有两位“菩萨”，一位是徐克勤教授，担任系主任；一位是张祖还教授，担任副系主任。王德滋于是就动起了张祖还老师的“脑筋”，在徐克勤老师的支持下，把也是自己受业恩师的张祖还先生“迎请”到放射地质教研组担任教研组主任，自己则担任支部书记。这真是一着“妙棋”。当然，能使出这等妙招的重要前提之一，就是主人公只考虑学科发展的需要，而不计较个人位置的“虚化”与权力的“稀释”，从而妥善地处理了“庙与菩萨”的关系，这个专业在国内的知名度随之大大地提高。一直到现在，这个专业仍为国家所急需。因为，铀矿是发展核能的资源，如搞核电站，搞“两弹一星”等，都离不开铀矿。这个专业虽是“大跃进”的产物，却一直存在到现在。这也就从一个侧面回答了为什么“大跃进”在南大是有失有得的问题了。

艰难岁月

被批判走了“白专道路”

1958 年 8 月，中共中央在庐山召开八届八中全会，这次会议错误地批判了彭德怀，认为他犯了右倾机会主义的错误。庐山会议后，“反右倾”运动不断扩大。南京大学的“反右倾”运动也开展得“如火如荼”。

当时，南京大学的校、系两级都要找右倾的代表人物，王德滋虽不是学校的右倾代表，但却成了地质系的一面白旗。1958年，学校委派戴洵接替王德滋担任地质系总支书记。有一天，她找王德滋谈话说：“‘大跃进’时全系都热气腾腾，你是总支委员，却跑到江西调查花岗岩去了，你走的是一条白专道路，你要在党内做检查。”王德滋意识到自己要挨整了。当时，“反右倾”运动主要是在党内进行，因为教师白天要上课，一般都是晚上开批判会。如此断断续续进行了一个月之久！①

第一次开批判会议由戴洵主持，她要求王德滋先做检查。王德滋承认自己有错误，说“大跃进”时不应该跑到江西去研究花岗岩，但由于没有上纲到走白专道路的高度，戴洵认为王德滋的检查很不深刻，要求党员教师、学生一起对王德滋进行揭发批判。当时有一位女教师，站起来慷慨激昂地说：“我要亮出我的一颗红心，誓与白专道路划清界限。”有的教师则批判王德滋说：“你是白专的典型，是我们系的一面白旗。”他打了个比方：“两只兔子在前面跑，你只能抓住一只兔子，另一只兔子必然要跑掉，怎能同时抓两只兔子呢？”其意为一名共产党员，顾了“红”就不能顾“专”，就是说不可能又“红”又“专”，“红”和“专”是对立的，而“专”和“白”是联系在一起的。有的教师批判王德滋的思想严重右倾，包庇右派（即指包庇三年级学生高文华一事）。还有人揭发王德滋拉拢、腐蚀青年教师。有人甚至荒唐地说：“我们要和你斗，一直要斗到你服输，斗到你放弃当教授的念头为止。”处于那样的高压下，王德滋只能违心地承认自己是走了一条白专道路，但实际上他在思想上并不服气，在王德滋看来，批判他的这些观点和论调都是典型的“红专对立论”②。

揭发批判告一段落之后，接着转入第二阶段，戴洵让王德滋交代对“三面红旗”的看法。王德滋说从未在公开场合反对过“三面红旗”，戴洵说：“那么你就挖挖思想，向党交心吧。”于是他就在家里冥思苦想，挖出了一些反对“三面红旗”的思想。王德滋对大炼钢铁有看法，认为当时不

① 王德滋访谈录（三）——艰难岁月，2014年6月24日，南京。资料存于采集工程数据库。
② 同①。

是按照科学方法来炼钢铁。当时他住在大钟新村，看到大钟新村居委会的干部不仅强行拿走了大钟新村的铁门，还拿走了大钟新村每一栋房子上的垃圾箱铁盖，如此一来，不仅无法炼出合格的钢铁，反而造成很大的浪费和破坏。1958 年夏天，王德滋在江西南部调查花岗岩时发现农民不在种田而都在忙着大炼钢铁，他们把山上的树全部砍光，去烧土高炉。王德滋认为，这会把青山变成秃岭，造成水土流失，得不偿失。那时农村的干部和农民，为了大炼钢铁，到处找铁矿，他们找了个矿，但实际为“夕卡岩”，是一种石头，根本炼不出铁，当王德滋告诉村民实情的时候，村民并不相信，认为“你们这些臭老九，专门泼冷水”，根本不听王德滋的意见。那时浮夸风很厉害，最典型一个口号便是：“人有多大胆，地有多大产”，而且报纸上整天都是放高产卫星的报道。其中最离奇的一次报道竟然说一亩地打出了十三万斤稻子，浮夸之风愈演愈烈。此时地质系戴洵也吹嘘，说要搞“母鸡生蛋”，吹嘘要生五个蛋。因为南大处在华东区，相当于母鸡，他们要为全国其他五个大区各办一个地质系，意即生五个蛋。在王德滋看来，这种提法完全是想入非非，毫无根据。系主任徐克勤先生说：“要生五个蛋，这不是五马分尸吗？”王德滋对于徐克勤的意见完全赞同，最后，“一个蛋”都没“生”出来。①

地质系五五级学生康育义教授在回忆这段历史时曾经指出，1959 年夏，他刚刚大学毕业留校任教。是年 9 月，地质系党内开展批判“右倾机会主义”，虽然他们留校的七个人中大多不是党员，但是，总支书记却指明要求他们参加会议以接受教育。没想到在此次会议上，他心中尊敬的王德滋被推上了批判席，而且，王德滋被批判的“罪过”竟然是反右派斗争不力，地质系右派划少了，认为大跃进、大炼钢铁不实事求是，等等。批判会开了三天，最后，王德滋被迫做自我批判。几十年过去了，康育义再回首此事时，更真切地体会到了王德滋的心地善良、实事求是、科学严谨，并呼吁向王德滋学习②。

后来，看王德滋把思想挖得差不多了，就开会对其进行批斗，批判的

---

① 王德滋访谈录（三）——艰难岁月，2014 年 6 月 24 日，南京。资料存于采集工程数据库。

② 康育义：我所尊敬的王德滋老师。2014 年，未刊稿。资料存于采集工程数据库。

调门很高，说王德滋猖狂攻击“三面红旗”。王德滋心想，“我根本没有攻击三面红旗，完全是向党交心，怎么能说是猖狂进攻呢？完全不实事求是嘛。”在最后一次总支扩大会议上，郭影秋校长亲自来参加并第一个发言，他说：“我看啊，王德滋还是个好同志，虽然处理红专出了点问题，改了就好，我们党需要更多的党员知识分子啊。”他这样讲，王德滋深受感动，古人云“男儿有泪不轻弹，只因未到伤心处”，此时的王德滋被郭影秋校长的一番话深深感动，留下了感激的泪水。郭校长还讲：“将来你就是我们党的接班人啊，你懂专业，又是党员，你的发展前景是很广阔的，但你一定要改掉身上这些不足的地方。”郭校长的一席话，令王德滋心悦诚服，对于郭校长提出的意见完全接受。多年以后再度回忆此情此景，王德滋仍然记忆深刻、心存感激、难以忘怀。[①] 此次会议后，学校党委不仅保留了王德滋的总支委员身份，还于 1961 年任命他为地质系副主任。对于戴洵的所作所为，王德滋并没有太多的埋怨和憎恨，反而对她多了几分同情和理解，因为，在王德滋看来，很多事情并不是戴洵个人的问题，她是为当时形势所逼而被迫为之。1962 年戴洵随丈夫调往广州，王德滋偕同地质系全体教师在玄武湖为她开了欢送会。1963 年郭影秋调往中国人民大学任党委书记，很多教师对郭校长感情很深，王德滋也和几十位教师、干部前往下关车站为他送行[②]。

“文革”中遭受批斗

1963 年 5 月，郭影秋调任中国人民大学党委书记，匡亚明[③] 则从吉林

① 王德滋访谈录（三）——艰难岁月，2014年6月24日，南京。资料存于采集工程数据库。

② 王德滋：《往事杂忆》。南京：南京大学出版社，2012 年，第 67 页。

③ 匡亚明（1906–1996），江苏丹阳人，著名政治家、教育家。1923 年入苏州第一师范学校就读，1924 年参加革命，1926 年加入中国共产党。1927 年曾以江苏团省委特派员名义领导宜兴秋收起义。新中国成立后，历任华东政治研究院党委书记兼院长、中共华东局宣传部第一副部长、吉林大学校长、南京大学校长兼党委书记等职。1982 年起为南京大学名誉校长。1991 年被任命为国家古籍整理出版规划小组组长。晚年主持编写《中国思想家评传》丛书。1996 年 12 月 16 日，在南京逝世，享年 91 岁。参见王德滋主编：《南京大学百年史》。南京：南京大学出版社，2002 年，第 357 页。

大学校长的位置上调到南京大学担任校长兼党委书记[①]。匡亚明在办学方针、处事风格等方面皆与郭影秋校长具有很大的差异。他到校伊始便紧抓学校的教学和科研建设，在他看来，教学和科研是大学的两项主要任务，因此，他十分重视教务处和科研处建设，任命号称“南大总理”的杨世杰[②]为教务长兼科研处长。王德滋能写善思，被杨世杰看中，由地质系调至教务处担任副处长。[③]

从 1966 年 5 月至 1976 年 10 月，“无产阶级文化大革命”持续了十年。当时，我国刚刚完成第二个五年计划，开始执行第三个五年计划，此时思想意识形态方面的矛盾不断凸显，毛泽东认为党中央出了修正主义，党和国家面临资本主义复辟的现实危险，而过去采取的一些举措都是修修补补式的，无法彻底解决问题，必须采取全面的、从下而上的发动群众，才能彻底揭露党和国家存在的问题和矛盾，才能彻底地解决问题。“文化大革命”的主要对象是“党内走资本主义道路的当权派”和“资产阶级反动学术权威”。同时提出要“横扫一切牛鬼蛇神”、破“四旧”（即所谓旧思想、旧文化、旧风俗、旧习惯）、“怀疑一切”“打倒一切”“全面内战”，一场席卷全国的阶级斗争风暴就此来临。

南京大学首先被打倒的便是校长兼党委书记匡亚明同志，其次是党委常委和各系的主要负责人。由于此时的王德滋既不在地质系，也不是部门的主要负责人，所以，他并未受到很大的冲击，有人曾经戏称：“王德滋掉进了杨公井（杨公井是南京的一个地名，这里所说的杨公特指杨世杰），被保护起来啦！”尽管如此，王德滋并没有躲过“文化大革命”这场风暴给他造成的精神压力和心理创伤，特别是在运动初期吃了不少苦头。[④]

那时，因为教务处和科研处都由杨世杰负责，所以，在开展运动的时

① 王德滋访谈录（三）——艰难岁月，2014 年 6 月 24 日，南京。资料存于采集工程数据库。

② 杨世杰（1928–1971），云南元谋人。出色的高校管理工作者。1947 年考入中央大学经济系，毕业后留校工作。曾任南京大学党总支副书记、校长办公室主任、科研部长、党委委员、教务长等职。在党务、教学、科研等管理工作中，均表现出过人的组织才干和协调能力。1968 年造反派以“包庇重用坏人”“里通外国”“出卖科技情报”等罪名，对他进行“隔离审查”。1971 年 2 月 14 日在拘押中含冤去世，年仅四十三岁。

③ 王德滋：《往事杂忆》。南京：南京大学出版社，2012 年，第 67–68 页。

④ 王德滋：《往事杂忆》。南京：南京大学出版社，2012 年，第 68 页。

候也是联合进行。由于此时杨世杰已经被关进学校专政队，王德滋便成了这两个部门最大的“走资派”。这时，王德滋和几位科长被关进“牛棚”（即学校里的一个房间），“每天不是写检查就是在校内劳动（主要任务是割草）。”在接下来进行的批斗会上，王德滋便成了被批斗的主角儿：脖子上挂个大牌子，“坐喷气式飞机”——九十度大弯腰、双手往后平举，身体受摧残，心灵遭羞辱。在批斗的过程中，不仅有教务处和科研处的人员参加，地质系的一些教师也参加了，他们把王德滋 1959 年“反右倾”时的全部材料都兜了出来，一边揭发、一边批判，交错进行。同时，勒令王德滋交代如何配合团委把温元凯树为典型的，说王德滋是一棵“修正主义大树”才会欣赏像温元凯这样的“修正主义苗子”。除了专场批斗外，王德滋还参加过多次陪斗，各系在批判修正主义教育路线的时候，虽然主要批斗匡亚明，但王德滋等也被要求参加，成了匡亚明的陪斗者之一。①

经过几次批斗后，匡亚明成了“死老虎”，王德滋也没有什么问题，于是，在接下来的日子里，便鲜有人再对他进行批斗和关注了，从此，王德滋就成了“逍遥派”。②

苦中作乐

“文革”初期，学校停课，学生纷纷出去“大串连”。当时，王德滋的大女儿王卫平也闹着要出去“串连”。因为当时她仅仅只有十二岁，而且是女孩，加之当时社会动荡，很不安全，因此，王德滋从心底里不同意女儿的主张，但也不能强行限制女儿的行动。于是，他们夫妻两人左思右想，最后终于想出来了一个好主意。他们与女儿王卫平约定，由王德滋带领女儿先去郊区“拉练”，如果能够顺利完成，则同意出去“串连”，卫平欣然允诺。于是，王德滋便带着女儿王卫平和她的朋友一起去“拉练”。王德滋选择的“拉练”路线是翻过幕府山，“拉练”到燕子矶。她们都“全副武装”，带着干粮和水壶，兴致勃勃、高高兴兴地开始了她们的“拉练”

① 王德滋:《往事杂忆》。南京：南京大学出版社，2012 年，第 69 页。

② 同①。

之旅。幕府山南缓北陡，他们从南坡上山，翻过山到达“三台洞”和“头台洞”等景点，由于从未走过如此遥远的路程，尚未到达燕子矶便有很多孩子感到体力不支。为鼓励他们继续前进，王德滋便给他们讲故事，包括“三台洞”和“头台洞”的地质成因与相关传说，大家边听边走，不知不觉便到了燕子矶。他们一起爬到燕子矶的顶部，登高远眺，视野开阔，观大江东去，顿觉心旷神怡。这次“拉练”使孩子们体会到了“串连”的难以言状的辛苦和劳累，从此再也没有人提出“串连”的事情了。①

当时正处于“文革”初期，王德滋已受到冲击，在精神上承受了巨大的压力。因此，此时带孩子们爬山“拉练”，也算是“苦中作乐”吧。

下放溧阳农场劳动

1969 年 10 月中旬，林彪背着毛主席以战备演习为名发布了“一号命令”，要求城市居民立即疏散。为响应“一号命令”的号召，同年 10 月 19 号，南京大学在大操场召开紧急会议，要求全校师生第二天前往溧阳农场（即南京大学农场）。当晚，王德滋便和夫人洪奉青准备好简单的行装，第二天清晨，他们便步行出发前往溧阳（溧阳农场距南京市中心九十八公里），经过两天的艰苦跋涉，最后终于到达目的地，王德滋等机关人员住在农场三队，各系的师生都住在附近的农村。当时，王德滋的夫人洪奉青属于计算机系②，住在东王庙附近的一个农民家里③。他们在农场上午劳动，下午搞“运动”。那时，农场为了解决“水”的问题，打算在一队和二队之间修建一座水库，王德滋等的劳动任务就是为建水库挖土、抬土、建大坝，大家劳动热情很高。当时农场住宿条件较为简陋，没有那么多床铺，晚上他们都睡地铺。他们先在水泥地上铺上一层稻草，然后将带来的行李铺在稻草上面，一个房间睡七八个人。就这样，他们在农场度过了寒冷的冬天④。1970 年 5 月，

① 王德滋：《往事杂忆》。南京：南京大学出版社，2012 年，第 69-70 页。

② 姚平访谈录，2015 年 1 月 23 日，南京。资料存于采集工程数据库。

③ 王德滋：《往事杂忆》。南京：南京大学出版社，2012 年，第 70-71 页。

④ 王德滋：《往事杂忆》。南京：南京大学出版社，2012 年，第 71 页。

为了参加清查“五一六”分子[①]的活动，王德滋等徒步从溧阳农场赶回学校，斗争开始时，要求住在校内，后来允许回家居住，此时的矛头指向显然已不是“走资派”，而变成了“五一六”嫌疑分子了。

大约在1970年秋季，王德滋又离开南京第二次前往溧阳农场，边劳动，边搞“运动”。这次来农场的教师、干部被编成三个连队，王德滋被编在二连，住在农场二队（即农场本部）。刚开始时主要以搞“运动”为主，半天参加劳动，后来清查“五一六”运动告一段落，就转变为全天劳动了。[②]此次，王德滋在农场呆了近两年时间，他积极参加各种各样的劳动，学会了插秧、耙秧、施肥、种蔬菜以及烧大炉（老虎灶）等各种农活。其中，给他留下最深印象的则是耙秧，人趴在水田里，匍匐前进，爬一步，将秧苗根部松一松，没爬几步就汗流浃背了，真正感受到了农业劳动的辛苦。后来农场分配王德滋去烧大炉，供应一两百人喝开水，这对连煤球炉都不会用的王德滋而言是一个不小的挑战。于是，他主动向食堂的老师傅们请教，最后，不仅学会了烧老虎灶，还对封灶技术有一点小小的创造。因为溧阳当地耕地主要靠水牛，水牛的粪便晒干后不仅可以用作燃料，还是封火的好材料。王德滋便充分利用牛粪的这个特性，在晚上老虎灶熄火之前，便将晒干的牛粪将火盖起来，第二天起床的时候，再将牛粪通开，因为牛粪下面的火并未熄灭，只需在上面重新放上新的煤球就可以了，如此一来，既节约了生火的原料，又节约了时间，取得了事半功倍的效果。[③]在农场的这段时间，白天劳动，晚上则较为自由，大部分的人主要通过下棋、聊天、打牌等方式打发时间，而王德滋却感觉如此利用时间是一种浪费，于是，他便充分利用晚上的时间进行学习。每次从南京回来，他都会带一些专业书籍和资料回农场。刚开始的时候，他不敢公开地

① “五一六”分子，是指1967年北京一度存在一个名为首都五一六红卫兵团的极左组织，利用“五一六”通知散发反对周恩来的传单。后来，毛泽东在全国范围内开展一场清查“五一六反革命阴谋集团”运动，大批无辜干部群众被迫害。全国党政军机关、学校兴师动众，全力投入清查运动。成千上万的干部、学生被打成“五一六反革命分子”，遭到长期隔离审查、批斗、监督劳动，丧失人身自由，有的甚至被迫害致死。

② 王德滋：《往事杂忆》。南京：南京大学出版社，2012年，第72页。

③ 王德滋：《往事杂忆》。南京：南京大学出版社，2012年，第72–73页。

看，而是拆成散页夹在《红旗》杂志里偷偷阅读和学习。后来，被周围的同志发现，他们对王德滋说："你就放心地看吧！我们不会向农场领导反映的。"那时农场的蚊子很多，尤其是夏天的晚上，蚊子更多，王德滋就躲在蚊帐里学习，如此日积月累，他积累了不少的资料，而这也为他以后的科研、教学工作奠定了良好的基础。①

1972 年夏季的一天，正在田里劳动的王德滋得到连队支部书记的通知，要求他晚上参加支部组织生活。王德滋说自己的检查还未通过，没有资格参加组织生活，而支部书记则让他列席参加。王德滋本以为只是列席会议，听听而已，没想到支部书记让他谈谈走"五七道路"的体会，王德滋毫无思想准备，即席讲了几分钟，支部书记认为他讲得十分深刻，征询大家的意见是否同意王德滋恢复组织生活，结果大家一致举手同意。第二天早晨，农场革委会主任便约他谈话，要他立即收拾行李回学校，另有任务安排。② 回到学校后，南京大学革委会副主任王良才同志约王德滋到他的办公室谈话。他说："现在，工农兵学员进校了，考虑到你有多年的教学管理经验，调你从农场回来，担任教育革命组副组长。"王德滋犹豫了片刻说："我担心会不会穿新鞋走老路，再犯错误啊！"王良才说："不要有什么顾虑，可以边干边学嘛！"于是，王德滋在脱离教务处六年之后，又重新回到了教学管理岗位。③

---

① 王德滋：《往事杂忆》。南京：南京大学出版社，2012 年，第 73–74 页。

② 王德滋：《往事杂忆》。南京：南京大学出版社，2012 年，第 74 页。

③ 同②。

第五章
花岗岩与火山岩并行研究

从 1958 年开始，王德滋在徐克勤的引领下成为华南花岗岩研究团队的主要成员，从此便与花岗岩研究结下了近六十年的不解之缘。徐克勤院士是“华南花岗岩研究”的开拓者，1957 年在江西南部发现证据确凿的加里东期花岗岩。王德滋作为徐先生的嫡传弟子，是花岗岩研究的主要参加者和传承人。但是传承并非简单的继承，而是传承之中有发展，有创新。王德滋于 20 世纪六十年代初，开辟了一个新的研究领域——火山岩研究，与花岗岩研究呈双轨运行，这就是王德滋学术生涯的第二个阶段，即花岗岩与火山岩并行研究阶段。此阶段的时间跨度达 20 年，扣去“文革”十年时间不算，有效期仅为十年左右，发表了《江西南部加里东期与燕山期花岗岩对比研究》、《华南花岗岩类的侵入时代、岩性特征、分布规律及其成矿专属性的探讨》、《华南不同时代花岗岩的成因问题》、《江西慈竹英云闪长岩及其周围区域变质岩的成因》等关于花岗岩的研究论文，以及有关火山岩研究的论文《宁芜地区中生代火山岩系的岩石学与岩石化学研究》和《宁芜地区中生代火山岩特征及成矿作用探讨》。“华南花岗岩研究”成果于 1978 年获全国科学大会奖，1982 年获国家自然科学二等奖，王德滋都是主要获奖者之一。

华南花岗岩研究的传承者

徐克勤开拓花岗岩研究的华南疆域

1965年，高教部在北京召开高校科研成果展览会。这是一次规模盛大的展览会，南京大学一共有二十多项科研成果参加展出。展出过程中，根据社会公众的反映，以及中央领导同志朱德、邓小平的评价，南京大学有五项成果获得了比较高的评价。第一项是由地质系徐克勤领衔的“华南花岗岩及其成矿关系的研究”；第二项是由物理系冯端领衔的“金属缺陷的研究”；第三项是化学系须沁华等的“分子筛合成研究”；第四项是由生物系仲崇信领衔的“大米草引种研究”（大米草是从美国引进的，引种到我国的沿海）；第五项是由肖楠森领衔的地学各系参加的“内蒙草原考察和找水研究”。前两项是基础研究，被列入全国重大科研成果一百项；第三项被认为填补了国内的空白；第四和第五项都取得了重大的经济效益。从这次展览会以后，这五项科研成果就被形象地称为南京大学的“五朵金花”。1965年，国家科委正式出版了七十多万字的《华南不同时代花岗岩及其与成矿关系研究》专报。从此以后，谈到华南花岗岩研究，就不能不谈华南花岗岩研究的开拓者徐克勤教授。

徐克勤（1907—2002），安徽巢县人，1934年毕业于中央大学地质系，1944年获美国明尼苏达大学博士学位。自1946年至1984年连续担任中央大学地质系、南京大学地质系系主任达三十八年之久。1980年当选为中国科学院学部委员（院士）。曾任中国地质学会副理事长、中国矿物岩石地球化学学会副理事长。长期从事矿床和岩石学的教学与研究工作，尤以花岗岩及钨锡等金属矿床的研究见长。

作为深孚众望的领军人物，徐克勤在华南花岗岩研究中起到了开拓、引路和构建理论体系的关键性作用。早在三十年代，他就注意到地质演化

图 5–1 王德滋（右一）与徐克勤（右二）、孙鼐（左一）、季寿元（右五）、胡受奚（右三）等在苏州天平山考察花岗岩（1965 年。资料来源：王德滋《往事杂忆》）

中多旋回造山运动在华南地区的普遍存在，开始关注花岗岩的分布与时代问题。1957 年他在江西南康龙回和上犹陡水两地首次发现了加里东期花岗岩，使华南花岗岩属于单一燕山期的定论开始动摇，为华南多时代花岗岩类研究的突破打开了缺口。1958 年他又与郭令智、俞剑华在安徽休宁发现了雪峰期花岗岩。当时这些重要发现并没有被人们所接受，徐克勤领导全系师生把研究工作引向深入，历时五年，于 1962 年春发表研究成果：《论华南四大旋回花岗岩类》，确定华南存在雪峰期、加里东期、印支期和燕山期四大旋回花岗岩类，引起学术界重视并得到承认。七十年代中期，徐克勤继续组织力量开展华南花岗岩的系统研究，并把研究重点转向物质来源、形成机制等方面，研究成果先后获得 1978 年全国科学大会奖和 1982 年国家自然科学二等奖。这两次的获奖人员为徐克勤、郭令智、张祖还、孙鼐、王德滋、俞剑华、胡受奚、季寿元、刘英俊和施央申等十位知名教授。在徐克勤、郭令智等领导下，南京大学地质系长期开展的“华南不同时代花岗岩类及其与成矿关系”研究，被公认为是新中国成立以来中国地质学方面的重大科技成果之一。

为了“加里东期花岗岩”获得公认

岩石按其地质成因划分为火成岩、沉积岩与变质岩三大类。其中，火成岩“是三大类岩石的主体，占地壳岩石体积的64.7%”[①]，占地壳体积的95%。

火成岩都是由岩浆冷凝形成的，所以又称岩浆岩。岩浆，泛指地下高

① 舒良树：《普通地质学》。北京：地质出版社，2010 年第 22 页。

温熔融物质，它的温度一般为800—1200℃。当岩浆喷发到地表，就是火山，成为火山岩，如果岩浆没有喷发到地表，而在地壳里面缓慢冷却结晶，就形成了花岗岩等岩石。花岗岩与矿产的关系比较密切，比如有色金属、稀有金属、放射性矿产都和花岗岩有关系。花岗岩研究不是普通的基础研究，而是具有应用前景的重要基础研究。

矿床学家徐克勤是华南花岗岩研究的开拓者。1957年，他带着几位青年老师去江西南部考察花岗岩与钨矿时，凭着他慧眼独具的观察力、雄厚的地质理论基础和丰富的野外实践经验，发现了南康龙廻和上犹陡水两个加里东期花岗岩体，这是南岭地区也是整个华南首次发现的加里东期花岗岩。“加里东”本是英国苏格兰的一座山的名字，后来成为欧洲造山带的一个名字，它的时代是地球历史的早古生代，包括了寒武纪、奥陶纪和志留纪，距今四亿余年。而徐克勤发现的花岗岩，相当于加里东期，而且有很充分的证据。但是，传统观点认为在华南仅存在一亿年左右的燕山期花岗岩。所以发现四亿年的花岗岩，在地质界引起了巨大的争论，引起了轩然大波。有人公开质疑，有人专门开着吉普车到徐克勤发现的这两个地点去调查，然后武断地宣布：“徐克勤的发现是在错误的地点，进行错误的观察，得出错误的结论”。有人甚至说：“在华南，要想找到加里东期花岗岩是异想天开。”徐克勤这位发现过我国第一个矽卡岩型白钨矿床后经勘探证实为大型矿床的地质学家对于自己的发现十分自信，他没有认“错”、服输，而是派自己的弟子王德滋和季寿元、胡受奚三人再去那两个地方进行仔细考察，深入调究，寻找更多证据，“我们一定要让加里东期花岗岩得到承认”，徐克勤对整装待发的王德滋等说。

1958年夏天，他仨去了徐克勤发现加里东期花岗岩的两个地方，即江西南部的南康龙廻和上犹陡水，在野外整整工作了四个月。

首先，他们到了陡水镇。那里有条河叫做上犹江，那时正好有一个水电站，非常好地开出了一条人工剖面，他们对此进行了详细的勘察，从中可以看到泥盆系砂岩不整合覆盖在“花岗岩”上面，“花岗岩”发生风化以后，表面残留了一些碎屑，碎屑没有经过流水的搬运，“就在原地被胶结起来”，他仨就称它为“花岗质碎屑岩”。它“位于泥盆系的底部”，在野外看，就像“花岗斑岩”，他们在野外给它起了个名字，叫做“假花岗岩”。他们采集了大量标本，实测了剖面，并画了素描图。回到室内，他们将“假花岗岩”切成薄片，在偏光显微镜下观察到“碎屑结构”非常清楚，但是肉眼看不清，这说明这些“假花岗岩”不是“花岗斑岩”，因为花岗斑岩作为浅成岩是不会有“碎屑结构”的。被王德滋他们称作“花岗质碎屑岩”的这些“假花岗岩”的来源就是花岗岩，只不过是被“胶结”成的“花岗质碎屑岩”罢了。而那些批评者恰恰是把“花岗质碎屑岩”错误地鉴定成“花岗斑岩”了。

接着，他们又去赣南调查龙廻岩体，在一个名叫“鹅公头”的地方，徐克勤发现泥盆系不整合于龙廻岩体之上，同样存在“花岗质碎屑岩”。他们作了实测剖面，并采集了样品。

在对两个典型的加里东期花岗岩体作了详细的研究之后，他们又提出一个新问题，就是加里东期花岗岩与燕山期花岗岩到底在岩相上有什么区别？他们运用综合对比的手段（包括岩相学对比与地球化学对比），发现加里东期花岗岩与燕山期花岗岩存在一定的差异，并由已知推未知，对某些时代不明的花岗岩作出属于加里东期花岗岩的推断，并认为加里东期花岗岩在华南有一定的普遍性。

季寿元、王德滋、胡受奚三人的“发现”证明了徐克勤的“发现”的正确性。尽管如此，仍有一个难以解决的问题，就是如何在前泥盆系龙山群中找到化石以判断花岗岩的时代下限呢？此时，徐克勤又调动古生物组的教师和学生参加工作，他们进行了艰苦细致的搜寻工作，终于在龙山群中找到了笔石化石和海绵骨针，使花岗岩时代的下限得以确认。不久，中国地球化学研究所李璞研究员公布了一批同位素年龄数据，证实上犹陡水花岗岩确实属于加里东期，与地质证据完全一致，这场有关加里东期花岗岩的争论才终于平息下来。1962 年和 1963 年季寿元、王德滋、胡受奚的研究成果相继在《南京大学学报》、《中国科学》正式发表。①

---

① 季寿元，王德滋，胡受奚：江西南部加里东期与燕山期花岗岩的对比。《南京大学学报》，1962 年第 1 期，第 21-36 页。季寿元，王德滋，胡受奚：Correlation betweenm Caledonian and Yish anian Granites in Southern Jiangxi。《中国科学》，1963 年，第 7 卷第 5 期。

接下来，徐克勤又在安徽的南部发现了时代更老的、有八亿年左右的雪峰期花岗岩，而且是三个小岩体。

通过几年的野外调查与室内研究，他们取得了一系列的成果，遂在1963年的《地质学报》上发表了一篇长篇论文[①]，分两期连续刊登。论文署名是徐克勤、孙鼐、王德滋、胡受奚。前两位是教授，后两位是讲师；有意思的是，徐克勤与王德滋是中央大学时期的师生，而孙鼐与胡受奚则是浙江大学时期的师生。在论文中，他们把华南的花岗岩分为四个时期：雪峰期、加里东期、印支期和燕山期，这一分期现在仍在沿用，并详细阐述了它们的特征、分布规律和矿产的关系，打响了华南花岗岩研究的第一炮。

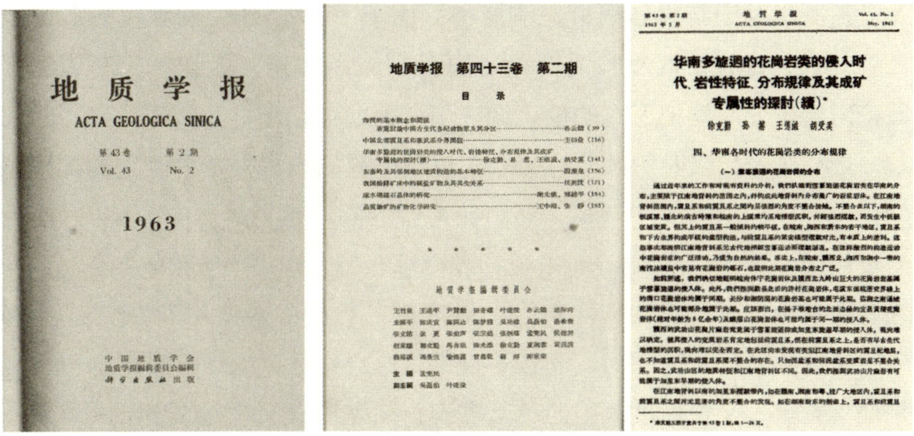

图 5-2 “华南花岗岩研究”论文连续两期在《地质学报》刊载

新近，王德滋和舒良树等联合指导博士生张芳荣对江西南部五个加里东期花岗岩体（其中包括徐克勤最初发现的两个花岗岩体）进行了精细的年代学研究，它们的同位素年龄为4.0亿—4.5亿年，其成因属于陆内造山作用所形成。时隔半个世纪，关于华南加里东期花岗岩的研究又迈上了一个新台阶。

① 徐克勤，孙鼐，王德滋，胡受奚：华南多旋回花岗岩类的侵入时代、岩性特征、分布规律及其成矿专属性的探讨。《地质学报》。1963年，第43卷第1期，第1-26页与第43卷第2期，第141-155页。

华南花岗岩研究的“先锋官”

徐克勤对于王德滋的工作和表现很满意，于1958年的9月安排他担任系主任助理，协助自己处理日常行政工作和一些学术事务。这使得王德滋有更多的机会感受老师在处理行政工作和学术事务时的所言、所思、所为，同时师生间的各种交往也自然地更加频繁和密切了。

如果说徐克勤是南京大学地质系华南花岗岩研究团队的领军者的话，笔者觉得，把业务精、能力强、肯吃苦、善谋断的王德滋比作是这支科研队伍的先锋官还是比较贴切的。这从后来他担任“国际花岗岩地质及成矿关系学术会议”的秘书长一事中也可得到印证。当然，这是后话。

王德滋对于花岗岩研究充满感情。由于1963年他调到学校教务处担任副处长，这样平时就没有时间出野外了。1964年，他就利用暑假去开展花岗岩研究。他把工作的地点选在了江西慈竹。慈竹，位于武夷山的北麓，是一个乡，当时叫做慈竹公社。这里出露的是另外一种类型的加里东期花岗岩。他从文献中知道，慈竹花岗岩的同位素年龄是4.7亿年，徐克勤对他说：“老王，你能不能去现场进行观察研究？”听起来有点奇怪，身为老师的徐克勤怎么会把比自己小了整整二十岁的学生叫做“老王”呢？他就是这样称呼王德滋的，而且一直都是这样称呼。或许这是因为王德滋是地下党员，又担任过系里的总支书记，徐先生出于对党的干部的尊重才这样叫的，抑或是留美博士徐克勤内心接受了民主、平等的思想，认为应该彼此敬重吧。在王德滋看来，老师的询问，其实就是布置任务。于是，他和青年教师林承毅、研究生刘振声三个人便利用1964年的暑假去慈竹开展研究了。

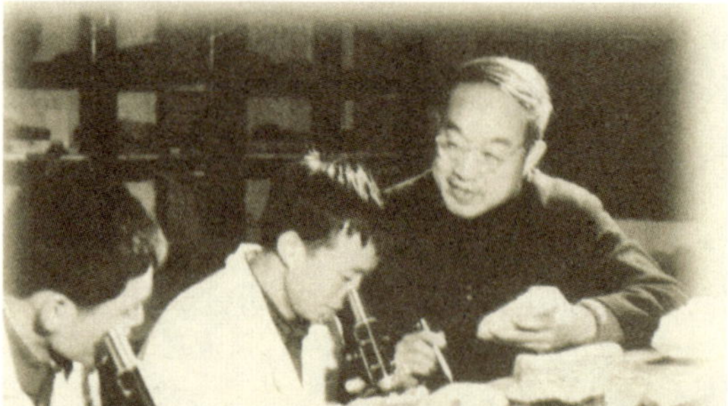

图5-3 指导研究生在偏光显微镜下观察岩石薄片（1982年。资料来源：《王德滋文集》）

他们乘火车到了江西的弋阳，那时候交通不方便，弋阳到慈竹连长途汽车都不通，两地相隔有四十几公里。他们就雇了辆板车，当时他们都是自带行李，把行李和背包放在板车上，三个人跟着车子步行。他们从早上开始走，到傍晚才到达慈竹。住在农民家里，没有床铺，就在两条长凳上搁上木板作为床铺。而从住地到他们工作的山区，还要过一条河。山区的河都是季节河，到冬天枯水时，河床是干的，鹅卵石裸露在外面，夏季就不一样了。他们去的时候正好是夏天，河里涨满了水，没桥怎么过河呢？当地的农民都用竹筏过河，筏上面放几把小竹椅，他们就靠农民的竹筏，来往两岸之间。

慈竹岩体属于英云闪长岩，它的面积为四十五平方公里，像一个哑铃状。它和区域变质带有紧密的关系，紧靠着岩体的是夕线石黑云母斜长片麻岩，再往外面过渡为红柱石二云母片岩。就在岩体与变质岩的接触带上，先是发现了很多褶皱状混合岩，接着又发现了肠状混合岩，他们兴奋异常。通过野外和室内研究，他们判断“英云闪长岩”和在江西南部看到的加里东期花岗岩完全不同。那边是块状花岗岩，这边是混合花岗岩。随后，他们发表了论文，认为这是在地壳比较深的部位，通过深熔作用，首先产生花岗岩浆，随着温度进一步升高，就产生了英云闪长岩浆，只是在原地稍微移动了一下。所以他们下了个结论说，这个加里东期花岗岩是半原地型的深熔花岗岩体。

南京大学地质系对于华南花岗岩的研究，引起了国家科委的重视，认为是原创性的工作，决定用国家科学专报的形式出版，这份专报多达七十余万字。王德滋负责撰写了三个部分，分别是《华南不同时代花岗岩的成因问题》、《安徽九华山花岗岩体的研究》和《江西慈竹加里东期英云闪长岩研究》[①]。正是有了这样的专报，在1965年的科研成果展览会上，南京大学的华南花岗岩研究才会备受瞩目，大放异彩，而被誉为南京大学的“五朵金花”之一。

① 王德滋：华南不同时代花岗岩的成因问题。北京：《国家科委科学技术研究报告》（上册），1965年第185–206页。王德滋，刘昌实，彭亚鸣：安徽九华山花岗杂岩体的研究。北京：《国家科委科学技术研究报告》（下册），1965年，第138–146页。王德滋，林承毅，周新民：江西慈竹流化成因花岗岩类的基本特征。北京：《国家科委科学技术研究报告》（下册），1965年，第27–43页。

世人常常津津乐道于“金花”的光彩夺目、绚烂妍丽，却鲜有人关注“金花”绽放背后养“花”人所付出的汗水、心血与智慧。年届八旬的刘昌实教授所讲述的五十多年前的那次难忘经历就颇能代表王德滋进行实地考察时的执着、艰辛与严谨①。《安徽九华山花岗岩岩体的研究》这篇代表作的许多论据即来自于那次考察。

1962 年 9 月的一天，已经担任了南京大学地质系副系主任的王德滋带着年轻教师刘昌实和李应运去安徽九华山考察花岗岩。刘昌实是南京大学地质系五九届学生，毕业即留校任教，那年才二十六岁，周身充满活力。李应运比刘昌实晚一年进入南京大学地质系执教，但却比刘年长一点，因为他是北京大学地质系的研究生毕业。三人中王德滋最大，但也只有三十五岁。这个精干的考察小分队实在是值得期待。

但是，意料不到的是，王德滋抵达后却发生了出师未捷、脚先崴伤的一幕。

华南花岗岩研究是由徐克勤教授统领的。他们三人的任务是去考察安徽青阳岩体和九华山岩体，主要是考察青阳花岗岩和九华山花岗岩，开展两个花岗岩体的地质对比工作。一般的野外工作都要测量一个剖面，他们管这个叫“跑剖面”。他们计划从九华街开始，经过天台正顶，到九华山北坡，“跑”一个大剖面。九华街是个小镇，海拔四百米左右。第一天他们在九华街附近考察花岗岩，当天就住在九华街镇上，决定第二天再上山考察。

次日清晨，他们每人喝了些稀饭，吃了一个馒头。那时三年自然灾害的余波未了，食物难觅，商品匮乏，他们也无从准备中饭，挎上地质包就出发了。他们计划先从九华街下到一个深谷，再向上攀登到海拔一千多米的九华山顶。

九华山顶是天台峰，天台峰又称天台正顶，海拔 1306 米，在九华山的九十九峰之中仅低于十王峰、七贤峰。他们三人十分兴奋，除去像勇士渴望战斗那样希望早一刻测量出著名的九华山花岗岩的剖面之外，即便是从

① 刘昌实与沈渭洲访谈录，2014 年 10 月 30 日，南京。资料存于采集工程数据库。

游人的眼里来看也是叫人心动不已的，因为天台峰顶有天台寺、金仙洞、捧日亭，沿途寺庙多，风景好，游人和香客都尊它为“九华之首”。“不上天台，等于没来”，凡是上了九华街的人总想攀登天台峰，以偿登峰造极、目尽万里的心愿。

当然，王德滋他们所走的路线是迥异于常人的。正如他们所计划的那样，在去天台正顶的途中，他们先要进入一个深谷，因为山谷中有他们必须要看的关键的地质现象：山谷的一边是青阳花岗岩，另一边是九华山花岗岩，两个花岗岩相碰了，要看谁先谁后？谁侵入谁？这是地质工作中最重要、最关键的现象之一，即两类花岗岩的接触关系。他们一起下沟，沟里都是卵石，一颗一颗圆圆的石头，很滑，有些还长满了青苔。王德滋一脚踩到了滚石上，一个踉跄，脚崴了。脚崴了就不能走路，怎么办啊？刘、李两人心想“这次野外考察肯定泡汤了，干不成了”，就对王德滋说：“王老师，我俩扶您回去。”王德滋却语气坚定地说：“不能回去，我好不容易才请了一个礼拜的假出这趟野外，要坚持到底！”王德滋是刘昌实的老师，又是副系主任，两人拗不过他，只得服从。眼见王德滋崴了的那只脚都不敢落到实地上，挪动都十分吃力，刘昌实想洗漱用品啥的是无论如何不能再让老师拿了。于是，身高腿长、体格强健的刘昌实大步流星地赶回九华街买了两个箩筐和一根扁担，把所有的东西都放进两只筐里挑了起来，当起了“沙和尚”。他是福建人，走山路如履平地，挑担子毫不费力。王德滋脚崴了，两个年轻人就给他一根竹竿当拐杖，一边拐着一边走。三个人继续爬山，远远望去，倒真有几分唐僧师徒赴西天取经的味道呐。他们一边爬山一边采标本。每到一个岩性有变化的地方，例如颗粒由粗变细了，或者是地形地貌有明显变化的地方，王德滋这位“师傅”就停下来说要采标本了。王德滋拄着拐杖讲解；李应运按照讲解的内容进行“定点”，并详细记录标本集采点以及编号，同时还要把周围的地形地貌描绘出来；刘昌实则负责打下拳头大小的花岗岩标本，并给每块标本贴上胶布，编上号。

跑剖面，主要就是采集标本，他们叫“打标本”。越是往后，采集到的标本就越多，怎么能背得动呢？这时候扁担箩筐便发挥大作用了。尽管知道负担过重，他们还是坚持规范取样，在定点间距、标本大小上绝不打一点折扣。就这样一个点、一个点地做下去，标本越来越多，扁担越来越弯，直到下午两点钟左右他们才到达天台正顶。需要说明的是，在野外采集标本通常是不舍得把标本藏匿在返回的路上的，唯恐丢失；有时也无法存放在走过来的路上，因为常常不是原路返回。登上山顶以后，他们才感觉到已经饿得实在吃不消了。

他们到了山顶，走进了九华山海拔最高的寺院——天台寺，庙很大，他们几经问询才找到了寺庙的住持。他们拿出全国粮票和钱给住持，希望他随便给顿饭吃。住持双手合十："阿弥陀佛，困难时期，无米无炊，给我全国粮票也是没用的，善哉，善哉。"三人饿得没有办法，反复相求，住持再三拒绝，低声细语中透着决绝与无奈。困难时期，处处饥荒，巧妇难为无米之炊呀。他们当时真是饿慌了，简直是前心贴后背呀，尤其是刘昌实还挑了几十斤重的担子，还要继续做剖面，因为王德滋坚持一定要把这条剖面做完。下午四点钟，三人来到九华山北坡，又碰到一个小庙，看得出，王德滋也极度疲劳了。刘昌实就说："王老师，到庙里休息下吧，再求求和尚，看能不能找点东西给我们吃。"王德滋同意了。他们就在庙里面找了一个和尚，起先这个和尚也表示很为难，因为困难时期，能吃的东西都很珍贵呀，到后来，他们跟他讲，他们三个是南京大学的老师，早上在九华街吃的稀饭，到现在都没吃饭。其实，即便他们不说，和尚也能看得出三人已经难以支撑下去了。这个和尚很同情他们，就在后院里采了一个自己种的南瓜，比碗口稍大些，切成一片一片的放进锅里煮，叫三个人分吃了。这个南瓜，估计也是这个和尚的口粮，可能是他一两天的口粮！他们给他钱，他也不肯收。王德滋等觉得这个和尚的心地太善良啦，心里充满了温暖！而且这种温暖一直伴随着他们，直至今日。吃完南瓜，他们慢慢地恢复了体力，遂又继续测量剖面，一直到夜里十二点才回到住宿地。三人自己动手做饭，饱饱地吃了一顿，然后倒头大睡。五十多年以后，刘昌实教授动情地回忆说，"这是我跟王老师进行野外工作最艰苦的一天，我们三个人，就像西游记一样，我挑着担，他拄着拐"[①]，当然，还有一个李

① 刘昌实、沈渭洲访谈录，2014年10月30日，南京。资料存于采集工程数据库。

应运，他拿的是一支小小“金箍棒”，那就是一支细细的绘图铅笔。

开辟火山岩研究新领域

王德滋作为徐克勤先生的学生，是华南花岗岩研究的主要参加者和传承人。这种学术传承，是有继承、有拓展、有创新的传承。从上世纪六十年代初开始，在进行花岗岩研究的同时，王德滋又开辟了一个新的研究领域——火山岩研究。与其他一门心思研究花岗岩或者专攻火山岩的学者不同，他两线作战，火山岩研究与花岗岩研究齐头并进，互不影响。这是他在这一个研究阶段的显著特点。此阶段时间跨度达二十年，由于出现了“文革”的十年“断层”，有效研究时间只有十年左右。当然，也正是这种齐头并进式的研究，为他下一个研究阶段开辟、夯实了突破的基础，创造了飞跃的条件。

系统研究“龙大姑娘”火山岩系

火山岩也属于火成岩的范畴，但是它和花岗岩不同，火山岩是岩浆喷到地表快速冷却以后形成的，包括火山碎屑岩和熔岩，然后堆积成火山锥。火山锥是火山喷出物在喷出口周围堆积而形成的山丘。既然有火山锥，就必然有火山口。比如，长白山的天池就是火山口。王德滋开始研究火山岩是和花岗岩平行进行的，并没有交叉研究。它的研究时间要比花岗岩研究滞后了四年：花岗岩的研究始于 1958 年，而火山岩的研究则是从 1962 年开始的。

王德滋开展火山岩研究有一位合作者，他叫涂绍雄，1958 年毕业于中南矿冶学院，1960 年来南京大学地质系执教，是一位二十六岁的年轻教师。长江下游南京芜湖之间广泛发育有中生代火山岩系。他们决定首先从离南京最近的一个火山盆地开始研究，这个火山盆地起于东北方向的南京江宁县（今称江宁区），经过马鞍山，一直向西南延伸至芜湖，盆地面积有900平方千米。这个盆地火山岩的地层，经过前人研究，由下而上划分为四个地层：龙王山组、大王山组、姑山组和娘娘山组。为了便于记忆，就把每个组的第一个字串了起来，叫做“龙大姑娘”火山岩系。

对于宁芜地区的火山岩前人曾进行过一定的研究。1937年，李学清、朱庭祜曾对该区北部江宁县一带的火山岩进行了一些薄片鉴定工作；1955年，南京大学学生顾雄飞等人在徐克勤指导下对该区中部马鞍山一带的火山岩进行了较为系统的分层对比工作；1959年，赵玉琛根据其多年来的实际工作写成《马鞍山火山岩区的几个地质问题》一文，对该区中部火山岩有所论述。从1959年到1962年，南京大学地质系在该区进行1∶20万区域地质测量，并组成了火山岩专题队，几年来收集了大量的实际资料。但是，对于宁芜地区火山岩系具体的演化规律、成因与成矿的关系还没有完全搞清楚。王、涂二人试图在这些工作的基础上，系统地阐述该区火山岩系的分层、火山岩的岩石学和地球化学特征以及火山作用的若干地质问题。王德滋和涂绍雄从1962年开始研究，用了差不多一年的功夫，写出了《宁芜地区中生代火山岩系的岩石学和岩石化学特征》一文，得出两点新的结论。①

首先，他们发现从龙王山组到娘娘山组这四组火山岩，其喷发形式是从“裂隙中心式”向“中心式”过渡，而且是从东南方向向西北方向迁移。所谓裂隙中心式向“中心式”过渡，就是一系列火山口排列在同一条断裂带上，随着时间的推移，演变成一个孤立的中心式火山口。

其次，他们做了很多火山岩的化学分析以后发现，这个盆地的演化呈一种碱性方向的演化趋势，是由钙碱性的火山岩演化为碱性的火山岩。具体来讲，龙王山组是以安山岩为主，大王山组以粗面岩为主，娘娘山组是典型的碱性粗面岩，后者有两个标志性矿物，一个是白榴石，一个是黝方石，证明娘娘山组火山岩属于典型的碱性火山岩。他们做了仔细研究后，发现它和浙江、福建地区的火山岩不一样，浙闽地区火山岩是向酸性方向

① 王德滋，涂绍雄：宁芜地区中生代火山岩系的岩石学与岩石化学特征。《南京大学学报》，1963年第1期，第71–92页。

演化，而宁羌盆地的火山岩则是向碱性方向演化。

发现娘娘山古火山口

通过对宁芜地区中生代火山岩深入、系统的研究，王德滋、涂绍雄发现，娘娘山周围全是大块的粗面集块岩，这种集块岩是火山口很好的标志。

根据地球物理资料，长江大断裂是朝东南方向倾斜，而火山作用一般比较集中于断裂的上盘，因此长江南岸的火山岩又比北岸分布要广。喷发作用一般均属于中生界盆地中的陆相喷发，证据有三：一是盆地周围分布有中下侏罗统陆相砂岩；二是喷发物质中火山碎屑岩占了相当大的比例，它不同于海相喷发，后者多以熔岩为主，而碎屑成分较少；三是火山岩中具有沉积岩夹层，其中找到有植物碎片和硅化木。这些都是陆相喷发的标志。

一般认为集块岩出露的地方也就是火山口的位置。他们根据这一标志，初步断定龙王山、许村、佘家村、东善桥等地都是第一喷发旋回的火山口位置所在。而构成娘娘山组火山岩的喷发火山口则是一种典型的复式中心火山口，其证据有四：其一，娘娘山组底部出现粗面集块岩，碎块达半米之巨，在集块岩之上又有粗面角砾岩堆积；其二，在黝方石粗面岩中绝大部分透长石均呈棱角形，说明是一种含晶屑的熔岩，位置距火山口不远；其三，在地质图上，娘娘山组火山岩大致呈椭圆形分布，从产状上看，熔岩的倾向有围绕娘娘山向四周倾斜的现象，而在娘娘山顶，熔岩产状完全水平；其四，娘娘山西南窑山出现含白榴斑岩岩屑的集块岩，成分与娘娘山麓的集块岩显然不同，表明娘娘山是两次喷发的复式火山锥。在宁芜断陷盆地中，娘娘山组火山岩仅在铜井娘娘山区出露，它是以大王山组粗面岩作为基底的一个孤立的火山口，表明本区火山作用的喷发类型有从裂隙—中心式逐渐向中心式过渡的趋势。需要补充的是，1972 年以后，他们又进一步深化了关于古火山口问题的研究，在相关论文中专门写了“关于喷发形式及火山口位置的探讨”的内容。①

① 王德滋，涂绍雄：宁芜地区中生代火山岩特征及成矿作用探讨。《地质科技》，1972 年第 12-24 页。

学者们认为，王德滋最早在娘娘山周围发现环形分布的粗面质集块岩并提出娘娘山为一古火山口，这些认识至今仍具有重要的科学意义。[①]

探寻宁芜地区中生代火山岩的成矿机理

宁芜火山盆地内，有许多小的次火山闪长岩体，而这种小的次火山岩体和铁矿的关系非常密切。当时我国科学技术的水平还不能准确测出成岩成矿的年龄，但是他们初步观察以后推测，铁矿和闪长岩的形成时间应该非常靠近，是属于岩浆期的铁矿。他们认为解剖了宁芜盆地这只“麻雀”，便可能会对整个下扬子成矿带，即从九江、安庆、铜陵到南京这一成矿带，提供一个典型的解剖案例，对找矿定会具有指导意义。正当他们准备大干一场时，“文化大革命”爆发了，他们百般不舍地揿下了该地区火山岩与成矿关系的暂定键。

时光无情地流失，日复一日，年复一年。当年轮空转到 1972 年时，已属“文革”后期，政治风浪相对平静了一些，这年春天南京大学招收了首届工农兵学员一千多人，主管过学校教务工作的王德滋于当年的夏天从溧阳农场被紧急调回学校“救场”，担任南京大学教育革命组副组长，负责全校的教学管理工作。同年，南京大学制定并向教育部“报送 1972 年至 1977 年科研规划及 1972 年科研计划”，并设立“全校科研课题共四十二项”[②]。学校的科研活动慢慢地复苏了。于是，王德滋、涂绍雄又在紧张的教学活动、管理工作之余，迫不及待地重启停顿了两千个日日夜夜的宁芜地区中生代火山岩的研究，尤其是那个关于火山岩与成矿关系的研究。

过去认为火山作用使岩浆喷至地表，挥发物质大量散失，不利于有用物质的富集。但是，“近年来地质勘探工作的实践表明，火山岩区不仅有矿，而且矿比较大，在本地区铁、铜、黄铁矿矿床的不断发现就是明证”。根据本地区强烈火山喷发的特点，他们认为该区的铁、铜、黄铁矿矿体

① 邱检生访谈录，2014 年 11 月 12 日，南京。资料存于采集工程数据库。

② 南京大学高教研究所：《南京大学大事记》。南京：南京大学出版社，1989 年，第 136 页。

“不可能不与强烈的火山喷发活动发生联系”，并给出了七个论据：[①] ①从岩石学及岩石化学的特点来看，铁比较富集，氧化铁和氧化亚铁的含量一般均高于戴里统计的平均值，铁质一部分参加到暗色矿物中，另一部分则呈氧化物状态存在，呈粒状浸染于岩石的基质中。②从铁矿床的产出部位来看，往往位于构造交汇处，有的矿体四周出现放射状裂隙或缓倾斜状裂隙，铁矿床周围往往有火山碎屑岩围绕，这些都是火山喷发的象征。③从主要铁矿床的产状来看，往往呈筒状、钟状、饼状或似层状，并特别发育有围绕火成岩体形成的环状矿体，这些产状都或多或少与火山构造有关，或直接与火山作用有成因上的联系。④从成矿母岩来看，作为成矿母岩的闪长岩、闪长玢岩的化学成分与该区火山岩的化学成分完全一致，说明了它们的同源性。⑤从矿石结构来看，除发育有脉状、网脉状等构造外，还广泛发育有角砾状矿石、致密状矿石和浸染状矿石，后三者从上到下往往具有逐渐过渡的性质。⑥从矿石结构来看，粒状结构、交代结构都十分发育，很可能是晚期岩浆结晶分异作用的产物。⑦从共生矿物来看，有磷灰石、方柱石、阳起石等含卤族元素及钠长石化、绿帘石化等热液蚀变相伴随。

综上所述，可以看出，该区铁矿床的形成与火山作用有着较为直接的联系，即由于火山喷发晚期的结晶分异作用造成了铁质的原生富集，在上部压力降低的情况下，部分铁质由于压滤作用或气体搬运作用可上升到岩浆顶部，并冷凝结晶，而后期稀薄气体溶液的搬运作用又造成了铁质的进一步富集。

他们认为，该区部分铁矿床与火山喷发晚期的火山作用，不仅空间上有密切联系，在时间上也很可能大致同时。岩浆在一定的地质部位发生分异，随着上升到地表的过程中通过结晶分异作用和气体搬运作用，铁质可局部富集，有的充填在破火山口的通道及裂隙中，形成火山口相的钟状、环状、筒状矿体；有的可喷溢至地表，堆积在火山口附近迅速冷凝，形成地表相的火山热液沉淀矿床；还有一些则因上覆地层加厚或因火山作用变

① 王德滋，涂绍雄：宁芜地区中生代火山岩特征及成矿作用探讨。见：《王德滋文集》编辑组：《王德滋文集》。南京：南京大学出版社，2012 年，第 293–295 页。

弱而富集在超浅成侵入体与围岩的接触带中。

组织首次国际学术会议

1982年10月26日至30日，作为国家花岗岩研究的重镇，南京大学主办了“花岗岩地质与成矿关系国际学术讨论会”。这是南京大学首次召开国际学术会议。由一所高校独自主办国际学术会议，在全国也是第一次。

高教领域的首个国际会议为何会花落南大？刘昌实、沈渭洲教授根据当年的逐级“传达”梳理出了个中缘由：[①]八十年代初，改革开放的大潮逐步兴起，中央各个部都开过国际性会议，如地质矿产部在南昌开了关于钨矿的国际性会议，唯有教育部没开过国际性会议。当时的教育部部长蒋南翔就把各个大学的校长召集到北京开会，问他们：“其他部都开过国际性会议了，就我们教育部还没开过国际交流会。你们哪个学校能主持一次国际性会议，让我们教育部也露露脸呀？”匡亚明校长当场接受了这个任务。回到学校后匡校长就把各个系的系主任请来，问化学系、物理系、地质系等哪个系能接受这个挑战，召开一次国际性的学术交流会。地质系主任徐克勤教授认为他们花岗岩的研究水平跟当时的国际水平是可以媲美的，比如西华山花岗岩跟钨矿有很大关系，而我们中国的钨矿储量世界第一。徐克勤是早年的留美博士，心里有数，知道外国专家对这个肯定是感兴趣的，他们认为召开花岗岩地质国际交流会没问题，于是就答应了匡校长，说“我们地质系愿意召开”。匡校长很高兴。南大立即展开了会议讨论申办工作。当时，我国刚刚实行改革开放，政府对召开国际会议态度审慎，对参会代表、参观地点、考察内容等等都控制得比较严格。最后由教育部会同外交部、国家科委、地质矿产部和国防部，联合向国务院提出申请报告，经四位副总理批准，才得以召开。需要交代的是，之所以还要报国防部批准，是因为他们所到的考察地点有些与国防军事基地有关。

① 刘昌实、沈渭洲访谈录，2014年10月30日，南京。资料存于采集工程数据库。

会议由南京大学副校长、学部委员高济宇担任组织委员会主席，副校长、后任代校长的郭令智担任副主席，主管南京大学科研工作的副教务长王德滋担任组织委员会秘书长。

“秘书长万事都管，实际上是大小事情都要负责到底”“最烦的就是秘书长”，刘昌实、沈渭洲如是说，“他带领我们花岗岩研究所有关人员组织寄发会议通知、征集论文，翻译学术论文，跟相关省的外办商洽考察路线，向外单位借用同声翻译设备，安排现场同声翻译人员等，类似所有这些琐碎大大小小的事情，基本上都是王老师负责的。”王德滋的夫人洪奉青就经常跟刘、沈等人说：“王德滋啊，晚上经常醒来，醒来就做备忘录，不是明天要处理国际会议的什么事情啦，就是还有什么事情没落实呀。”[①] 王德滋是个格外细心、负责、谨慎的人，就连代表——尤其是外宾——在哪里休息、上卫生间均要求预先计划好的，“现在有些话你们听了会感到很新奇”，承担会议主要翻译任务的访美学者、今年已届八旬的朱金初教授回忆说，当时卫生间的“卫生条件很差”，所以外出考察是“在哪个地方歇脚，哪个地方可以上洗手间什么的”，都是要预先“规定”下来的。[②]

这次会议盛况空前。参加会议的共有来自澳大利亚、日本、法国、美国、英国、希腊等国家的一百七十多名中外学者。其中有不少世界各地著名花岗岩研究专家，如澳大利亚的岩石学家查佩尔（B. Chappel）、怀特（A. J. R. White），希腊的岩石学家奥古斯蒂梯斯（S. S. Augustithis），日本岩石学家及矿床学家黑田吉益、津末昭生、山田哲雄，法国岩石学家狄迪埃（J. Dider）和拉梅尔（J. Lameyre），美国矿床学家吉尔贝特（J. M. Gilbert）等。参加会议的我国著名地质学家有徐克勤、涂光炽、郭令智、董申保等，可以说国内外研究花岗岩的著名学者十分难得地汇聚一堂了。会议收到国内外学者的论文一百三十篇，内容涉及与花岗岩有关的区域地质和大地构造、岩石学、矿物学、地球化学、同位素地质学及花岗岩成岩成矿理论等领域。经评审选出五十八篇论文（国内学者论文四十四

① 刘昌实、沈渭洲访谈录，2014 年 10 月 30 日，南京。资料存于采集工程数据库。

② 朱金初访谈录，2014 年 11 月 20 日，南京。资料存于采集工程数据库。

图 5-4 王德滋（左二）陪外国专家在黄山考察花岗岩（1982年。资料来源：王德滋《往事杂忆》）

篇，国外学者论文十四篇）在会上宣读。每篇论文报告后开展了讨论，中外学者发言踊跃，气氛热烈。首场报告由东道主徐克勤宣读了由其和王德滋等六人联袂撰写的论文《华南花岗岩成岩与成矿》。论文代表了南大花岗岩研究水平，他报告以后，引起了热烈的讨论。希腊著名岩石学家奥古斯蒂梯斯认为徐克勤的报告“反映了中国南方花岗岩的研究水平”，并说“南京大学地质系是当仁不让的国际花岗岩的研究中心之一”，新华社会后发了专稿。会议一共开了五天，按照常规，会后进行野外地质考察，国内代表不参加，国外专家由王德滋和外办干部陪同一起去黄山考察。黄山全由花岗岩组成，很有代表性。这次黄山之行还有点惊险，他们乘坐的旅游大巴，沿着黄山公路盘旋而上时，大巴的轮子猛地陷进靠崖边的沟里出不来了，带队的王德滋笑吟吟地告诉大家：“汽车出了点小故障，麻烦大家下来推一下好吗？”中外乘客全部下车，大家使劲把大巴推出沟外。每每提及此事，王德滋都十分后怕地说：“请代表们下车时，我是故作镇静啊。这次幸好是有惊无险，没有出现事故，如果出了事故，国际间的反应就很不好了。”黄山花岗岩考察结束后，就兵分两路，一路去江西德兴、银山考察铜、铅、锌矿，一路去江西南部考察花岗岩与钨矿、锡矿。外国学者在顺利完成地质旅行后，于 11 月 10 日前全部离华，会议圆满结束。后来，王德滋等又把所有论文汇总出版了英文版和中文版的论文集。

第六章
花岗岩与火山岩贯通研究

王德滋同时在花岗岩研究和火山岩研究领域平行地探索了二十年，都取得了丰硕的研究成果。野外发现，引发思考；厚积薄发，水到渠成。王德滋积一生的科研经历并总结前人经验，将“开拓、传承、发展、创新”看成是科研活动形成特色的八字箴言。意思是说，一项科研活动，既需要人去开拓，也需要人去传承，更需要人去发展，去创新，而“创新”同时又是下一轮的“开拓”。“开拓、传承、发展、创新，通常是一项科研活动形成特色所必不可少的”，王德滋极有感触地对笔者说。[①] 例如在华南花岗岩研究方面，徐克勤先生无疑是建有开拓之功勋并长期引领华南花岗岩的研究，而王德滋则是该研究的主要继承者、发展者。他把花岗岩与火山岩“贯通”起来研究的探索，如同打通了学术研究的“任督二脉”，开辟了新的研究天地，取得了花岗岩研究与火山岩研究的突破与创新。王德滋把“花岗岩与火山岩贯通研究”称作是自己科研生涯的第三阶段，时间是改革开放之初到九十年代后期的二十年。他1983年在《中国地质》上报道发现“自碎次火山岩”，1989年在《中国科学》上提出“次火山花岗岩”观点——这在国内均属首次提出，其创新点在于从“时、空、源一致

① 王德滋访谈录（九），2014年11月20日，南京。资料存于采集工程数据库。

性”论证花岗岩与酸性、中酸性火山岩在成因上的有机联系。此外他和合作者还在国内首次发现S型火山岩。所主持的“中国东部中生代酸性、中酸性火山岩、次火山岩及其成矿关系”研究1990年获得国家教委的科技进步一等奖。此阶段有代表性论文七篇，英文专著一本，教学参考书一本，它们是：论文《中国东部自碎次火山岩及其成矿关系》《中国东南部的次火山花岗岩类及其成矿作用》《桐庐I型和相山S型两类碎斑熔岩对比》《江西东乡－相山中生代S型火山岩带的发现及其地质意义》《江西岩背火山－侵入杂岩的地球化学特征和成因》《华南S型火山杂岩与成矿》、*An Autoclastic Volcanic-Intrusive Rock and its Metallogenetic Relations* 和专著 *The Mesozoic Volcanic-Intrusive Complexes and Their Metallogenetic Relations in East China*，以及教学参考书《火山岩岩石学》。

一次关键性突破

发现“自碎火山碎屑岩”新类型

1976年10月，所谓的“文化大革命”以粉碎“四人帮”而宣告结束。1978年实行改革开放以后，南大恢复了教师的职称评审工作，这一年，科研成果突出的王德滋被南京大学和江苏省从讲师越级提升为教授。这对个人来说，是莫大的荣誉；于国家而言，则是“尊重知识、尊重人才”的象征。

1979年9月，浙江省地质学会邀请王德滋到杭州给地质人员做一次学术报告，题目为“中国东南部中生代火山岩与成矿关系”。报告做完后，他和同来的本系教师陈克荣到浙江莫干山进行考察。

莫干山的山麓为大片的花岗岩，山顶为大片的流纹岩。花岗岩和流纹岩同为火成岩，流纹岩是一种相当于花岗岩的火山岩。出于职业的本能与学者的好奇，他们就想：花岗岩和流纹岩的界限会在哪里呢？王、陈二人手拿铁锤，由下往上逐处敲打露头，想找到花岗岩与流纹岩的接触界限，结果没有找到。经反复仔细查看，他俩发现原来二者呈逐渐过渡关系。他们心存疑惑，花岗岩与流纹岩的岩浆成分相同，只不过是前者是在地表下凝结形成，后者喷出了地表成为火山岩而已，怎么会是一种渐变关系呢？

同年，王德滋等又到了浙江的富春江畔的桐庐，那里有一个火山盆地。他的第一位研究生周金城和教师刘昌实正在盆地进行野外调查。他们陪同王德滋从盆地边缘向盆地中部仔细观察，盆地边部为流纹岩，逐渐过渡为二长花岗斑岩，到盆地中部则过渡为浅成岩。同样，没有明显界限，都是逐渐过渡的。

重复出现的奇怪现象，让王德滋脑海中的“问号”由小到大，由虚变实：“为什么火山岩和花岗岩没有明显界限？”按传统观点应是花岗岩侵入到火山岩里面，怎么会没有界限呢？敏于观察现象、擅长联想思考的王德滋马上意识到它们是不是在成因方面有某种联系呢？

针对这一研究假设，王德滋指导周金城深入地进行了火山岩和花岗岩的同位素年龄以及物质来源研究，发现二者在时间、空间和物质来源方面基本一致，这与王德滋的推测完全吻合！他们称其为“时、空、源一致性”。这种一致性就把火山岩与花岗岩联系起来了，王德滋把它叫作“自碎火山－侵入岩”“自碎次火山岩”，在国内首次提出了这一新的理念。①

“在我国东南部广大的中生代酸性、中酸性火山岩分布地区广泛分布着一种自碎火山—侵入岩。”王德滋与周金城于 1983 年在《中国地质》刊物发表的《中国东部自碎火山－侵入岩及其找矿意义》一文这样开头，开宗明义、观点鲜明地提出了“自碎火山—侵入岩”的理念；他们进一步论述，自碎火山—侵入岩是火山作用的产物，往往构成一种“具有自碎特征的火山岩与次火山岩组合”。这些提法在国内均属首次。

这种岩石在化学成分上多属酸性岩、中酸性岩，少数为碱性岩。岩石呈浅肉红色、浅灰色，貌似花岗斑岩，甚至像不等粒花岗岩，但镜下观察，钾长石、斜长石及石英斑晶均破碎而具典型的碎斑结构。有些斜长石、钾长石虽已破碎，但仍聚合在一起并可恢复原来的晶形。在较大的岩

① 王德滋，周金城：中国东部自碎次火山岩及其成矿关系。《中国地质》，1983 年第 10 期，第 21–23 页。

体中，钾长石晶屑周围往往具有生长边，生长边中的石英呈珠状嵌布，王德滋、周金城称其为“珠边”。

通过岩相学研究，王德滋等认为在晚侏罗世发生大规模火山活动之初，含大量挥发分的流纹质火山灰流及熔岩流迅速溢出地表，形成流纹质熔结凝灰岩及晶屑凝灰熔岩。火山作用的后期，火山通道被堵塞，继续上涌的岩浆由于挥发分相对减少，粘度相对增大，在超浅成条件下发生隐爆（地下沸腾作用）。这种隐爆作用通常使地内斑晶大量破碎；在构造合适的部位可以形成爆发角砾岩筒；有时也可能产生新的通道，粘稠的、温度较低的酸性岩浆从新形成的通道中被逐渐推挤出地表，从而在火口附近形成产状很陡的岩钟等侵出体，构成侵出相。如果隐爆作用不能形成新的通道，则粘稠的岩浆无力穿透火山盖层，而是侵入到火山岩中，或稍稍顶起围岩，使盖层略微穹起，而本身则在超浅成环境下形成“次火山岩”。为了区别于一般火山爆发所产生的碎屑，王德滋便把这种由地下隐爆作用产生的碎屑称为“自碎”碎屑，相应的岩石则称之为“自碎火山碎屑岩”。依据这种定义,“具有自碎特征”的“次火山岩”自然就称作“自碎次火山岩”了。

自碎火山—侵入岩与矿产的生成关系密切。火山口、破火山口、火山作用形成的各种断裂和构造上的薄弱带是岩浆和成矿溶液的最好通道。许多铀矿、锡矿、铜矿、金矿等均与其有关。因为，自碎火山—侵入岩是从富含挥发成分的酸性、中酸性或碱性的岩浆中结晶生成的，有关的火山、次火山热液一般偏酸性或富碱质，这些热液在不断交代围岩的过程中使其中有用组分活化转移，从而在火山机构的有利部位富集成矿，特别对U、Sn、W、Mo、Au、Ag，Cu、Pb、Zn有更重要的意义。

首次提出“次火山花岗岩”之说

二十世纪八十年代，在提出“自碎火山－侵入岩”、“自碎火山碎屑岩”的概念及其理论之后，王德滋进行了更加深入细致的研究和思考，又率先提出了“次火山花岗岩”（subvolcanic granite）的理念，中国最权威的科学期刊《中国科学》于1989年发表了他与同事的力作《中国东南部的次火山

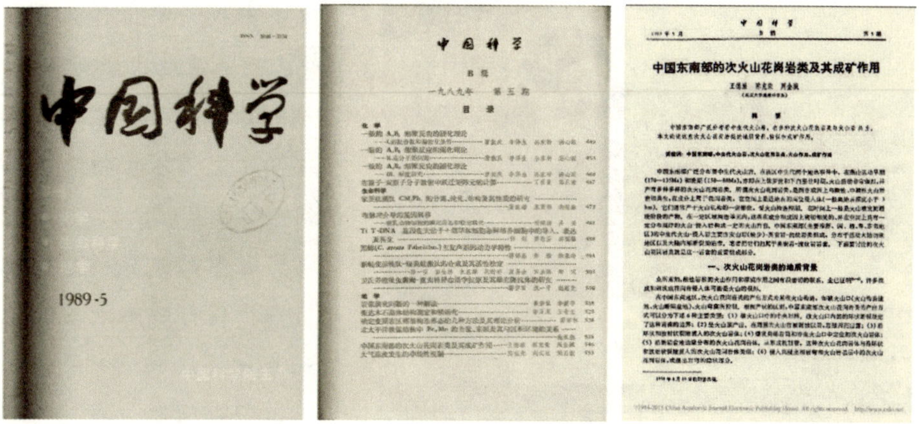

图 6-1 《中国东南部次火山花岗岩类及其成矿作用》论文在《中国科学》发表

花岗岩类及其成矿作用》，详细阐述了他们的新观点[①]。“次火山花岗岩”指的就是八十年代初他所说的“自碎火山 - 侵入岩”“自碎火山碎屑岩”“自碎次火山岩”，只是比那时有了更深一层的认识了。

中国科学院院士、中国地质大学原副校长莫宣学教授对此项研究高度评价。[②]

王运来：王（德滋）老师长期从事火山岩研究，八十年代他提出了次火山花岗岩的观点。这个观点，能不能说是王老师提出来的？

莫宣学：这是王老师提出来的。我觉得他的核心观点就是，将火山岩 - 次火山岩 - 花岗岩作为一个有机的岩浆系统联系起来，而不是彼此分割。从喷出地面的火山岩，到超浅成的次火山岩、火山颈，到下面的花岗岩，把它们作为一个整体的岩浆系统。我觉得这个思想是非常领先的。

王运来：过去认为是两回事情，是这样吗？

莫宣学：对。过去常常是火山岩归火山岩，侵入岩归侵入岩。他

① 王德滋，陈克荣，周金城：中国东南部的次火山花岗岩类及其成矿作用。《中国科学（B辑）》，1989 年第 5 期，第 546–552 页。Wang Dezi，Chen Kerong，Zhou Jincheng：Subvolcanic Granitoids in Southeastern China and Their Metallogenesis。*Science in China*（Series B），1989 年，第 33 卷第 4 期，第 467–475 页。

② 莫宣学访谈录，2014 年 12 月 4 日，北京。资料存于采集工程数据库。

图 6-2　王德滋与周金城研究桐庐次火山花岗岩（1979 年。资料来源：王德滋《往事杂忆》）

把这个有机的整体作为岩浆系统，而不是把它分割开来。

王运来：同时期还有没有这样的岩石学家把这些联系到一起来？

莫宣学：就我所知，他是第一个这样明确地提出这个观点的人。他 80 年代初就提出这个问题。我觉得这非常正确，非常有创造性。他后来改称为“花岗质火山—侵入杂岩”，更为贴切了。过去曾有人问我，“你觉得我国东南部的火山岩跟下面的花岗岩有没有关系，它们之间互相有没有联系”？我说，“王德滋院士早已把这个问题解决了”。

王运来：一开始把它联系起来很不容易。

莫宣学：这需要做很多论证，证明它为什么能联系在一起。过去有人觉得不可能，现在王老师把三个不同层次的岩浆岩连接到一块儿，还提出了同源、同时代、同空间。这非常符合中国东部的实际情况，有重要创新。他以这样的创新为基础，来分析整个中国东部的岩浆构造体系，就非常有理论根据，有重要的意义。我们原来也知道一些，但是没有那么仔细去琢磨过这个事。现在想想，王老师这个思想很了不起，他以后写的很多论文，都是对中国东部的总结，非常的好。我们有一些同志做研究，只从一种角度思考，比如说，搞地球化学的，只从地球化学的角度看问题，搞岩石的只想着岩石，是不可以的。应当用王院士的这种思想，系统论的思想。如果没有这样一种整体思维，没有把岩浆系统看作一个整体，就很难理解其中的很多规律。

王运来：王老师的研究不光见树木，还见森林。

莫宣学：是的。

我们知道，岩浆岩又称火成岩，是由岩浆喷出地表或侵入地壳冷却凝固所形成的岩石，前者称火山岩，包括玄武岩、安山岩、流纹岩等；后者称侵入岩，包括花岗岩、闪长岩、辉长岩等。研究方向的细化，导致研究人员将二者割裂开来。王德滋在八十年代以前也是这么做的，只不过他是“两手抓”，一手抓侵入岩类的华南花岗岩，一手抓火山岩类的宁芜火山岩。正是因为他的“两手抓”和“两手都很硬”，才催生了他的“双手互搏术”——将花岗岩与火山岩打通进行系统研究。中国东南部广泛分布着中生代火山岩。在该区晚中生代的早白垩世时期，火山活动非常强烈。王德滋等认为，多种多样的“次火山花岗岩类”岩石就产生于这个时期，并给出了“次火山花岗岩类”的定义，“是指在成因上与酸性、中酸性火山岩密切共生，在成分上属于花岗岩类，在空间上是近地表的高位侵入体（一般离地表深度小于三公里）”。它们通常产于火山机构的一定部位，受火山构造控制；在时间上一般是火山喷发旋回晚阶段的产物；在一定区域构造单元内，这些火山－侵入岩构成一定的“火山岩套”。他们的研究表明，中国东南部（主要指浙、闽、赣、粤、苏南地区）的中生代火山－侵入岩主要由安山岩（较少）－英安岩－流纹岩类组成，分布于活动大陆边缘地区以及大陆内部断裂坳陷带，将其“归属于英安岩－流纹岩岩套”。他们所命名的“次火山花岗岩类”就是这一岩套的重要组成部分。

王德滋等发现，中国东南部中生代火山岩的“次火山花岗岩类”一般具有如下特征：

第一，在空间和时间上与酸性岩浆的火山作用有关，是一定喷发旋回的火山侵入杂岩不可分割的部分。第二，大多数次火山花岗岩类的产状受某些火山构造所控制。第三，常见结构是斑状结构、碎斑结构，基质为霏细结构、显微嵌晶结构、显微花岗结构或交织结构，还有自碎结构和火成碎屑结构。第四，氧化系数（即氧化铁的数值除以氧化铁和氧化亚铁的数值之和）处于浅成岩和火山岩的氧化系数之间。第五，形成温度低于相应的火山岩形成的温度。如有的“次流纹斑岩”比流纹岩的形成温度低 300℃。第六，次火山花岗岩类中的钾长石通常是低透长石或高正长石。如在桐庐火山岩盆地中，当岩相从火山岩经次火山岩变化到浅成岩时，钾长石的光学参数（一）2V逐渐增加；钾长石从低透长石变化到高正长石，从高的单斜有序变化到低的三斜有序。这充分说明，对于一个火山机构中的同源酸性火山侵入杂岩来说，次火山花岗岩中的钾长石具有中间的构造状态。第七，次火山花岗岩类的稀土配分与伴生的火山岩的稀土配分模式相似，表明次火山花岗岩与火山岩是同源的。第八，大多数次火山花岗岩类的$(^{87}sr/^{86}sr)_i$通常小于0.710，它们的$\delta^{18}O$从+6.9‰变化到+10.0‰。这与中国东南部同熔型花岗岩的同位素值是相似的，亦即，形成次火山花岗岩类的物质来源于较深的部位（上地幔或下部地壳）。

王德滋他们提出的“次火山花岗岩”概念及其论点，在各类氧化系数、光学特性、稀土特征、同位素值等一系列数据的佐证下，便由奇思妙想变成科学论断了。更为重要的是，“次火山花岗岩”概念的形成，对于许多金属矿床的勘探具有很大的指导意义。中酸性火山—侵入杂岩中的次火山花岗岩类与许多金属矿床（如Cu、Pb、Zn、Mo、Au、Ag、U和部分W、Sn矿床）的形成有密切的成因关系。这些矿床或者是位于次火山花岗岩的内部形成斑岩矿床，或者围绕接触变质带形成细脉浸染型和脉状矿体。总的说来，次火山花岗岩类的定位是中心式或裂隙—中心式火山作用过程的重要组成部分。研究火山机构总的特征，是了解火山机构中火山岩和相应次火山岩相互关系的基本途径。高位次火山岩类定位之处往往是火山蒸气和岩浆期后热液聚集的场所，如果构造条件和围岩对成矿有利，成矿物质会在火山机构合适的地方淀积。

建立起花岗质火山－侵入杂岩体系

王德滋关于“花岗质火山－侵入杂岩体系”的思想是长期积累、不断改进、逐步完善的。

1979年9月的浙江莫干山的地质考察，没能找到作为侵入岩的花岗岩与作为火山岩的流纹岩的界限，引发了他的关于花岗岩与流纹岩何以会“无缝”对接的思考。通过研究，他于1983年之前便提出了“自碎火山－侵入岩”“自碎次火山岩”等概念。两年以后，王德滋等通过对我国华南地区若干典型火山岩盆地的剖析，在综合各方面资料的基础上，提出了“花岗岩－次火山花岗岩－流纹岩‘三位一体’组合”①的思想，即深成岩－浅成岩－火山岩“三位一体”的思想。当时也将这一研究总结为是“论证了火山岩、次火山岩和深成岩‘三位一体’的火山－侵入杂岩的存在”。②

值得深究的是，火山—侵入杂岩的形成与火山构造及整个区域构造的关系如何？构成火山—侵入杂岩的火山岩、次火山岩和深成岩是如何相互关联的？王德滋他们对此予以高度关注。八十年代后期，王德滋首次提出并且更多地使用起“次火山花岗岩”（Subvolcanic Granite）的理念，昭示着他把关注的焦点由“上”往“下”移动，由“枝叶”往“根”移动，由“露头”向“源头”移动。随后，他又进一步提出在时间、空间和成岩物

图 6-3　在浙江北雁荡山观察花岗质火山－侵入杂岩（1987 年。资料来源:《王德滋文集》）

① 王德滋，彭亚鸣，袁朴：福建魁歧花岗岩的岩石学和地球化学特征及成因探讨和成因。见:《王德滋文集》编辑组:《王德滋文集》。南京：南京大学出版社，2012 年，第 103－104 页。

② 杜杨松，王德滋，陈克荣：浙东南沿海地区中生代火山－侵入杂岩的特征、成因及分布规律。见:《王德滋文集》编辑组:《王德滋文集》。南京：南京大学出版社，2012 年，第 357 页。

质来源近于一致条件下，花岗岩实质是流纹岩、英安岩所构成的中心式火山机构的“根”，形成了在成因上有机联系的花岗质火山—侵入杂岩。进而提出并建立了“花岗质火山－侵入杂岩”体系。嗣后，他和同事在浙江北雁荡山、福建钟腾、江西岩背等地又陆续发现这类花岗质火山—侵入杂岩。这些发现都证明了这类杂岩存在的普遍性和他所提出的观点的正确性。差不多是在同一时期，美国著名岩石学家史密斯（R. L. Smith）在大洋彼岸的美国西部圣胡安火山岩区也有类似发现，他确定了十余个受破火口控制的花岗质火山—侵入杂岩体。这与王德滋等人的研究可以说是同步进行的，因为史密斯的成果发表于1979年，王德滋也正是在那一年提出了“自碎次火山岩”的观点。从事地质学研究不同于数理化等学科的研究，因为地质学的研究对象无法“克隆”，它必须把论文写在自己所立足的大地上。王德滋自己曾经生动地描述过花岗质火山－侵入杂岩这一体系：“什么叫做花岗质火山－侵入杂岩？我做个比喻，好像一棵大树，树上的枝和叶是火山岩，而树的根是花岗岩，根深叶茂。次火山花岗岩往往具有一种自碎结构，表现为斑晶都是破碎的，这种破碎是怎么产生的？它的爆破深度小于三公里，没有到地表，是通过隐爆产生的。”①

史密斯（R. L. Smith）1979年研究美国西部新生代火山岩和火山构造时曾作过粗略估算，他指出岩浆喷出地表的体积仅相当于岩浆房体积的1/10，而大部分岩浆则在不同深度侵位形成大小不等的花岗岩体。

王德滋等人在2000年发表的《中国东南部晚中生代花岗质火山—侵入杂岩特征与成因》一文中全面系统地总结阐发了“花岗质火山－侵入杂岩”的重要理论与实践问题。②

晚中生代期间，中国东南部岩浆活动十分强烈。由内陆向沿海，花岗岩、火山岩的时代越来越新。花岗岩与酸性、中酸性火山岩在成因上存在密切联系。在时间、空间和成岩物质来源一致的条件下，花岗岩可视为流

① 王德滋访谈录（四）——科研经历，2014年6月27日，南京。资料存于采集工程数据库。

② 王德滋，周金城，邱检生，范洪海：中国东南部晚中生代花岗质火山—侵入杂岩特征与成因。见：《王德滋文集》编辑组：《王德滋文集》。南京：南京大学出版社，2012年，第178–190页。

纹岩、英安岩所构成的中心式火山机构的“根”，形成“花岗质火山—侵入杂岩”。

中国东南部的花岗质火山—侵入杂岩可以区分为同熔型、陆壳重熔型和A型三类，它们具有不同的构造环境、形成机制和物质来源。同熔型火山—侵入杂岩主要分布于沿海，陆壳重熔型火山—侵入杂岩一般分布于内陆，而A型花岗质火山—侵入杂岩主要受浙闽沿海长乐—南澳断裂带控制，是后造山作用的产物。

图 6-4 在青岛崂山观察同熔型花岗岩中的暗色包体（1996年。资料来源：《王德滋文集》）

王德滋等以桐庐和相山两个典型杂岩体为代表剖析了花岗质火山—侵入杂岩体的时、空、源一致性，所揭示的规律对于认识整个中国东南部晚中生代花岗岩与火山岩的成因有启示作用。花岗质火山—侵入杂岩的地质地球化学判别标志是：同时间、同空间和同物质来源，简称“时、空、源一致性”。所谓同时间，即火山岩和花岗岩的形成时代相近；所谓同空间，即火山岩与花岗岩存在于同一火山机构内或相邻的空间；所谓同物质来源，即火山岩与花岗岩具有相近的物质源区。

王德滋所培养的十位博士之一、南京大学地球科学与工程学院教授、博士生导师邱检生言简意赅地总结了“花岗质火山—侵入杂岩体系”的思想精髓：①

王老师在国内较早注意到酸性、中酸性火山岩与花岗岩的成因联系。通过对我国华南地区若干典型盆地的系统剖析，他总结出“同一

① 邱检生访谈录，2014年11月12日，南京。资料存于采集工程数据库。

火山活动形成的火山岩、次火山岩和火山深成岩往往受同一个火山机构控制，它们在平面上呈环带状分布，其中火山岩（包括火山碎屑岩和熔岩）分布在外环，次火山岩主要分布在内环，火山深成岩则分布在核心，构成中央侵入体。在垂向上，上部是火山碎屑岩和熔岩（火山岩），中部是次火山岩，而下部则是相应的火山深成岩”。并指出火山岩、次火山岩、火山深成岩常构成“时、空、源”一致的“三位一体”式火山—侵入杂岩，其中“时”即深成岩、次火山岩与火山岩形成时代相近，“空”即三者受同一火山机构（破火口、火山穹窿、火山断陷盆地等）控制，“源”即指三者的成岩物质来源相同。在时、空、源一致的前提下，他认为花岗岩类实际上是酸性、中酸性火山岩所构成的中心式火山机构的“根”，并据此建立了完整的花岗质火山—侵入杂岩体系。

在中国首次发现 S 型火山岩

中国真的没有 S 型火山岩吗？

在二十世纪九十年代以前，中国的广袤大地上一直被认为是不存在 S 型火山岩的。何谓 S 型火山岩？这还要从花岗岩的类型说起。岩石学家一般按照物质来源把花岗岩分成 A、S、M、I 四种类型。

澳大利亚有两位著名岩石学家，一位叫查佩尔（B. Chappel），一位叫怀特（A. J. R. White），他们长期在澳大利亚东部的拉克兰褶皱带进行花岗岩的研究工作。1974 年，他们在国际上发表了一篇论文，这篇论文影响很大，把花岗岩分为 I 型和 S 型，什么叫 I 型？从物质来源来讲，I 型花岗岩来自火成岩，火成岩的英文叫 Igneous Rocks，它的第一个字母是“I”。S 型花岗岩的物质来源呢，是沉积岩，或沉积变质岩，沉积岩的英文叫 Sedimentary Rocks，第一个字母是“S”。那么怎样区别这两类花岗岩呢？

图 6-5　在江西相山考察 S 型火山岩与铀矿（1988 年。资料来源：王德滋《往事杂忆》）

图 6-6　王德滋（左）和沈渭洲（右）在江西相山研究 S 型火山岩的露头（1988 年。资料来源：王德滋《往事杂忆》）

他们认为一个重要标志是I型花岗岩具有与它共生的火山岩，二者物质来源相同，时代也相同，而S型花岗岩，没有共生的火山岩，也就是说只有S型花岗岩，没有S型火山岩。他们的这一结论在国际上发表后没多久就被否定了，为什么？在世界多地先后发现了S型火山岩。世界上最先发现S型火山岩的地方是南美的智利，然后在澳大利亚东部也发现三条S型火山岩带。那么我们中国有没有S型火山岩呢？

在中国发现了S型火山岩

二十世纪世纪八十年代末期，王德滋和刘昌实、沈渭洲带着博士生陈繁荣，一起去江西的相山考察。江西相山是中国最大的火山岩型铀矿，过去认为这里的火山岩是I型。后来他们在相山及附近的东乡一带工作，在火山岩里面发现两种矿物，一种叫红柱石，一种叫石榴石，而且这两种矿物都不是捕虏进去的，而是从岩浆结晶出来的，这两种矿物的发现是S型火山岩存在的铁证——因为它们是富铝矿物，而富铝矿物源于沉积岩。他们向东追索，一直追索到浙江的西部，证明它是一条S型的火山岩带，而且和铀矿有密切关系，这在国内属于首次发现，从而突破了查佩尔和怀特的片面观点。后来他们又在武夷山西坡的江西岩背一带，找到另一条与锡矿有关的S型火山岩带，其中含有黄玉，是一种含氟的标志性矿物。之后又在广西钦州湾附近的台马地区，发现含有堇青石和紫苏辉石的S型火山岩。后来还在华南陆续发现了好几处S型火山岩。

1991年，王德滋与刘昌实、沈渭洲、陈繁荣在《科学通报》上发表论文《江西东乡—相山中生代S型火山岩带的发现及其地质意义》，阐述了S型火山岩的地质与岩石特征。

江西东乡—相山为一条北东向延伸的中生代陆相中酸性和酸性火山岩带，构造上受遂川—东乡断裂（壳深度）控制。经地表和深部工作证实，相山为一典型破火山口塌陷构造，火山基底主要由震旦系变质沉积岩组成。火山岩自下而上可分打鼓顶组流纹英安岩和鹅湖岭组流纹岩质碎斑熔岩。东乡盆地火山基底部分为早古生界，部分为晚元古界变质岩，火山岩自下

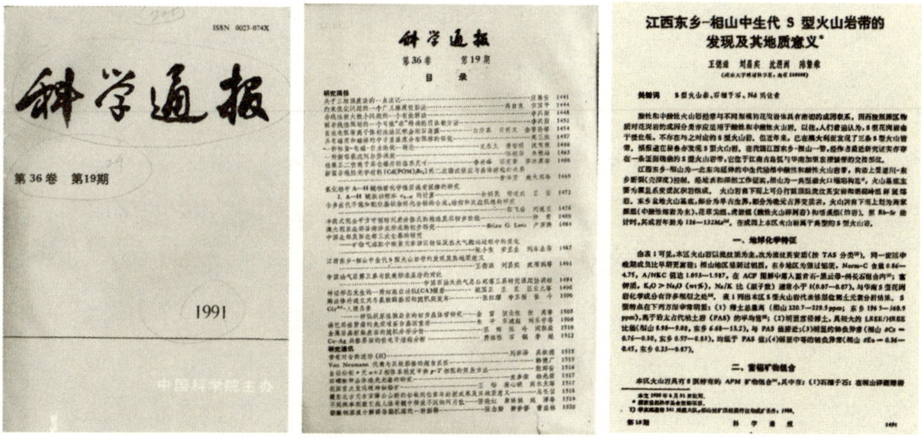

ISSN 0023-074X

科学通报

第36卷 第19期

1991

中国科学院主办

科学通报

第36卷 第19期

目 录

江西东乡-相山中生代S型火山岩带的发现及其地质意义*

图 6-7 《相山—东乡上侏罗统 S 型火山岩的发现及其地质背景》论文在《科学通报》发表

而上划分为周家源组（中酸性熔岩为主）、花草尖组、虎岩组（酸性火山碎屑岩）和梧组（熔岩）。据 Rb — Sr 法测年，其成岩年龄为 126Ma−132 Ma（百万年）。在成因上本区火山岩属于典型的 S 型火山岩。证据有三：

其一是地球化学特征。该区火山岩以流纹质为主，次为流纹英安质。同一旋回中晚期成员比早期更富硅；相山地区呈弱过铝质，东乡地区为强过铝质，A/NKC 值达 1.053−1.587，在 ACF 图解中落入堇青石－黑云母－斜长石组合内；富钾质，$K_2O > Na_2O$，Na/K 比（原子数）通常小于 1（0.7−0.87），与华南 S 型花岗岩化学成分有许多相似之处。该区 S 型火山岩代表性层位稀土元素分析结果表明，其“S 型特点”在许多方面非常明显。

其二是富铝矿物组合。该区火山岩具有 S 型特有的 AFM 矿物组合。首先，有“石榴子石”，在相山碎斑熔岩重砂中含量高达 1340g/t，自形，无反应边，不具变质成因的筛状构造，晶体内普遍含 5−30 μ m 的含钛磁铁矿包裹体，探针分析其 TiO_2/TFeO（摩尔数比值）=0.2。此种石榴子石通常可在 5 千巴、低于摄氏 950 度的条件下与流纹质熔体保持平衡，由于熔浆喷溢速度快，石榴子石不具熔蚀边或反应边。其次，在相山碎斑熔岩重矿物中发现红柱石，含量 55.2g/t，柱状自形晶，三个点探针分析，其化学式与理想红柱石成分相当。第三，有黑云母，富 Ti、Fe、Ai，与华南 S 型花岗岩黑云母成分相似。

其三是 Sr–Nd 同位素特征。Sm–Nd 同位素分析求得 $\varepsilon\,^{143}Nd(t)/^{144}Nd(t)$ =–5.64––9.3。王德滋和莫宣学是我国火成岩研究领域当代仅有的两位中国科学院院士。莫宣学是这样看待王德滋发现的 S 型火山岩的标志的："一是它在化学成分上是过铝的，从沉积岩变来的；还有就是同位素方面，它的 εNd 值负得比较厉害。这说明什么？说明它的源区是沉积岩，是由原来一套沉积的物质不断地循环造成的。王先生从事实上证明了确实有 S 型火山岩。"① 以上两方面证据表明，该区 S 型火山岩源区为过铝质、富 $\delta^{18}O$、中—高的 $^{87}Rb/^{86}Sr$ 比、中—低的 $^{143}Nd/^{144}Nd$ 比的成熟度中等的变质沉积岩，而由沉积岩熔融而成正是"S 型"的标志。以往研究一般认为，低侵位的 S 型花岗岩不存在与之对应的火山岩，并以此作为 S 型花岗岩区别于 I 型花岗岩时标志之一。

王德滋等人"在国内首次发现 S 型火山岩"的这一研究成果，从更广阔的范围内破除了两位花岗岩权威所谓"不存在 S 型火山岩"的错误观点。

王德滋常说："搞研究不仅要知其然，而且要知其所以然。"王德滋他们已经"知其然"，知道并证明了 S 型火山岩的存在；他们还要"知其所以然"，要从理论上阐发它们何以会同源？亦即同样的岩浆为何会有的侵入成为花岗岩而有的又会喷发成为火山岩呢？他们从岩石物理化学理论上得到了答案：S 型花岗岩岩浆，是沉积物源岩部分熔融的产物，它是一种低熔岩浆，起源温度不是很高，高于固相线温度不多，所以不可能长距离向上运动，只能成为侵入岩（花岗岩）；但是，如果同样是沉积物源岩发生熔融时，起源温度较高，高于固相线很多，岩浆就有可能喷到地表成为火山岩。而影响固相线的重要因素之一是氟含量，"当熔体中氟含量随其演化而逐步增高时，可大幅度降低流纹质熔体的固相线温度"，② 这样便等于"提升"了岩浆的温度。经过几年持续不断的研究，他们先后在华南发现多处 S 型火山岩，并按其矿物组成和地球化学特征划分为富水、贫水和富氟三种类型，富水型与富氟型与铀、钨成矿有关，而贫水型则无矿，不仅纠正了查

① 莫宣学访谈录，2014 年 12 月 4 日，北京。资料存于采集工程数据库。

② 王德滋，刘昌实，陈繁荣，沈渭洲：相山－东乡上侏罗统 S 型火山岩的发现及其地质背景。见：《王德滋文集》编辑组：《王德滋文集》。南京：南京大学出版社，2012 年，第 382–383 页。

佩尔和怀特的观点，而且深化了对 S 型火山岩成因机制与成矿作用的认识。

除了理论突破以外，这一发现具有一定的经济价值。王德滋进一步研究了 S 型火山岩的制约因素（基底、构造）和成矿专属性，深化了对华南金属成矿分带的认识：S 型火山岩在政和—大埔断裂以西地区有一定分布强度，“并具有独特的成矿专属性”。在赣中、赣南可能有两个 S 型火山岩带存在。其一是东乡—相山带，是我国南方火山岩型铀矿主要成矿带；另一为与鹰潭—安远断裂有关的石城—会昌 S 型火山岩、次火山斑岩带，已查明与锡矿床有内在联系。

花岗质火山 – 侵入杂岩分为 I 型、S 型与 A 型

科学方法，包含严谨的观察、构建假说并验证之、对新信息新进展的开放性、自愿接受他人的经过验证的成果等诸多重要元素。可公开、可重复、可积累，是科学研究的重要特质。对此，科学家应该坚守客观、公正、开放的态度与做派。王德滋就是一位一直在研究，一直在积累，一直在完善自己研究成果的科学家。

王德滋于八九十年代构建起了“花岗质火山—侵入杂岩体系”，回过头去看，确切地说，最初构建的应是“I 型花岗质火山—侵入杂岩体系”或是“同熔型花岗质火山—侵入杂岩体系”。当他们发现了 S 型火山岩之后，“花岗质火山—侵入杂岩”便有了两种类型了，即“I 型花岗质火山—侵入杂岩”和“S 型花岗质火山—侵入杂岩”。这项国内领先的研究成果不久即被推上了“国际地质大会”的舞台，接受全世界地质学家的检验。

第三十届国际地质大会 1996 年在北京召开，它每四年召开一次，被认为是地质学界的奥林匹克大会。世界各国几千位地质学家代表各自国家齐聚北京，真可谓是华盖云集，盛况空前。在这之前，科学出版社认为这是一次展现中国地质学家成就的绝佳机会，决定出版十本英文著作在这次大会上展示我国地质学的研究成果。其中一本由王德滋和任启江担任主编。他俩在一百多篇论文的基础上汇集成一本专著，书名叫《中国东部中生代火山 – 侵入杂岩及其成矿关系》（*The Mesozoic Volcanic-Intrusive Complexes*

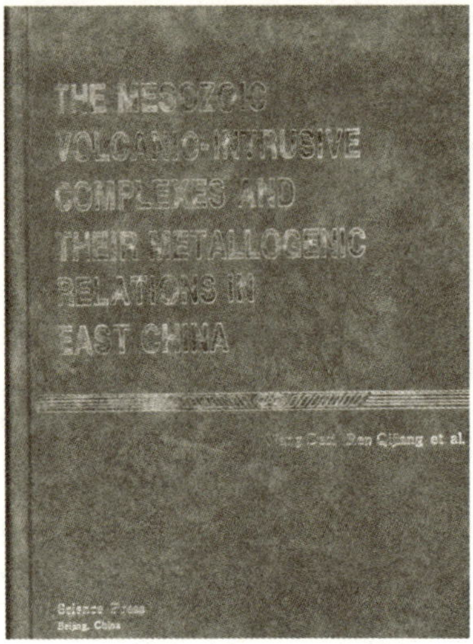

图 6-8　王德滋与任启江主编的英文专著 *The Mesozoic Volcanic-Intrusive Complexes and Their Metallogenic Relations in East China*

and their Metallogenetic Relations in East China)。该书的一大亮点是将火山侵入杂岩分为两种类型：一类叫同熔型，大体相当于 I 型，一类叫陆壳重熔型，与 S 型大体相当。关于火山侵入杂岩与成矿的关系，他们选择了主要的矿种，对同熔型选择了铜和金，对陆壳重熔型选择了锡和铀。这本英文专著被主办方拿到国际地质大会上代表中国地质学家的科学研究水平进行了广泛交流。第三十届国际地质大会火山岩分会由王德滋与日本地质学家蟹泽聪史共同主持，在火山岩分会上，专家们又饶有兴趣地讨论了相关问题。

继 S 型火山岩发现以后，冯宗帜在福州附近的永泰云山，发现了 A 型的流纹岩，与附近的魁岐 A 型花岗岩属于同一系统。于是花岗质火山侵入－杂岩遂划分为三种类型：I 型、S 型和 A 型。这在前人的研究工作的基础上又跨进了一大步。其实在此之前，王德滋曾指导研究生在福州对“A 型花岗岩”做过比较深入的研究，只是没能发现“A 型”流纹岩，所以，冯宗帜的发现填补了这一空白，王德滋感到非常高兴。

图 6-9　王德滋与日本学者蟹泽聪史（右一）在第三十届地质大会上共同主持火山岩分会（1996 年。资料来源：《王德滋文集》）

有关 A 型花岗岩的研究大概是从上世纪八十年代的中期开始的，王德滋先后指导了三名研究生从事这项研究。A 型花岗岩是花岗岩研究中的一个热点，为什么取名 A 型花岗岩？因为它有三个特点：一是这种花岗岩含的碱金属钾和钠比一般花岗岩要高一些，碱性的英文是 alkaline，开头字母为 A；二是这种花岗岩是无水的，无水的英文为 anhydrous，开头字母也是 A；三是这种花岗岩的形成为非造山期的，而非造山期的英文为 anorogenic，开头字母也是 A。恰好这三个英文单词的第一个字母都是“A”，所以把这种花岗岩叫做 A 型花岗岩。在中国的东南沿海，有一条规模宏大的 A 型花岗岩带。以长江为界，华北的 A 型花岗岩形成较早，为 1.3 亿年到 1 亿年，而浙江和福建沿海的 A 型花岗岩带，为 1 亿年至 7 千万年。A 型又分为 A1 型和 A2 型，前者叫做非造山型花岗岩；后者叫做后造山型花岗岩，出现在造山运动的晚期。

王德滋指导研究生，必须找到一个突破口，他从八十年代开始就领着研究生去了福州郊区，那里有一个鼓山，山上有个涌泉寺。他们发现鼓山有典型的 A 型花岗岩和同熔型花岗岩，并发现，总是同熔型花岗岩形成在前、A 型花岗岩形成在后这个规律。后来他们到了山东崂山，也发现同熔型花岗岩形成在前，A 型花岗岩形成在后的规律。另外，A 型花岗岩还有一个特点，都有晶洞，晶洞内生长一些小的矿物晶体，说明这种花岗岩形成深度比较浅。王德滋与王汝成联合培养的博士生谢磊发现，A 型花岗岩可以分为两种类型，一种为过碱性的 A 型花岗岩，还有一种为铝质 A 型花岗岩。她的博士论文就是研究过碱性花岗岩与铝质 A 型花岗岩有什么不同。她主要从副矿物角度区别这两种类型的花岗岩，最后得出一些有意义的结论。A 型花岗岩到底怎么形成的？最初认为，过碱性 A 型花岗岩是同熔型花岗岩结晶分异形成的。后来他们通过温度测量发现，A 型花岗岩的温度高于同熔型花岗岩的温度，从而否定了最初的观点。后来谢磊认为两种花岗岩均与大断裂带有关系，这个断裂很深，可以揭穿地壳一直到上地幔的顶部，由于碱性花岗岩切割得更深，所以地幔的物质卷入得比较多；而铝质的 A 型花岗岩切割得比较浅，没有切穿地壳，所以地幔物质很少，或者没有。王德滋对此予以肯定，鼓励她进一步研究下去。而且，另外一个重要的命题也要求王德滋及其团队要继续进行研究，那就是 A 型花岗岩有没有矿呢？最近朱金初教授在南岭附近发现它与锡矿关系密切，这项研究正在深入进行之中。

第七章
力推多学科协同攻关

1997 年，王德滋当选为中国科学院院士。同年，他主持了一项自然科学基金重点项目——“中国东南部晚中生代花岗质火山 - 侵入杂岩成因与地壳演化”，于是他组织了一个老、中、青结合的科研团队，同时也实行了岩石学、地球化学和构造地质学三个学科的交叉研究，搭建一座岩石学、地球化学、构造地质学互通的“立交桥”，使其研究进入到“花岗质火山 - 侵入杂岩成因与地壳演化研究阶段”，亦即“主导多学科协同攻关阶段”。当然，耄耋之年的王德滋心底还深藏着一个“南大梦”，那就是长期保持“南矿”特色，把徐克勤老师等人开创的华南花岗岩研究的大旗一代一代地传下去。2003 年，此项研究获得教育部自然科学一等奖，成为他当选院士之后的又一项重要成果。在这近二十年的时间里，他又发表了《我国花岗岩研究的回顾与展望》《中国东南部晚中生代花岗岩质火山 - 侵入杂岩成因与地壳演化》《花岗岩构造岩浆组合》、*Mesozoic Magmatism and Grantic Dome in the Wugongshan Massif, Jiangxi Province and Their Genetic*、*Petrogenesis of Late Mesozoic Granitic Volcanic-Intrusive Complexes in Southeastern China* 和 *Late Mesozoic Basin and Range Tectonics and Related Magmatism in Southeast China* 等九十多篇中英文论文（第一作者十七篇，其余多系与所指导的博士生合作发表），出版了《中国东南部中生代花岗岩质火山－侵入杂岩特征与成因》专著，迎来了学术研究上的又一个“井喷期”。

搭建“岩浆”与“构造”之桥

建立“陆缘伸展构造岩浆组合”

花岗岩和构造环境有密切的关系。1979 年，英国地质学家皮切尔（W. S. Pitcher），在国际上最早注意到花岗岩和构造环境的关系，他将其划分为三种类型：安第斯型、海西型和阿尔卑斯型。二十世纪八十年代他又提出了更加细致的划分，但是他没有注意到花岗岩和伸展构造的关系，这是其分类方案的一个薄弱环节。

1997 年王德滋当选院士以后，主持了一个自然科学基金的重点项目，经过深入研究，他们有一个很大的收获，即发现中国东南大陆边缘在晚中生代时属于一种伸展性的大陆边缘，它的主要标志是出现“双峰式火山岩”“双峰式侵入岩”“A 型的花岗岩”和“变质核杂岩”组合。在这期间，整个东南大陆边缘的岩石圈厚度减薄了，地壳厚度也减薄了，他们称它为“陆缘伸展型构造岩浆组合”。王德滋通过对太平洋两岸的对比发现：在太平洋的东岸，南美安第斯那个地方，属于挤压型大陆边缘，地壳厚度达到 70 公里，火山岩以安山岩为主，花岗岩属于斜长花岗岩—英云闪长岩—花岗闪长岩组合；而中国东南大陆边缘的平均地壳厚度为 35 公里，火山岩以流纹岩为主，夹有少量玄武岩，侵入岩属于含 SiO_2 较高的花岗岩。显然，太平洋两岸的构造岩浆组合有明显的差别，东岸是挤压型，西岸是伸展型。两边的矿产也有差别，智利的铜矿很有名，铜产量非常高，而中国这边，铜相对比较少。后来王德滋就在这个基础上，把花岗岩构造岩浆组合划分为五大类型：第一类是“俯冲消减型”，有两个典型地区，即日本岛弧和南美安第斯山；第二类是“陆—陆碰撞型”，最典型的地方就是中国的青藏高原，喜马拉雅山是因欧亚板块和印度板块碰撞而被抬起来的；第三类是“陆缘伸展型”，典型地区是中国东南沿海和美国西海岸；第四类是“陆内断裂凹陷型”，有两个典型地点，一个是长江中下游断裂凹陷带，还有一个是信江、钱塘江断裂凹陷带；第五类是“裂谷型”，如非洲的东非裂谷和中国的攀西裂谷。花岗岩构造岩浆组合主要反映了花岗岩的岩浆类型与大地构造环境之间的关系。王德滋和同院的构造地质学教授舒良树合作发表了一篇综述性论文《花岗岩构造岩浆组合》，分别总结了这五个类型的特征，而且发现一个普遍性规律，就是“造山带可以从一种类型演变为另一种类型”。[①] 随着时间的推移，一开始为俯冲型，然后演变为碰撞型，最后演变为伸展型。比如在中国的秦岭地区，可以见到从俯冲到碰撞再到伸展的全过程，而且伸展的尾声一般出现 A 型花岗岩，换言之，A 型花岗岩的出现说明造山带活动基本上结束了，趋向稳定了。后来有一家英文杂志 *Geoscience Frontiers* 跟他约稿，他与舒良树合作发表了一篇有关中国东南部“盆岭构造”的综述性论文。[②]

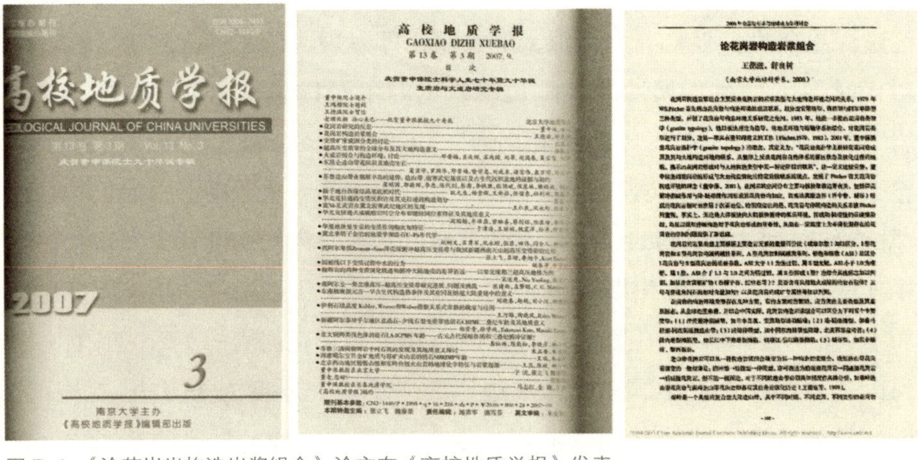

图 7-1 《论花岗岩构造岩浆组合》论文在《高校地质学报》发表

① 王德滋，舒良树：花岗岩构造岩浆组合。《高校地质学报》，2007 年，第 13 卷第 3 期，第 362-370 页。

② Wang Dezi，Shu Liangshu：Late Mesozoic Basin and Range Tectonice and Related Magmatism in Southeast China。《Geoscience Froutiers》，2012 年，第 3 卷第 2 期，第 109-124 页。

圈定出“橄榄安粗岩省”

“橄榄安粗岩省”属于“大火成岩省”的范畴。什么是“大火成岩省”？这个省（Province）当然不是行政的省，而是划分火成岩的省。大火成岩省（Large Igneous Provinces）的含义是指连续的、体积庞大的由镁铁质火山岩及伴生的侵入岩所构成的岩浆岩建造，包括大陆溢流玄武岩、被动陆缘火山岩、大洋高原、海岭、海山群和洋盆溢流玄武岩，覆盖面积在100平方公里以上的区域。而“橄榄安粗岩省”则是王德滋在中国东部首先建立的。

中国东部有一条巨型的火山岩带，形成于一亿年左右，这条火山岩带北面从黑龙江起，向南延伸到广东，绵延不断，长度约有五千多千米，这条巨型火山岩带可以划分为三个大的火山岩省。北面的火山岩省位于大兴安岭附近，还涉及内蒙一部分，这个火山岩省叫北“钙碱性火山岩省”；南面的火山岩省，分布在东南沿海地区，不仅有火山岩，而且有与之共生的花岗岩，叫“南钙碱性火山岩省”；在南北两个钙碱性火山岩省之间，大约在苏、鲁、皖三省的范围内，分布一种叫橄榄安粗岩的岩石，它偏碱性，钾含量相对高一些。于是王德滋等就把中国东部这条巨型火山岩带划分为三个省。北面和南面是钙碱性火山岩省，中间是“橄榄安粗岩省”。也就是说南、北两边是钙碱性，中间是碱性，形成一种“夹心式构造”（sandwich structure）。“圈定中国东部橄榄安粗岩省”是王德滋的重要贡献之一，同为我国火成岩研究权威的莫宣学院士也十分认同王德滋的这一首创性工作。①

王德滋与同院的矿床学教授任启江、邱检生（王德滋的第三位博士生）深入思考：这个夹心式构造是怎样形成的呢？如此庞大的火成岩省，仅用太平洋板块向欧亚板块俯冲已难以宏观地解释其成因，它们在很大程度上还与来自深部的软流圈地幔活动有关。他们以板块构造理论为指导，认为橄榄安粗岩省的形成是受两大动力体系的影响：一个动力体系是华北板块和华南板块发生了碰撞拼贴，后期又拉张伸展，使得来自富集型地幔

① 莫宣学访谈录，2014年12月4日，北京。资料存于采集工程数据库。

的岩浆上涌；另外一个动力体系是太平洋板块向欧亚板块斜向俯冲。那么，两个动力体系中哪一个是主要的呢？邱检生的博士论文明确地指出，前一个动力体系是主要的，这就从根本上解释了何以两侧为“钙碱性”而中间为“碱性”的现象。邱检生博士论文很顺利地通过了答辩，评委们一致认为对橄榄安粗岩的成因分析是这篇博士论文的一个亮点。

王德滋为何会指导邱检生选择这个题目作为博士论文的选题呢？那是1989年，国家自然基金委员会批准南京大学承担一个“国家自然科学基金重大项目”，即“中国东部金矿重要类型、成矿条件、富集规律及找矿方向”研究。该项目由刘英俊、胡受奚主持，来自南京大学、北京大学、浙江大学、中山大学、天津冶金地质研究院、华东有色金属勘探局等八个单位的一百三十五位科技工作者参加。这是一个当年科研经费达百万之巨的重大项目，共包含四个二级课题，分别由刘英俊、胡受奚、王德滋、张景荣领衔主持，徐克勤和郭令智担任学术顾问。其中有一个二级课题是王德滋主持的“中国东部中生代火山岩和金矿的关系”。邱检生的博士论文是

图 7-2　金矿评审组专家在南京珍珠泉的合影（1993 年。左起：卢华复、兰玉琦、翟裕生、王德滋、徐克勤、涂光炽、涂夫人、蒋志、李兆麟、黎彤。资料来源：王德滋）

这个二级课题的重要组成部分。通过研究，他们发现，橄榄安粗岩与金矿的关系相当密切。“厘定火山岩的特征与成因，揭示其与金、铜成矿作用的关系”对于找矿具有很好的指导意义，莫宣学进一步肯定了王德滋圈定出“橄榄安粗岩省”的深层意蕴。

1993 年春天，国家自然科学基金委组织专家来验收这个大项目，在验收的评语里提到，橄榄安粗岩省的圈定与金矿的成矿关系是该重大项目的五个创新点之一[①]，而整个项目则达到了国际先进水平，其主要成果集中地体现在胡受奚、王鹤年、王德滋、张景荣主编的《中国东部金矿地质学及地球化学》这部专著之中。[②]需要说明的是，该书编撰时刘英俊已经不幸病逝，由王鹤年代替他与另外三位教授共同主编。该书还设有一位副主编，即赵懿英。

图 7-3 《中国东部金矿地质学及地球化学》专著出版

谱写研究新华章

对于花岗岩研究三个里程碑的建树

作为南京大学华南花岗岩研究的参与者、组织者、传承者，王德滋是当今南京大学岩石矿物矿床研究尤其是花岗岩研究的领军人物。他在该领域付出的汗水、心血、智慧有目共睹，有口皆碑。王德滋视地质若生命、

① 王德滋:《南京大学地球科学与工程学院简史》。南京：南京大学出版社，2011 年，第 107 页。

② 胡受奚、王鹤年、王德滋、张景荣:《中国东部金矿地质学及地球化学》。北京：科学出版社，1998 年。

爱学院如家庭，但是这丝毫没有影响他对我国地质事业的关注与奉献。在我国岩石学界，王德滋被公认为是一位心胸开阔、统揽全局，以开创我国花岗岩研究新局面为己任的科学家。新近，已届耄耋之年的他依然心系花岗岩，描绘出近三十年国际花岗岩研究的动向，提出该研究领域发展的“三个里程碑”。①

第一个里程碑是1974年查佩尔（B. Chappel）和怀特（A. J. R. White）以成岩物质来源为依据，“将花岗岩划分为I型和S型”，从而引发了一股研究花岗岩物质来源的热潮。I型和S型均属钙碱系列。铝饱和指数（AS I）是区分I型花岗岩与S型花岗岩的重要参数。AS I大于1.1为强过铝，属S型无疑。AS I小于1.0为准铝，属于I型。AS I介于1.1−1.0之间为弱过铝，属S型还是I型，应视具体情况而定。以江西相山、江西岩背和江西西华山三地的花岗岩、火山岩为例，按其ASI均属弱过铝，但它们均含富铝矿物，且分别与铀、锡、钨成矿有关，应属S型花岗岩、火山岩无疑。而有些弱过铝花岗岩，含少量普通角闪石，含有具细粒火成结构的暗色岩石包体，则无疑属I型。由于研究成岩物质来源仍然是研究花岗岩成因的重要内容之一，因此，尽管I型、S型的原始含义有值得推敲之处，但因其已为国际地质界所普遍认可，故王德滋等仍予引用，并通过典型实例的剖析，论证花岗岩、次火山花岗岩与流纹岩在时间、空间和成岩物质来源三方面的一致性，将花岗质火山—侵入杂岩划分为I型、S型与A型，取得了较为满意的结果。

第二个里程碑是1979年皮切尔（W. S. Pitcher）将花岗岩的形成与构造环境联系起来，提出“花岗岩的构造环境分类”。1993年他对此进一步做了补充。然而在他的分类方案中，对于花岗岩与伸展构造的关系注意不够。王德滋等在研究中发现，中国东南部晚中生代，特别是白垩纪期间，形成一种特殊的构造岩浆组合，即双峰式火山岩（复合岩流）、双峰式侵入岩、A型花岗岩组合。这一组合的构造背景是岩石圈厚度和地壳厚度明显减薄，表明这一时期的中国东南大陆边缘处于不断的伸展之中。中国东

① 王德滋、周新民：中国东南部晚中生代花岗质火山–侵入杂岩成因与地壳演化。见：《王德滋文集》编辑组：《王德滋文集》。南京：南京大学出版社，2012年，第4–5页。

南大陆边缘的这一属性与南美安第斯型大陆边缘形成了鲜明对照：后者属强烈挤压型，地壳厚度大，岩石组合以安山岩和英云闪长岩为主，与中国东南部的岩石组合明显不同。他们称中国东南大陆边缘与伸展构造作用有关的岩浆岩组合为“陆缘伸展构造岩浆组合”，这在一定意义上是对皮切尔分类方案的一个补充。

第三个里程碑是1990年时以美国的菲尼（Phinney）为首的一些固体地球科学家提出的《跨世纪的大陆动力学计划》（1990–2010）。该计划列出八个科学目标，其中之一就是关于岩浆系统与火山系统的研究，这给花岗岩与火山岩研究注入了新的活力。在大陆动力学计划的启示下，王德滋、周新民等意识到研究花岗岩成因决不能脱离岩石圈地幔，除了将目光投向壳幔边界外，还应注意岩石圈底部与软流圈的界面，研究岩石圈减薄的机制。壳幔相互作用包括物质和能量的传输两方面，将壳幔相互作用研究引入花岗岩形成机制，可视为花岗岩研究的第三个里程碑的开端。王德滋、周新民等在对中国东南部晚中生代花岗质火山–侵入杂岩的研究中，紧紧把握住壳幔作用这个核心，卓有成效地开展了下列研究工作：一是精细研究玄武质角砾岩筒中的辉长质麻粒岩包体，获取玄武岩浆底侵作用的

图 7–4　周新民等在南岭考察花岗岩（资料来源：王德滋《往事杂忆》）

直接物质证据；二是研究浙闽沿海地区典型的岩浆混合现象，提供充分的岩石地球化学证据；三是研究早白垩世的复合岩流、岩体、岩墙，充分挖掘其所蕴含的壳—幔作用信息；四是在浙闽赣三省的花岗岩、火山岩分布区开展系统的 Nd 同位素地球化学制图，发现 Nd 模式年龄存在三个低值带和一个低值区；五是对壳—幔作用相对微弱的过铝质花岗岩，选择有代表性的岩体进行剖析，以了解其成岩成矿机制，并有一些新的发现。

在综合研究的基础上，他们以大量地质事实和分析数据为依据，终于在认识上产生一个飞跃：将中国东南部晚中生代花岗质火山—侵入杂岩的成因归结为洋壳俯冲消减、玄武岩浆底侵和中—下地壳深熔三方面综合作用的结果。这一综合构造岩浆模式较为圆满地解释了该区晚中生代花岗岩、火山岩的成因问题。①

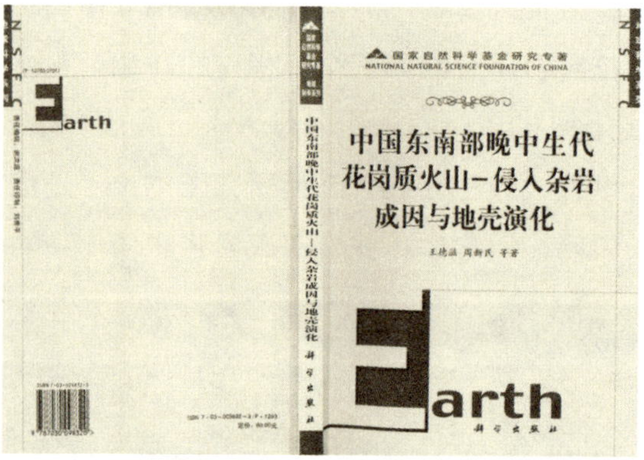

图 7-5 《中国东南部晚中生代花岗质火山 - 侵入杂岩成因》专著出版

需要一提的是，二十世纪八十年代以来，国内学者对花岗岩研究给予了很大的关注，先后召开过四次国际学术会议，重点对花岗岩的成因类型、花岗岩形成的构造环境、花岗岩与成矿作用关系，以及陆下地幔的性质、壳—幔作用及其对花岗岩形成的影响等问题进行了深入的交流和探讨。首开高等学校独自承办国际学术会议之先河的便是那次南京大学于 1982 年召开的“花岗岩地质与成矿关系国际学术讨论会”。花岗岩研究是一个常研常新的课题，有鉴于它存在研究范畴的广阔性、自身的复杂性与巨大的经济价值，可以相信，花岗岩研究将永无止境。这也是王德滋所衷心期待的，希冀南京大学能够争做花岗岩研究的排头兵，引领中国的花岗岩研究一步一步地走向世界的学术前沿。

① 王德滋、周新民：中国东南部晚中生代花岗质火山—侵入杂岩成因与地壳演化。见：《王德滋文集》编辑组：《王德滋文集》。南京：南京大学出版社，2012 年，第 4–5 页。

“大火成岩省”研究新进展

进入二十世纪，随着手段的改进、理论的深化、实践的丰富，大火成岩省的含义可以扩充如下：“所谓大火成岩省，顾名思义，是指由连续的、体积庞大的火成岩（包括镁铁质和长英质）所构成的巨型岩浆岩建造。”① 学术功力深厚、聚焦学术前沿、思维依然敏捷的王德滋十分关心“大火成岩省”研究，这是当前国际地质学研究的热点之一。大火成岩省可以区分为镁铁质大火成岩省与长英质大火成岩省两类。

镁铁质大火成岩省，一般认为属于地幔柱成因，其基性岩浆活动的规模十分巨大，它们的形成可以消耗掉来自地幔的5%—10%的热和岩浆。2.5亿年以来世界上主要的镁铁质大火成岩省，主要包括大陆溢流玄武岩、被动陆缘火山岩和大洋高原玄武岩，此外还有大岩墙群和大层状侵入体。他们为火成岩研究者提供了广阔的天地和良好的参照系。

长英质大火成岩省，绝大多数与酸性、中酸性熔结凝灰岩有关。巨量的熔结凝灰岩堆积体在空间上往往与破火山机构有密切联系。当低粘度、高流速的火山灰流大量涌出地面时，岩浆房顶部被掏空，导致岩浆房的顶板塌陷而形成破火口。单个破火口的规模有时可达数百平方公里，如果几个破火口叠置在一起，则所联系的熔结凝灰岩的总体积可以与镁铁质大火成岩省相当。熔结凝灰岩中可夹有数量不多的熔岩夹层，包括流纹质、安山质和玄武质熔岩，往往出现流纹岩－玄武岩双峰式组合，反映一种伸展构造背景。此外，熔结凝灰岩还可伴有与之呈时、空、源一致的花岗岩类，其体积有时相当可观，这些花岗岩体亦属长英质火成岩省的重要组成部分。

据王德滋等研究，我国东南部存在一个典型的长英质大火成岩省，在浙、闽、粤、赣四省广泛分布晚中生代酸性、中酸性火山岩及与之有成因联系的花岗岩，位于太平洋板块与欧亚板块的结合部位，火山岩总面积 100000 平方公里，若按平均厚度 1 公里计算，则体积可达 100000 立方

---

① 王德滋，周金城：大火成岩省研究新进展。见:《王德滋文集》编辑组:《王德滋文集》。南京：南京大学出版社，2012 年，第 42-52 页。

公里。如果把与火山岩有成因联系的花岗岩考虑在内，岩浆总量将不少于 1.5×10^5 立方公里，这应是太平洋周边相当巨大的长英质大火成岩省了。

大火成岩省研究是当前固体地球科学领域优选课题之一。研究这一重大课题有赖于开展多学科（岩石学、大地构造学、地球化学和地球物理学）综合研究。研究内容包括大火成岩省与地幔动力学的联系以及它与大陆增生、大陆裂解和生物绝灭的关系。此外还包括大火成岩省与成矿的关系。

大火成岩省促进了大陆增生。以往认为太古宙和元古宙是陆壳的主要成壳期，显生宙的大陆增生可以忽略，这一观点现在受到了质疑。从 2.5 亿年以来全球镁铁质大火成岩省的分布来看，新生地壳的体积仍相当可观。如中亚造山带海西期 A 型花岗岩省的面积估计在 106 平方公里以上。

大火成岩省的形成与超级地幔柱活动有关。2.5 亿年以来，有些大陆溢流玄武岩的喷发年龄与生物绝灭的时间呈对应关系。如西伯利亚暗色岩与二叠纪末生物大绝灭有密切联系。火山喷出的大量 CO_2、SO_2 和火山微尘影响古气候变化，促使海相碳酸盐的 $\delta^{13}C$ 值向轻碳方向飘移。外来天体与地球碰撞可能引起生物大量绝灭，并已在地层中发现铱异常证据。这是一个全新课题，仍需继续探索，相信通过多学科综合研究将会得出符合实际的结论。

与大火成岩省有关的矿床主要是岩浆矿床，如 Ni、Cu 硫化物，铂族元素（PGE），铬铁矿床和钒钛磁铁矿床等。是否存在与镁铁质大火成岩省有间接联系的热液矿床，是一值得探索的新问题。以峨眉大火成岩省为例，中心位置是 Cu、Ni 硫化物，铂族元素和钒钛磁铁矿等岩浆矿床，外围出现热液型 Pb−Zn 矿和卡林型金矿，更外围出现油气资源，它们是否构成一个温度由高往低的成矿系统？需要进行精确的年代学研究（成岩年代和成矿年代）和深入的矿床地球化学工作才能建立这样一个系统。毫无疑问，建立大火成岩省成矿系统，不仅具有理论意义，而且对于找矿预测具有重要的实际意义。

创办《高校地质学报》

把“地球科学版”办成了《高校地质学报》

1994 年之前,《南京大学学报(自然科学版)》下面还办了一个《地球科学版》，这个“地球科学版”是南大自主设立的，没有独立的刊号，由朱金初兼职负责。1994 年及稍早，国家出版署高调反对正规期刊任意增出“专辑”、“专版”的做法，挂靠在《南京大学学报(自然科学版)》刊号下的“地球科学版”由于没有合法身份(刊号)便无法继续办下去了。由于该刊那时在读者中已具有一定的影响力，而且读者又有需求，所以南大同教育部有关方面探讨了出版一个新刊物的可能性。审时度势，教育部表示支持，希望把它办成全国地质类院校、系科的共同期刊。由于提升到了“教育部主管”的层次，为了增强期刊的号召力、影响力，南京大学决定由曾经担任过副校长的王德滋出任即将创办的期刊主编。

经过紧锣密鼓的筹备，由王德滋担任主编的《高校地质学报》(本章有时简称学报)于 1995 年 9 月面世了。《高校地质学报》是全国高等地质院、校(系)联合创办的地球科学类综合性学术刊物，刊登全国高等学校地质学或地球科学院系师生及其他科研、生产单位学者在地球科学领域中理论性高、观点较新、学术性强、方法先进的研究论文，以及不同学术观点争鸣论文、科研动态报道、评述性论文等。王德滋主持制定了《高校地质学报》的办刊宗旨:“努力把学报办成反映我国大学地球科学研究水平的窗口，及时报道当代地球科学研究动态，促进地质学科的发展与更新，成为校际之间交流学术思想的重要园地，为加速高层次地球科学人才的培养、促进新世纪人才的脱颖而出，为我国的经济繁荣和昌盛作贡献!”

为了体现期刊的全国性、代表性、权威性,《高校地质学报》在全国二十多所大学(含台湾大学和香港大学)中聘请了四十六名专家教授组成编委会，在北京大学、中国地质大学、南京大学、中国科学技术大学、浙江大学、西北大学、中国石油大学和中国矿业大学八所中国著名地质院校内分别聘请一位著名教授担任副主编，又聘请了六位高校以外的中国科学院院士担任特邀编委。这一切几乎都是由主编王德滋亲力亲为的，对此，长期协助王德滋工作的施贵军教授感触极深：“包括编委会的组成、副主编的聘请，还有编辑部的设置等一些基础工作，以及当时创刊涉及的一些重大问题，都主要是王院士亲力亲为。”[①]

“不当挂名主编”

提及担任《高校地质学报》主编一事，王德滋不止一次地对笔者讲过：“我不喜欢挂名，不当挂名主编”，“挂名了，我肯定要做事，我不挂虚名”。

施贵军认为，“对于一个学术期刊来说三个方面比较重要：一是稿源，二是经费，三是办刊队伍，王德滋在这三个方面都实实在在地起到很大的作用”。她觉得王德滋主持的几次编委会、主编会都格外成功，会议气氛如此和谐热烈，以至于都让她感觉到稿源、经费、队伍问题完全就是编委们切磋学问、交流感情的“溢出效应”，似乎于不经意间便轻松地化解了掣肘期刊发展的三大难题。

创刊那年的 5 月份，王德滋在鼓楼校区东南楼主持召开了《高校地质学报》第一届编委扩大会和主编副主编会议。那次会议很隆重，当时地质系德高望重的徐克勤院士、郭令智院士以及校系领导都参加了，也得到了全国各相关学校、院、系的大力支持。该刊物创刊时是自筹经费，王德滋针对各参与单位具体情况提出了合理的分摊额度，相关单位都很支持，纷纷表示每年都会给予经费赞助。1997 年，在浙江大学召开第二次主编、副主编联席会议期间，王德滋当选为中科院院士，这对《学报》来说是一件大事，大大提升了《学报》的影响和质量，同时，在经费方面也得到了更强有力的支持和保障。

① 施贵军访谈录，2014 年 12 月 17 日，南京。资料存于采集工程数据库。

此后，他们在中国科技大学召开第三次主编、副主编联系会议，对如何提升办刊质量提出了很多实质性的办法。2002年，他们在中国矿大召开了第四次会议，在那次会议上，根据当时获得的一些情报以及同行的一些信息，王德滋提出了一个“组稿制度”，即让副主编为每一期出一个专栏，当时副主编领的任务已经排到了两三年以后，因为该报一年总共出版四期，而当时的副主编已经扩大到了八位，这样一轮就是两年，这对保障优质稿源起到了决定性作用。学报学术期刊影响因子直线上升，学术影响不断扩大。[①]

王德滋在国内同行中是一位德高望重的人物，能邀请到很多著名学者、知名校友为学报撰稿。有时看见有才学的学者，听到有思想的观点，他就会热情而真诚地为学报约稿。他自已先后六次为学报写稿，对于吸引优质稿件起了带动作用。他威信高，能感召人；他文章好，能吸引人。当然，最直接有效的“就是要求各位副主编围绕不同专题，作为特邀主编去组织稿子，把他们认为最顶尖的、最好的稿子组进来”。这种办法网罗来很多好稿子。例如莫宣学做特邀主编时，“请牛耀龄写了一篇文章，这篇文章到现在为止影响还是很大的，有好多看法都是领先的。他现在在英国，是一个很优秀、很卓越的学者。《高校地质学报》还请了广州地化所的所长徐义刚写了关于地幔柱的文章，很不错，很有影响”。莫宣学也在《高校地质学报》上发表过论文，讲的是花岗岩和地壳生长，“提出了青藏高原主碰撞带有两类地壳的思想，很有新意”。[②]

在凝聚办刊队伍方面，王德滋是以德服人，以感情留人，以长处用人。《高校地质学报》的编辑都是兼职人员，他们也都是学有专长的专家教授。他们有的说王德滋“是一个和蔼、平和、待人很宽厚的一个学者”，是“会帮助别人”“尊重别人”的人。[③]有的说他是“关心大家”、很有“人格魅力”的人，团结得“大家很齐心，任劳任怨。”[④]当然，王德滋更是一

① 施贵军访谈录，2014年12月17日，南京。资料存于采集工程数据库。

② 莫宣学访谈录，2014年12月4日，北京。资料存于采集工程数据库。

③ 同①。

④ 朱金初访谈录，2014年11月20日，南京。资料存于采集工程数据库。

位会用人的人，对此施贵军打心底里表示钦佩："他拥有卓越的领导力，他知道每个人的特点，善于利用你的长处。他用人不疑，工作交给别人都是让别人放手去做。别人如有什么东西向他请教，他则是毫无保留地倾心相授。"① 比如南大地质系著名的矿床学教授朱金初，原本是《地球科学版》的主编，杂志改成《高校地质学报》以后，他"降级"成了英文编辑，却依然是热情不减，其实，他也完全可以不做这劳心费力、几乎就是在尽义务的"兼职编辑"。但是，他却一直做着英文编辑，因为在其心目中这是"为系里服务，为大家服务，是推不了的"，② 直到七十岁时因视力退化才依依不舍地退出《高校地质学报》的编辑队伍。比朱金初"退休"更迟的是王德滋，做了十八年主编的王德滋于 2013 年把主编的"接力棒"交给了南京大学地球科学与工程学院的院长、"长江学者"王汝成，那一年王德滋八十七岁，王汝成五十二岁。

使《高校地质学报》稳居核心期刊前列

稿源的数量，意味着刊物能不能办下去；稿源的质量，决定了水平能不能升上来。而稿源的质量固然主要取决于其"初始水平"，但是在稿件的"初始水平"与论文的"最终成色"之间还是存在不小的空间，这个空间就是编辑们的舞台，编辑的学识深浅、眼界宽窄、科学素养、敬业精神、工作态度、审美情趣、艺术品位等，都对期刊的学术水准产生着或大或小的影响。《高校地质学报》的主编、副主编、编辑全部都是兼职人员，这是劣势，最主要的原因就是无法全身心地投入到约稿、审稿、编辑工作之中；这也是优势，试想，有哪家期刊的编辑都是活跃在学术前沿、大学课堂的专家教授呢？渊博的学识、宽容的精神、认真的态度，辩难的性格，乃至于诲人不倦的习惯，是包括王德滋在内的《高校地质学报》编辑群英谱特征的主基调，这对于一份学术期刊来说弥足珍贵。英文编辑、矿床学家朱金初曾经指出，王德滋一再告诫大家，办好《学报》，一个是靠

① 施贵军访谈录，2014 年 12 月 17 日，南京。资料存于采集工程数据库。

② 朱金初访谈录，2014 年 11 月 20 日，南京。资料存于采集工程数据库。

优质稿源，一个是靠大家提高质量。如何提高质量？认真负责最重要。而他在工作中也充分贯彻了王德滋的这一理念，对自身负责的工作认真对待、全身心投入，这也得到了王德滋的肯定。①

深度耕耘会有丰硕收获，大力付出换得珍贵回报。《高校地质学报》创办以来，获得了同行专家的广泛好评，并引起国内外科技界的关注。2004 年《高校地质学报》入选为全国地质学类核心期刊，并编入《中文核心期刊要目总览》。目前为国内外重要检索刊物和数据库定期收录的有：美国 *Chemical Abstracts*，俄罗斯 *Abstract Journal*，中国科学院文献情报中心《中国科学引文数据库》，中国科学技术信息研究所“中国科技论文统计源核心期刊”，以及《中国学术期刊综合评价数据库》,《中文科技期刊数据库》,《中国地质文摘》和《古生物学文摘》等。《高校地质学报》目前

图 7–6 《高校地质学报》正、副主编与编辑部成员在南京紫峰大厦合影（2011 年。前排左起：施贵军、郑永飞、王德滋、莫宣学、盛雪芬、王芳；中排与后排左起：华仁民、杨树锋、秦勇、潘懋、徐夕生、王舜玲、孙承辕、朱金初。资料来源:《王德滋文集》）

① 朱金初访谈录，2014 年 11 月 20 日，南京。资料存于采集工程数据库。

的影响因子在全国地质学类期刊中排前二十名；在全国一千二百多种科技期刊中排第九十一位。

“美中不足的是”，王德滋回顾自己十八年的主编经历有时会流露出两点遗憾，“一是英文长摘要没有坚持做下去，二是没能把《高校地质学报》办成 SCI 期刊”。王德滋曾经要求英文摘要长一点，以方便外国人阅读。有一个阶段也这样做过，但是没有坚持到底，因为有的稿子的原作就是短摘要，发表长篇幅的英文摘要，编辑工作量太大。王德滋办刊的目标曾经瞄准过 SCI 期刊，但是由于诸多条件的限制，“冲顶”没有成功。但是，接二连三的巨大惊喜持续地冲淡了王德滋的心中遗憾，那就是在《高校地质学报》的九位正副主编中先后有五人当选为中科院院士，他们是：王德滋、张国伟、莫宣学、郑永飞和杨树锋，足见《高校地质学报》的阵容之强。

王德滋希望后继者能把《高校地质学报》办得越来越好，为我国的地质科学研究、前沿学术交流、高层次人才培养等方面发挥更大的作用。

第八章
双肩挑担未歇肩

自 1950 年留校任教起，王德滋便一直“双肩挑担不歇肩”。留校伊始，他一面担任李学清教授的助教，一面兼任系里的图书管理员和南京大学工会秘书。1952 年秋，地质系师生党员共同成立了党支部，王德滋担任党支部书记。此后，随着教师和学生党员数量的不断增加，地质系于 1957 年正式成立了地质系党总支，由王德滋担任总支书记。1958 年，卸任地质系党总支书记后，他担任系主任助理，协助系主任徐克勤先生处理日常行政工作。1959 年，地质系成立放射地质专业，任教研室主任兼党支部书记。自 1961 年起任地质系副系主任，主管科研工作。1963 年学校调王德滋到教务处任副处长。1972 年，由农场调回学校，任南京大学革命委员会教育革命组副组长。1977 年，南京大学撤销了教育革命组，成立了教学科研处，由王德滋任处长。1978 年至 1984 年，王德滋担任南京大学副教务长兼科研处处长，1984 年他担任南京大学副校长，做满一届，直到 1988 年 61 岁时卸任。自 1988 年至 1991 年，王德滋任南京大学发展与政策研究委员会主任。1991 年至 1993 年，他担任由地质、地理、气象、环境等系科合组而成的南京大学地学院的首任院长。1992 年，南京大学校友总会成立，王德滋担任校友总会副会长至今。无论在什么岗位上，王德滋始终没有忘记专业学习和研究，即便在“文化大革命”之中，他仍然惜时如金，不断加强自身的专业学习和研究工作。

徐克勤先生曾经这样评价王德滋："王德滋从留校那一天开始，一直双肩挑。在系里做过支部书记、系秘书、总支书记、副系主任。1963 年调往校部机关，1988 年才回系。在校部机关待了二十五年，当过教学科研处长、副教务长、副校长和地学院院长等职。从来都是党叫干啥就干啥，并且一直挤时间搞业务。"①

而在王德滋的记忆中，所谓"双肩挑"干部最初是由时任清华大学校长蒋南翔②提出来的，这些干部必须双肩挑担，一肩挑教学、科研，一肩挑党政工作。而在王德滋看来，"无论是从历史还是从现状来看，高等学校的干部有两种类型：一类是专职管理干部，主要职能在于维持高校管理工作的稳定性和连续性。另一类就是双肩挑干部，高校的党政领导干部和一部分中层干部属于这种类型。双肩挑干部的特点是不脱离业务，在任期内，将主要精力花在党政工作上，双肩挑担不歇肩，卸任后，又回到教师岗位上去。"③王德滋在留校工作的六十多年间就是本着这样的原则度过的。

在王德滋看来，其真正"双肩挑"的经历应该始自 1963 年担任教务处副处长之时。那时，他的主要工作和职责在于行政管理，但他亦未放弃对专业的学习和钻研。但由于行政工作繁忙、琐碎，不可能像在系里那样面向学生讲课了，只能挤业余时间写教材。他一方面抓全校的教材建设，一方面自己写教材。鉴于当时大部分教材内容庞杂、学生负担过重的现状，他主张按照"少而精"的原则进行教材的编写。④王德滋撰写的《光性矿物学》教材就是他在教务处一边工作一边利用晚上的时间写出来的，可谓

---

① 刘德良：诚诚恳恳做人·切切实实做事——感悟王德滋老师的亲切教诲，2015 年，未刊稿。资料存于采集工程数据库。

② 蒋南翔（1913–1988），江苏宜兴人。1932 年 9 月入国立清华大学中文系学习，翌年参加中国共产党，曾任清华地下党支部书记、中共北平市委学委书记，是"一二·九"运动的重要领导人之一。1952 年 11 月至 1966 年 6 月出任清华大学校长。1956 年 5 月至 1966 年 6 月兼任清华大学党委书记。期间还任中共北京市高校党委第一书记、教育部副部长、高等教育部部长等职。1977 年后任国家科学委员会副主任、教育部部长、中央党校第一副校长等职。是中共第八届候补中央委员，第十一、十二届中央委员，中顾委委员。

③ 王德滋：《往事杂忆》。南京：南京大学出版社，2012 年，第 57 页。

④ 姚平访谈录，2015 年 1 月 23 日，南京。资料存于采集工程数据库。

是“见缝插针、分秒必争”。王德滋对时间非常珍惜，有时候中午也不休息，他家里有一个竹躺椅，中午的时候仅仅在躺椅上休息一会儿，然后就继续工作，所以他的夫人常常笑言：“你哪里是睡午觉，你这是鸡眨眼啊。”就在这种情况下，他把这本书写了出来，并于 1965 年由上海科技出版社出了第一版。这本教材影响很大，国内很多同行都采用这本书。到了 1974 年，“文化大革命”期间，在周新民教授的协助下，该教材又出了第二版。30 年后，他发现这本书还在使用，而且内容、图片也比较陈旧。尽管那时候他已经八十岁了，但他决心再次修订这本教材，在青年教师谢磊协助之下，2008 年由科学出版社出了第三版①。

王德滋在教务处工作的同事姚平认为，王德滋是一个“双肩挑”的典范。他指出，王德滋调到教务处后，虽然不直接给学生讲课了，可是他的科研、著书一直没有停，他利用晚上或是平常点滴的时间来写书。即使在文化大革命期间，他也笔耕不辍。姚平对王德滋的这项本领十分佩服，在他看来，一般人写东西都喜欢在很安静的、没有人打扰的情况下进行，而王德滋却有闹中求静的本领，能够利用一切可以利用的时间。“文革”以后，当时新华书店几乎没有什么业务书，基本上都是“红书”，而王德滋利用点滴时间与周新民合作撰写出版的《火山岩岩石学》教材，对全国高校地质系而言无异雪中送炭。在姚平眼中，王德滋是敬业勤奋、又红又专的“双肩挑”典范。②

图 8-1　王德滋担任南大地质系教授（资料来源：《王德滋文集》）

1978 年恢复了教师职称评审，因为王德滋写的教材、论文比较多，所以他从讲师被破格提升为教授。《光明日报》《新华日报》以《双肩挑担不歇肩》为题进行了专门报道。

① 王德滋访谈录（三）——艰难岁月，2014 年 6 月 24 日，南京。资料存于采集工程数据库。

② 姚平访谈录，2015 年 1 月 23 日，南京。资料存于采集工程数据库。

"重担"与"轻担"

从1978年到1984年，王德滋担任南京大学副教务长兼科研处长。1984年教育部任命曲钦岳为南京大学校长，同时任命王德滋、余绍裔、袁相碗、冯致光、许廷官为副校长。曲钦岳是天体物理学家，四十五岁当选为学部委员（院士），当校长时也才只有四十九岁。不久，陆渝蓉出任党委书记。党政齐心，团结一致，决心把南大办好。在谈心会上，王德滋坦陈自己的心迹："我们的任期是有限的，而南大的事业发展是无限的，我们要在有限的任期内，努力工作，对南大的历史和未来负责。"1978年至1988年是王德滋一生中最忙碌的十年，工作与个人业务的矛盾十分突出。

图8-2　王德滋（左）与匡亚明校长（右）、徐福基副校长（中）合影（1981年。资料来源：王德滋《往事杂忆》）

王德滋清醒地认识到肩上的两副担子不能等同视之，必须区分轻重，一副是全校科研管理的“重担”，必须全力以赴，认真做好，因为这关系到南大事业的发展，一副是个人科研任务的“轻担”，必须服从大局，量力而行，只求“常流水，不断线”。

王德滋主管南大科研工作多年，作出了重要贡献和建树。党的十一届三中全会以后，邓小平同志提出：“科学技术是第一生产力”“科学技术必须面向经济建设，经济建设必须依靠科学技术。”王德滋认真领会中央指示，结合南京大学实际，提出“加强应用，注重基础，发展边缘，促进联合”的十六字指导思想。在王德滋看来，之所以把“加强应用”放在首位，是考虑到大学的科研应该面向国家的经济建设，这是大方向；“注重基础”，因为基础研究是应用研究之本，是南京大学的综合优势，应该重视和发展；“发展边缘”，因为学科之间的边缘和交叉处往往是新的生长点，有利于科技创新；[①]“科研联合”，王德滋认为有两种形式的联合，一种叫学科联合，一种叫部门联合（或产、学、研结合）。王德滋在任期内曾承担

图 8-3　与曲钦岳等合影（1984 年。左起：许廷官、袁相碗、余绍裔、王德滋、曲钦岳、冯致光。资料来源：王德滋《往事杂忆》）

① 施雪访谈录，2014 年 11 月 6 日，南京。资料存于采集工程数据库。

"常州市环境质量评价"的大课题，组织了南京大学地质系、地理系、气象系、环科系和声学研究所的六十几位教师同常州市的环境部门联合开展研究，取得了丰硕成果。再如，生物系教师与泰州生化制药厂以及相关医院联合研究猪胸腺素，形成了产学研结合的联合体。此外，学校还成立了若干个跨学科研究中心，进行跨学科的研究、实践和探索，例如，地质系领衔成立的"石油天然气研究中心"和"东方书画艺术中心"。前者成立于1984年，是教育部和中国石油天然气集团公司联合在南京大学建立的科研机构，它既是一个跨学科的研究机构，又是一个南大与中国石油天然气总公司合建的综合性的科学研究与人才培养联合体；后者缘起于康育义教授创立的"山水地质学"，将地质学与绘画艺术融为一体，体现了文理交叉的特色，并成立了东方书画艺术中心①。在许多干部和教师看来，王德

图 8-4　率领中国大学校长代表团访问澳大利亚（1987 年。右四为王德滋。资料来源：《王德滋文集》）

① 王德滋访谈录（三）——艰难岁月，2014年6月24日，南京。资料存于采集工程数据库。康育义：我所尊敬的王德滋老师。2015年，未刊稿。资料存于采集工程数据库。

滋提出的科研方针至今仍然有效地指导学校科研工作的开展。

1988 年任期结束时，王德滋的年龄已经超过了六十岁，按教育部规定，他卸下了副校长担子，又回到了地质系全力从事他所热爱的科学研究和研究生培养工作。由于时间集中，他厚积薄发，十年间取得了不少重要研究成果，于 1997 年当选为中国科学院院士。校内舆论认为王德滋长期“双肩挑”，最终还能在古稀之年当选院士，很不简单。而王德滋却淡然处之，从未吹嘘自己。

伯乐·教练·参谋

“伯乐、教练、参谋”的六字方针是王德滋年近八旬时针对自己以后的角色定位而提出来的。1997 年，他主持了一个自然科学基金的重点项目。为此，他组织了一个老中青三结合的研究团队，这个团队包括岩石学、地球化学和构造地质学三个学科的成员，共有十位博士生导师参加，集中了很多研究生。经过四年锲而不舍的努力，他们取得了很好的成果，发表了多篇论文，还撰写了一本专著，2003 年该项目获得教育部自然科学一等奖。这一年王德滋已经七十六岁了，此时他思考一个问题，像他这样的年龄，应该由学术研究的第一线向二线转移了。于是，他提出了“伯乐、教练、参谋”的六字方针。①

伯乐

王德滋认为，要像“伯乐”那样发现千里马，发现、推荐优秀人才，举贤不避亲。南大地质系三位最早的长江学者蒋少涌、王汝成、徐夕生都

① 王德滋访谈录（三）——艰难岁月，2014 年 6 月 24 日，南京。资料存于采集工程数据库。

是由他推荐评选出来的，他们均为地球科学与工程学院（2008年更改为此名）以及我国地质科学的发展、建设作出了重要贡献。蒋少涌教授长期以来从事矿床学和地球化学的教学与科研工作，是教育部首批“长江学者奖励计划”特聘教授、国家杰出青年基金获得者和基金委创新研究群体负责人，获得教育部自然科学一等奖两项以及“李四光地质科学奖”等多项荣誉。王汝成教授长期从事矿物学的教学与科研工作，2000年获得国家杰出青年基金，2001年获聘教育部“长江学者奖励计划”特聘教授，曾获得“中国矿物岩石地球化学学会侯德封奖”“教育部自然科学一等奖”“江苏省青年科技奖”以及“教育部优秀骨干教师奖”等多个奖项。徐夕生教授长期从事岩石学的教学和科研工作，主要研究中国东南部壳幔作用与岩石圈动力学，曾获得“国家教委科技进步一等奖”、教育部自然科学一等奖、“江苏省优秀地质科技工作者”等多项荣誉，同时，也是教育部“长江学者计划”特聘教授、国家杰出青年科学基金获得者。

王德滋发现、推荐的骨干教师都工作在第一线，挑起了大梁。他也一直以“伯乐”自勉，以发现优秀年轻人才为己任，愿意为耕耘在教学和科研第一线的年轻人提供最大可能的帮助。王德滋曾多次向校院领导建议，一定要做好年轻教师的选留和培养工作，他认为年轻教师是南京大学的未来，南京大学这步棋走好了，在未来的竞争中就会保持领先。

教练

王德滋所说的“教练”与体育教练不同，体育教练是对运动员进行手把手的严格训练，而学术上的教练只是起指点、指导、指引作用。王德滋认为自己从事地质科学几十年，对国内外学术动态比较了解，可以为年轻教师确定研究方向、研究课题起到一定的指导作用。

核工业北京地质研究院的童航寿研究员虽然不是王德滋的学生，却从王德滋那里得到了很多指导和帮助。在他看来，王德滋虽不是他的导师，却胜似导师。童航寿指出：“王德滋老师虽然没有成为我的导师，但就对我的研究成果的关心、了解和支持程度而论，可以说不是导师而胜似导师。”上世纪九十年代他曾寄给王德滋一篇代表作《环太平洋成矿带华南矿域铀矿构造成矿作用及其时空演化》，王德滋对该文赞赏有加，认为此文是童航寿在长期铀矿区域所积累的丰富实践经验的总结，具有较深的学术造诣和理论素养。2012 年元月，童航寿将他的晚年著作《童航寿铀矿地质论文集》，精选了二十一篇论文，达三十一万余字，首先寄赠给王德滋请他指正。王德滋很谦虚地说："你的大作，阅后收获不小，你对矿田构造有很深造诣，特别在夹持构造、环状构造、线环复合构造、拆离构造等方面有创新见解。"王德滋不止一次去信鼓励他，要他好好总结几十年的铀矿科研实践。王德滋认为，只要坚持笔耕，必有收获。王德滋在鼓励他的同时，还时常关心他和他爱人的身体健康状况，嘱咐他们对待慢性病，不可麻痹大意。王德滋用四句话鼓励他们："人生苦短，只争朝夕；忘龄忘老，安度晚年。"2012 年 5 月，他又去信鼓励童航寿，并附曹操诗一首"龟虽寿"，与他共勉。[①]

参谋

王德滋所说的"参谋"，就是对学校、学院的发展建言献策。王德滋卸下副校长的职务后，从学校回到系里，虽然没有担任具体的行政工作，但是他一直十分关心学校以及地科院的发展和建设，并积极献计献策，当好参谋。因为他具有丰富的行政经验，许多建议的可行性很高，甚至很多事情还亲力亲为。[②]

王德滋对地科院的学科建设、人才培养和科学研究十分关心、时刻关注。地球科学与工程学院院长王汝成在访谈中指出，王德滋非常关注学院的发展。自 2006 年以来，他在学科建设方面给予了地科院行政领导班子很多指导，他特别强调理工结合的学科建设布局，要他们把工科的发展放在重要位置。2008 年成立学院时，王德滋坚持学院的名称要加上"工程"二字，强调基础学科与应用学科必须兼顾。此外，王德滋还鼓励做基础研究的教师要想着应用方面的工作。 例如，该院有两位教授进行高纯石英砂

① 童航寿：怀念恩师六十载。2015 年，未刊稿。资料存于采集工程数据库。

② 谢磊访谈录，2014 年 10 月 30 日，南京。资料存于采集工程数据库。

的开发研究，取得了突破，王德滋对此热情支持，亲临现场关心和鼓励他们的工作。同样，他强调工程学科也必须注重基础研究，努力促进基础学科与应用学科之间的融合。因此，在王汝成院长看来，王德滋对学院的学科平衡发展起到了很重要的作用。①

金陵学院是南京大学独资创办起来的独立学院。该学院从 2006 年开始酝酿建立与地质相关的专业，主要是应用地质专业，王德滋为此提出了一些很好的建议。后来该院重点建设了三个专业：地质工程、土木工程、宝石及材料工艺学。王德滋在该院建设过程中，从多方面给予了指导，认为金陵学院学科建设应坚持与南京大学学科建设互为补益的原则。南京大学重点培养理论型人才，金陵学院应重点培养应用型人才、技术型人才，在培养理念和培养模式上各有侧重。近年来国家经济发展非常快，城市化进程也快，特别是城市建设中的地下工程发展很快，急需这方面的应用型人才。当时就是基于这点考虑，加上王德滋的支持，金陵学院相继建立了三个与土木工程相关的专业，并由这三个专业组建了土木工程系。此后，王德滋又多次到金陵学院去指导工作，提出了很多有益的指导意见。②

对于南京大学的发展、建设，王德滋更是竭尽所能，无论是在岗之时，还是离任之后，都始终不渝的关心，时时处处为南京大学的发展、建设出谋划策。南京大学校长陈骏院士曾经这样评价王德滋对南京大学的影响和贡献：

王老师在学生时代就参加了革命，1949 年 1 月参加了中共地下党，他亲眼目睹了从中央大学到南京大学的过渡。在青年时期，他就参与了南大地质系的管理工作，参与了地质系的大发展，那个阶段地质系曾经是南京大学招生人数最多的系。由于国家建设的需要，那段时期的地质系实际上是非常辉煌的。步入中年之后，他参与学校的管理工作，长期在学校的管理岗位上，参与制定了学校一系列的方针政策和计划，有些是他亲自制定的，所以他对学校的贡献很大。那个时期的很多思想、政策、计划到今天还在起作用。王老师从领导岗位退下来以后，整颗心还在学校，还在思考

① 王汝成访谈录，2015 年 4 月 3 日，南京。资料存于采集工程数据库。

② 阎长虹访谈录，2014 年 11 月 12 日，南京。资料存于采集工程数据库。

学校的问题，关注着学校的发展。他经常给我们建言献策，而且都非常管用。我记得王老师最近提的两个建议：一个是加强教材建设。他建议要抓一些核心教材，要在地科院抓出十本主干教材出来。我当时就觉得这个建议很好，因为我们的教材建设在八十年代有个大的发展，后来停顿了好长时间，目前，教材确实需要更新。王老师及时提出的这个建议，我们先在地科院做起，做得很有成效，所以后来又在全校推广。另外一个就是关于南大实行“三三”制改革方面的建议。改革以后南大的各个院系均把重点放在了通识教育和个性化培养方面，对专业教育相对有所忽视，王老师发现有些院系专业基础课或者专业技能的培训有所减弱，所以他建议加强这方面的培养。我觉得他提的这个建议很及时，我们也是从地科院做起，然后推广到其他院系。①

为了传播中华文化，加强对青年的教育，王德滋以自己的亲身经历对青年提出十六字箴言：“坚毅自强，诚朴求真，学有专长，事业有成”，亦可凝聚为坚毅诚朴四个字的治学之道。即使到了晚年，他仍乐此不疲，视为己任。他说：“今后，只要我的脑子不糊涂，我的行动还方便的话，我会继续贯彻‘伯乐、教练、参谋’的方针，一直到我失去工作能力为止。”②

关爱校友

从 1992 年至今，王德滋担任了南京大学校友总会副会长，兼任中央大学校友会副会长。据初步估计，目前南京大学的海内外校友已近三十万人。仅据地球科学与工程学院的统计，自 1921 年创立地质学科以来，该院毕业校友已超过一万人，其中有三十位两院院士。这只是一个学院的统计，南大有三十个院系，数十万校友遍布海内外，校友心系母校，是支撑

① 陈骏访谈录，2014 年 12 月 12 日，南京。资料存于采集工程数据库。

② 刘德良：诚诚恳恳做人 · 切切实实做事——感悟王德滋老师的亲切教诲。2015 年，未刊稿。资料存于采集工程数据库。

母校办学的强大力量。

在地质系的校友中，张本仁、孙枢和戴金星三位院士与王德滋交往比较密切。张本仁 1952 年毕业于南大地质系，比王德滋低两届。张本仁毕业后，长期任中国地质大学教授，在地球化学领域有很深造诣。2006 年，张本仁在一篇回忆录中深情地回忆了他与王德滋的亲密友谊。

在张本仁院士的情感深处，王德滋既是他的“学长、挚友”也是他的“师长”。1950 年，王德滋大学毕业前不仅是张本仁的学长，而且还是与他同住一个寝室近两年的挚友，张本仁睡在上铺，王德滋睡在同一张床的下铺。毕业后，王德滋留在南京大学地质系任教，又成了张本仁的师长。在同寝室住宿期间，王德滋已是中共地下党员，在国民党白色恐怖的统治下秘密地做着革命宣传文件的刻写工作。由于当时地下革命组织的严格纪律，他基本只同张本仁谈论地质业务，而从不涉及政治形势问题。在他留校任地质系助教时，南大地下党已经公开，王德滋是理学院党支部的成员，那时他的工作异常繁忙，当时张本仁负责地质系学生会工作，从一些会议和工作接触中，他清楚地感受到了党组织和王德滋对他的关怀、培养和期望。①

孙枢院士 1950 年进入南京大学地质系学习，此年正是王德滋毕业留校任教之年。由于国家需要，1953 年孙枢提前一年毕业，长期在中国科学院地质研究所任研究员，在沉积学、沉积矿床和区域地质学领域卓有建树。孙枢曾担任中国科学院地学部主任，在访谈中，孙枢回忆了他与王德滋亦师亦友的关系。

1950 年，孙枢进入南京大学地质系学习时，王德滋正好毕业留校当助教。当时，李学清先生教他们变质岩课，王德滋带实验。在孙枢的印象中，王德滋为人特别谦逊，始终将自己与孙枢的关系看作为先后同学关系，而孙枢则一直尊王德滋为老师。在孙枢看来，王德滋工作非常勤奋，在六十年代中期出版《光性矿物学》教材实属不易。当时很多课只指定英文参考书，或者发点讲义，正式出版的中文教材只有孙鼐先生编著的《普

---

① 张本仁：珍贵的人生感悟，可敬的无私奉献。见：陈骏主编:《地质与地球化学研究进展——庆贺王德滋院士致力于地质科学六十周年暨八十华诞》。南京：南京大学出版社，2006 年，第 529 页。

通地质学》和后来王德滋写的《光性矿物学》。他认为，南大地质系的传统很好，比较团结，风气好，而这与王德滋等几位早期的党员有很大关系。后来，王德滋调到学校当教务长、副校长，发挥了更重要的作用，可以说，王德滋对地质系和南京大学的发展，都作出了很大贡献。八十年代初，国家刚建立学位制度，成立了国务院学位委员会，下面设立许多学科组，其中之一就是“地质学与地球物理学科评议组”，那时，王德滋、钱祥麟和孙枢是这个评议组的召集人。当时教育部规定，哪些单位可以授博士学位，哪些教授可以当博导，都要经过评议组讨论，学位委员会批准，非常严格。孙枢认为，王德滋作为召集人之一，工作很细致，一丝不苟，对中国地质教育的发展作出了卓越的贡献。①

戴金星院士于1956年进入南大地质系学习，1961年毕业。王德滋给他们讲授过岩石学课程。戴金星毕业后，长期在石油系统工作，是中国天

图 8–5　地球科学系部分院士系友在第十次中国科学院院士大会期间合影（2000年。左起：孙枢、张本仁、王德滋、田在艺、薛禹群、李德生、戴金星、安芷生。资料来源：王德滋《往事杂忆》）

① 孙枢访谈录，2014年12月5日，北京。资料存于采集工程数据库。

图 8-6 在台北中山纪念堂前合影（1997 年。左五：冯端、左六：邹祖焜、右六：顾冠群、左四：王德滋、左二：华彬清、左三：伍荣生。资料来源：王德滋《往事杂忆》）

然气研究的开拓者。在访谈中，戴金星谈了他对王德滋的印象。①

戴金星回忆说，王德滋“讲课非常好，逻辑性强，有条理。”当时，同学们都知道王德滋是地下党员，又红又专，大家对王德滋都很尊敬。后来王德滋当选为中科院院士后，他们之间的联系也逐渐增多。在戴金星的眼中，王德滋对别人的事很热心，而对自己则要求很严。2017 年就是王德滋的九十大寿了，他们酝酿替他做寿，王德滋原则性很强，说现在中央不提倡搞祝寿活动，大家应当自觉遵守。还有一件事让戴金星难以忘怀。戴金星想在家乡温州办一个小型地质博物馆，对青少年进行科普教育，他自己花钱买了一些标本，又通过同班同学孙岩向母校求助，王德滋知道后，认为这是一件好事，应该支持，他立即与南京大学地科院王汝成院长商量，随即筹集了几十块矿物和化石标本运往温州。对此，戴金星十分感动，一直铭记于心。

王德滋对校友会工作十分热情，积极参与各种校友活动，他曾经组织中央大学的老学长们专程参观南大的仙林校区和东大的九龙湖校区。中央大学校友会以前不定期出刊《中央大学校友通讯》，最早的时候由中大校友会独

① 戴金星访谈录，2015 年 5 月 23 日，南京。资料存于采集工程数据库。

立编印，后来过渡到由南大、东大、南农、河海等四校轮流出刊，再后来就变成了由南大和东大负责，现在每年出一期合刊。在这个过程中，王德滋不仅每期必读，还为刊物积极协助组稿、推荐人物，倾注了大量心血①。

1997年南京大学校友总会与东南大学校友总会同时收到台湾“中央大学”校友会邀请，访问台湾。南京大学以冯端院士为首，东南大学以顾冠群校长为首，联合组成了十人代表团赴台湾“中央大学”访问，王德滋是代表团成员之一。台湾“中央大学”是1969年在地球物理研究所的基础上逐渐扩建而成的，校园位于台北市附近的中坜镇，校园十分幽静。在访问期间，王德滋等受到台湾“中央大学”和台湾“中央大学”校友会的盛情接待。走进校门，迎面一块巨石，上刻“诚朴”二字，表明南京大学和台湾“中央大学”在学风上的一脉相承。三校就“二十一世纪科学和教育的走向”问题进行了广泛交流，同时校友之间还开展了热情洋溢的联谊活动②，并参观了台北中山纪念堂，游览了阳明山、日月潭等名胜景点。

南京大学管理精英学友会是南京大学校友总会的一级分会，成员主要来自南大商学院的历届毕业生，现有校友两千余人，拥有众多的企业中坚、商界精英和行业专才。自2006年起，学友会每年向贫困学生捐助奖学金。王德滋以校友总会副会长的身份受聘担任管理精英学友会总顾问，他从四个方面论述了精英人才的标准即品德、知识、能力和贡献，并写了一段寄语与学友们共勉。

泰州是长江三角洲的十五个主要城市之一，下辖三个县级市：泰兴市、靖江市和兴化市。其中，泰兴是王德滋的家乡。2006年3月，南京大学泰州校友会正式成立。王德滋应邀参加了成立大会，并在

图8–7　王德滋与泰州市小学生合影（2006年。资料来源：王德滋《往事杂忆》）

① 赵国方访谈录，2015年3月24日，南京。资料存于采集工程数据库。

② 王德滋访谈录（三）——艰难岁月，2014年6月24日，南京。资料存于采集工程数据库。

会上发了言，希望南京大学泰州校友会为“泰州大学”的早日建立发挥积极作用。每逢暑假，南大泰州校友会均组织部分中、小学生参观南大，王德滋都出面热情接待，体现了他对家乡青少年的关怀。

主编《南京大学百年史》

一部学校的校史，记录了这个学校的酝酿、成立、变迁和发展的全过程，具有重要的历史价值和现实意义。南京大学是国内少数具有悠久历史的大学之一，更有必要写出一本反映学校发展的校史。王德滋从副校长位置退下来不久，曲钦岳校长就找王德滋商量，希望由王德滋出任校史的主编。他说“你对学校情况比较了解，由你来抓这件事，我就放心了。”王德滋认为义不容辞，欣然应允。学校为此成立了一个很强的写作班子。他们首先拟定了一个详细的编写提纲，其中涉及两个问题必须处理好：一是处理好中大与金大两个源头的关系，二是摆正抗战时期成立的“南京中央大学”在校史中的位置。

中央大学与金陵大学都是南京大学的前身。金陵大学肇始于1888年建立的汇文书院，中央大学源自1902年建立的三江师范学堂，前者比后者还早建立十四年。王德滋等遵照教育部的指示，以三江师范学堂作为南大的源头，但也考虑到金大有自己的发展历史。在拟定编写提纲时，他们将全书分为四编，前三编分别是：三江师范至国立东南大学时期，国立中央大学时期和南京大学时期。第四编是金陵大学简史。

图8-8 《南京大学百年史》出版

关于抗战时期成立的“南京中央大学”要不要写进校史，王德滋等进行了慎重讨论。最后，他们认为应该写进校史，并占有适当的位置，这使数千名南京中大校友有了归宿。

图 8–9　与《南大逸事》新生研讨课同学们座谈（2011 年。前排左五王德滋、前排左六王运来。资料来源：王德滋《往事杂忆》）

《南京大学史》终于在南京大学成立九十周年之际如期出版。2002 年是南大建立一百周年，时任校长蒋树声与王德滋商量，请他继续担任《南京大学百年史》主编，他感到责无旁贷，再度挂帅。《南京大学百年史》在《南京大学史》的基础上修编而成，该书系统总结了南京大学这所百年老校的光辉历程。

从 2004 年起，为实施通识教育，南大开始开设新生研讨课。2011 年首次开设《南大逸事》课，由于王德滋主编过校史，任课教师王运来教授邀请王德滋与同学们进行一次座谈，同学们兴奋极了，讨论气氛相当热烈。

除了主编《南京大学百年史》，王德滋还主编了《南京大学地球科学系史》。南京大学的地质学科肇始于 1921 年国立东南大学的地学系，该系含地质、地理、气象三个学科。1930 年 1 月，地学系一分为二，成立了地质系和地理系（含气象学科）。后来，为了庆贺南京大学地质学科创立九十周年，王德滋等又在《南京大学地球科学系史》的基础上编撰出版了《南京大学地球科学与工程学院简史》。

图 8–10《南京大学地球科学与工程学院简史》出版

南京大学地科院院长王汝成教授曾说：

"王老师对南大地质系特别关心，他始终把自己的事业、命运与南大地质系紧密结合在一起。"在地科院院史的编写过程中，"都是王老师亲自抓的，哪一章，哪一节，谁负责，都落实到人。这本院史深受校友欢迎，校友返校拿到这本书都爱不释手。"①

① 王汝成访谈录，2015 年 4 月 3 日，南京。资料存于采集工程数据库。

第九章
尊师重教薪火传

1950 年，王德滋毕业留校任教，至今任南京大学教师已经整整六十七年了。六十七年的教师生涯大体可分为三个阶段：第一阶段，从 1950 年毕业留校至 1963 年调至教务处，主要在地质系的教学科研一线工作，兼搞地质系的党政管理；第二阶段，从 1963 年至 1988 年主要在校部机关服务，历时二十五年，双肩挑担不歇肩，以行政工作为主，兼搞一点教学科研；第三阶段，从 1988 年卸任副校长后又回到地质系在教学科研一线工作。王德滋作为南京大学教师中的一员始终关心学校发展，从未脱离教书育人和学术研究，堪称终生不渝。

铭记三位恩师

在王德滋的一生中，有三位老师对他有知遇之恩。

第一位是徐克勤先生。徐先生是王德滋的教学科研引路人。大学二年级时，他给王德滋讲授“光性矿物学”课，饮水思源，王德滋的光性矿物知识主要来自徐先生。课程授毕时，徐克勤在王德滋的“光性矿物学”考卷上批了 99 分，表明对王德滋的学习状况非常满意。后来王德滋传承了他的衣钵，为历届学生讲授“光性矿物学”课程，并在领会徐先生的讲课内容和钻研英、俄教材的基础上编写出版了《晶体光学》和《光性矿物学》两本教材。

徐克勤先生是华南花岗岩研究的开拓者，他以敏锐的眼光和洞察力先后在赣南、皖南首次发现了证据确凿的加里东期（四亿多年）和雪峰期（八亿年左后）花岗岩，王德滋长期是花岗岩研究团队的主要成员，是花岗岩研究的传承者，但传承并非简单的继承，而是传承之中有发展，有创新。在上世纪八十年代初期，王德滋在国内首次提出“次火山花岗岩”理念，将花岗岩与火山岩在成因上联系起来，从而开辟了一个新方向。徐克勤先生较王德滋年长二十岁，于 2002 年逝世。在徐先生去世一周年之际，王德滋在《高校地质学报》发表一篇纪念文章，缅怀其学术成就和对南京大学地质学科的重要贡献。在徐克勤一百周年诞辰之际，王德滋又主编了《徐克勤文集》以资纪念，地科院为此在东南大楼的后院竖立了徐克勤先生的铜像。后来，地科院整体迁往仙林校区时，王德滋在副院长倪培的协助下，将徐克勤塑像安放到地科大楼的大厅内，并举行了安放仪式。①

图 9-1 与徐克勤院士（时年 91 岁）合影（资料来源：王德滋《往事杂忆》）

王德滋铭记的第二位恩师是郭令智先生。1951 年郭令智从英国留学归来绕道香港回到祖国，任教于母校南京大学地质系，那时，王德滋因患肺结核正在休养之中，只知道系里来了一位年轻教授，却未曾

① 倪培访谈录，2014 年 7 月 10 日，南京。资料存于采集工程数据库。

见过面。1952 年院系调整前夕，王德滋病愈恢复工作，才第一次见到郭令智先生。那时郭令智才三十多岁，风华正茂，和蔼可亲。他比王德滋年长十二岁，彼此颇有相见恨晚之感。王德滋虽然没有听过郭先生讲课，但在平时相处中，常向他请教，切磋学问，深受教益。郭令智专长构造地质学和大地构造学，这与王德滋从事的岩石学科密切相关。郭令智与徐克勤两位大师在“华南花岗岩研究”方面的长期合作，有口皆碑，为学科交叉树立了样板。1985 年联合国教科文组织批准了一项国际地质对比计划：“东亚前侏罗纪地质对比研究（IGCP No.224）”，在这项对比计划中，郭令智担任构造地质组召集人，王德滋担任火成岩组召集人，他们常在一起讨论问题。王德滋多次得到郭令智的亲切指点和帮助。1986 年 9 月，他们两人同赴日本大阪参加 IGCP NO.224 的第二次学术讨论会，郭先生是大会主持人之一。这些情景，王德滋至今仍历历在目。

南大地质系有一个很好的传统，每逢春节都要到老教师家中拜年，一直延续至今。2015 年春节，王德滋去郭先生家中拜年，郭先生已重病卧床，神志不清。王德滋握着老师的手，连声呼唤，久久不放。数月以后，郭令

图 9-2　在郭令智院士家中合影（2000 年春节。左起：薛禹群、卢华夏、张冬茹、郭夫人、侯学焘、郭令智、王德滋、陈骏。资料来源：王德滋）

智先生即与世长辞了，享年一百岁。

王德滋铭记的第三位恩师是董申保[①]先生。他是北京大学地质系教授，国际知名岩石学家。董先生比王德滋年长十岁，王德滋虽没有直接受教于他，但早在文献上“神交”已久。1982年，南京大学主办花岗岩国际会议，在这次会上，王德滋第一次见到了仰慕已久的董申保先生。董先生没有惊动会务组，自己叫了一辆三轮车就来报到了。他是那么朴实，平易近人，穿一身旧的中山装，毫无大知识分子的架子。这给组织会议的大会秘书长王德滋留下了深刻难忘的印象。此后，王德滋与董先生多次在各种评审会、学术讨论会上相遇，他总是那么谦逊，毫无门户之见。记得有一次，王德滋参加教育部召开的一次会议，住在北京大学的勺园宾馆，董先生的家住在未名湖畔的朗润园，与宾馆相距不远。王德滋特地去董老家拜访，他们既谈学术，又谈养生，几乎无话不谈。临别之际，董老一直沿着未名湖畔的小道送王德滋回到宾馆。此情此景，令王德滋终生难忘。1997年，董老八十华诞时，王德滋曾专程去北大祝贺。2007年，董老九十华诞。那时，王德滋的夫人已重病卧床，对王德滋极度依赖，为此王德滋已经多年没有离开过南京，就连增选院士的重要会议他都没有参加。鉴于对董先生的一片深情厚谊，八十岁的王德滋周到地安排好照顾夫人的事情后，专程前往北京祝寿。在身边人的印象中，这是他照顾病榻上的妻子八年当中唯一一次离开南京，实属罕见。王德滋在《高校地质学报》出版了纪念董申保专辑，并亲自撰写了一篇介绍董老学术成就的文章。董申保先生对王德滋十分了解，曾说王德滋有三项研究成果富有新意，一是提出“次火山花岗岩”理念，二是发现S型火山岩，三是圈定橄榄安粗岩省，三项均属于创新型成果，令王德滋感动万分。王德滋曾动情地说“生我者父母，知我者董申保先生也”。

---

① 董申保（1917–2010），江苏常州人。著名地质学家，北京大学地球与空间科学学院教授，中国科学院院士。主要从事变质岩及花岗岩研究。五十年代领导长春地质学院变质岩研究小组在华北及东北进行变质作用研究，提出“变质岩石组合”“混合岩矿床”等假说。八十年代为编制中国变质地质图（1:400万）的主编者之一，获国家自然科学二等奖（1989）。八十年从事蓝片岩带研究，提出的扬子北缘元石化的陆内板块俯冲为国际所关注。1980年当选为中国科学院院士（学部委员）。

图 9-3　参加“变质作用与大陆动力学学术讨论会”暨庆贺董申保先生八十华诞（1997 年。前排右七董申保、前排左五王德滋、前排右三莫宣学。资料来源：王德滋）

图 9-4　董申保先生在九十华诞祝寿会上（2007 年。资料来源：王德滋）

中科院院士、中国地质大学（北京）原副校长莫宣学曾这样评价王德滋对老师的尊敬之情：“王老师非常尊敬师长，同时，他也十分关心、提携后人，关爱亲人。比如说尊敬师长，他对徐先生（徐克勤）、对郭先生（郭令智）非常尊敬，非常有感情。我们都去参加过王院士亲自组织的郭先生百岁华诞、徐先生的塑像安放仪式等活动。王先生专门给我们打招呼说，这个活动一定要来。董申保先生九十华诞的时候，王老师专门从南京来到北京。当时他夫人有病，他一般是不离开南京的，但因为这件事情，他在北京待了两三天，对活动的安排还提出了一些指导性的意见。从这些事情上充分体现出他对师长的尊敬。”①

① 莫宣学访谈录，2014 年 12 月 4 日，北京。资料存于采集工程数据库。

为吴有训立像奔波

王德滋十分敬重在中央大学读书时的校长吴有训先生，不仅佩服他的学问、人品，更深受吴校长办学思想及理念的影响。他曾不止一次地向自己的同事、学生、朋友提及吴有训的办学思想和理念。

吴有训是江西人。在南京大学百年校庆时，南京大学江西校友会曾经为吴有训校长立了一尊塑像，当时安放在南京大学浦口校区一个比较偏僻的山坡上。得知此事后，王德滋便提出要将吴有训的塑像安放在更加显眼的、能让学生经常看到的地方，要让学生知道南京大学曾经有这么一位知名的校长。根据南京大学地科院办公室主任王淑君的回忆，为此，王德滋曾三次跨江到南京大学浦口校区协调此事：

第一次去浦口，他们找了时任校长助理、金陵学院院长王殿祥教授。王院长对此非常支持，表示尽快跟学校有关部门汇报，将吴校长塑像移到理想的地方。

第二次，王德滋从校友会秘书长高澎处得知已选好地址，但他不放心，又让王淑君陪他前去，要亲临现场去看一看，到底选在什么地方。那一天正好下雨，王淑君便说“王老师，今天下雨了，咱们能不能改时间再去？”他说，“不行，我约好的，一定要去。”于是，她便陪同王德滋到了浦口校区，看到选定的地方很不错，王德滋才放下心来。那是在一个小的丘陵上，上面建了一个“百年纪念亭”，吴校长铜像将立在纪念亭前。因为下雨，山坡不太好走，王德滋双脚鞋子上沾满泥巴登上丘陵，对那个地方很满意，这是第二次。

第三次，因为要立塑像，在选材、打地基方面，他都面面俱到去过问，去叮嘱。当浦口校区办公室主任潘大谦同志告诉他，塑像已按要求建起来了。他带着几位中大校友——冯端院士、胡宏纹院士、王业宁院士等将近十余人，向吴校长塑像敬献鲜花，前去瞻仰。为了吴校长塑像，他亲

图 9-5　南京大学四位院士瞻仰吴有训铜像（2002 年。左五冯端、右六胡宏纹、右五王业宁、左四王德滋。资料来源：王德滋提供）

临浦口三次。这给王淑君留下了十分深刻的印象，在她看来，一般人不会这么细致地去做，从中可以看出王德滋的工作作风。[①]

吴有训的公子吴再生来校看到父亲的塑像后非常满意，十分感动。南京大学仙林校区建成后，浦口校区成为金陵学院的校园。从 2012 年开始，各院系陆续从浦口校区搬迁至仙林校区。此时，王德滋又想到吴有训校长的塑像问题，经过深思熟虑以及与有关人员反复协商，最后决定在仙林校区另立一尊新的吴校长塑像。为此，他又亲自去仙林校区做选址等相关工作。2012 年 5 月，新的吴有训校长塑像立于南京大学仙林校区教学实验楼前面，背倚一株翠柏，学生去实验室都必经此处。由此，此事得以圆满解决。为了吴校长塑像的迁移、新建，王德滋亲临浦口、仙林多次，不辞辛劳、亲力亲为，这不仅体现了其在工作上的一丝不苟和严谨细致的作风，更体现了其尊师重教、饮水思源的真情厚意和至真至情之本性。[②]

① 王淑君访谈录，2014 年 11 月 3 日，南京。资料存于采集工程数据库。

② 同①。

立德树人　师德为先

王德滋说，他在中学时期就受到儒家思想的影响（如孔子的“仁”与“礼”的思想），还读过《孟子见梁惠王》等名篇，因此，儒家思想对他具有较深的影响。而在大学里，他又接受了进步思想的熏陶和感染，早在大学读书时期就曾看过毛泽东写的《新民主主义论》《论联合政府》以及一首气势磅礴的词《沁园春·雪》，对毛泽东十分推崇。民国时期有一位元老级人物冒鹤亭，如皋人，他的人生哲学是“爱人以德，相见以诚”。受他的启发，王德滋的人生哲学是“以德修身，以诚待人”。他认为，在大学里，最重要的关系是师生关系。他在给中国科技大学教授刘德良的回信中写道：“我以为在大学里当教师，最重要的是师德。立德树人，师德为先。”他认为，在教育和教学的所有因素中，教师的师德是最重要的，教师对学生要有爱心和责任心，要想培养高素质的学生，首先教师自身的素质要过硬，这一直是他做教师的准则。他曾不止一次地说，“尊师爱生是我做人的准则”，“我在南大工作了几十年，概括起来就是四个字：尊师爱生。我对我的老师如李学清、徐克勤、郭令智、张祖还、孙鼐等都非常尊重，饮水思源，因为我的知识主要来自他们的传授；而对年轻人特别是学生，则充满爱心、责任心。我感到这是对一个教师的起码要求，而现在的问题正在于有些教师对学生缺乏爱心和责任心，都在忙于搞自己的科研，此风如不纠正，提高教学质量只能是一句空话”①。因此，他对自己的老师非常尊重，并将这种对老师的尊重和爱戴化为具体行动，很多老师的文集或纪念册都是由王德滋亲自组织或主编的。②

王德滋十分重视对学生进行思想品德教育，从政治上关心学生的成

① 刘德良：诚诚恳恳做人·切切实实做事——感悟王德滋老师的亲切教诲。2015年，未刊稿。资料存于采集工程数据库。

② 王德滋访谈录（八）——大学教学经历与心得，2015年1月4日，南京。资料存于采集工程数据库。

长。他时常带学生到雨花台烈士陵园凭吊先烈，讲述一百多年来中华民族为免受列强的侵略压迫，涌现出许多教育救国、实业救国、以身殉国的志士仁人的事例，启迪学生热爱祖国并为之献身。此外，他还十分关注对学生人文观念的熏陶。时常在实践教学和考察中向学生传播中华文化的优良传统，介绍祖国的历史古迹和名山大川，既使学生增长了知识、开阔了视野，也使学生进一步加深了对祖国大好河山的感情和热爱。他常说："自然科学工作者必须接受人文科学的熏陶，李四光、竺可桢既是地学大师同时又有深厚的人文素养。"①

他时常对学生说："做学问首先要学会做人，先学做人，再做学问，做人就要做一个堂堂正正的人，一个为国家地质事业、社会的利益而奋斗的人，他的一生才是有意义的一生。做人做不好，即使学问做得再好，就一个人来说，也是有缺陷的。"1999 年，王德滋作为大会主席在南京大学举办的第一届全国地学博士后学术会议闭幕式上做了重要发言，他指出："一个人要实现自己的志向和理想，要坚定，有毅力，要自强不息，要有诚朴求真的态度。诚就是真诚，做人要真诚，做学问也要真诚。惟有诚实的科学态度，才能做出创新性的研究成果。朴就是朴实无华，不谋虚名，脚踏实地，埋头苦干。只有用诚朴的态度才能追求科学的真理，才能追求人生的真谛。"② 王德滋常对其研究生说："作为一名青年科学工作者，必须有坚毅的心理素质，同时又有诚朴的科学态度，并将两者结合起来，才能学有专长，事业有成。"他的这种思想影响了很多学生，使得很多学生心甘情愿地投入到地质学这门学科的教学、研究和实践之中，为我国地质学科和地质行业的发展做出了卓越的贡献。③ 此外，"在生活方面，只要为他做一点事，王老师都非常感激，很懂得尊重人，他并不觉得别人的帮助是应该

---

① 刘德良：诚诚恳恳做人·切切实实做事——感悟王德滋老师的亲切教诲。2015 年，未刊稿。资料存于采集工程数据库。

② 林春明：我心目中的王老师。见：陈骏 主编，《地质与地球化学研究进展——庆贺王德滋院士致力于地质科学六十周年暨八十华诞》。南京：南京大学出版社，2006 年，第 550−551 页。

③ 刘德良：诚诚恳恳做人·切切实实做事——感悟王德滋老师的亲切教诲。2015 年，未刊稿。资料存于采集工程数据库。

的。”①

南京大学胡文瑄教授曾这样评价王德滋对自己的影响:“我觉得王院士对我们的影响，首先是品德。他做很多事情，从不张扬，很低调；他态度谦和，一点架子也没有，不居高临下，我们要学习他这样的品德和态度，他是我们学习的典范。”“第二是责任，退居二线后本可以少干些事，但是他觉得对学生、对学院有责任，他没想游山玩水，而是想到这‘四个平衡’问题，他把这‘四个平衡’讲了很多遍，我常想，在王老师的身上体现了两点——品德和责任，这两点是我从对他的接触过程中感悟最深的。”②

对学生关怀备至

王德滋十分关心学生，始终坚持“以生为本”的育人理念。他对学生的关心、培养不仅限于学习和生活，还涉及思想、做人等方面；他不仅关心学习情况的考察，更重要的在于过程的指导。对于研究生的培养，他始终遵循“宽严相济”的原则,“放手但不放羊”,“放手”就是让学生在比较宽松的环境中去自由探索，但又不是放任自流，而是经常检查论文进展的情况，进行有针对性的指导。他针对学生的不同特点，采取不同的方法和措施，体现了因材施教的教育原则。下面略举数例加以说明。

刘德良 1961 年毕业于南大地质系的构造地质专业，王德滋给他们讲授过岩石学课程。刘德良学习勤奋，求知欲旺盛，喜欢打破砂锅问到底。刘德良的毕业论文是王德滋指导的第一篇毕业论文。王德滋考虑刘德良的专业要求，将研究地点确定在山东和江苏交界处的羽山，这是一个变质岩分布地区，他叮嘱刘德良在研究过程中一定要注意把变质岩的构造研究和变质岩的岩石学研究结合起来，把野外和室内结合好。王德滋说做毕业论文

① 施贵军访谈录，2014 年 12 月 17 日，南京。资料存于采集工程数据库。

② 胡文瑄访谈录，2014 年 7 月 1 日，南京。资料存于采集工程数据库。

的第一步，一定要在前人研究的基础上到地质队去搜集材料，他让刘德良独立完成这些工作，而王德滋则会定期前去检查、指导。[①] 刘德良对王德滋指导野外工作有一段深刻难忘的回忆：1960 年，刘德良在苏鲁两省边界的羽山寻找国家紧缺的金刚石和金红石矿，一人吃住在农民家，同农民一起沿河沟淘沙样。当时那里不通长途汽车，王德滋从县城步行数十里赶去看他，在小油灯下面听取他的工作汇报，这让刘德良十分感动。“他不放心学生的野外生活和工作，又要坚持放手让学生独立工作，这就是他的一贯工作作风。”[②] 刘德良毕业后被分配安徽省地质所工作，“文化大革命”后被下放，最后到了中国科技大学任教授、博士生导师。自毕业后，王德滋始终与刘德良保持着紧密的书信联系。至今刘德良还保存着王德滋给他的二十几封信件，感到终身获益。

杜杨松是王德滋培养的第一个博士，1985 年入学。杜杨松是一个富有钻研精神的博士生，当时王德滋正好担任副校长，工作很忙，他请周新民教授协助他指导。杜杨松的博士论文题目为《浙东南沿海中生代火山侵入杂岩的特征、成因和分布规律》，题目较大。浙江东南沿海火山岩分布很广，如何入手是个问题。经过与杜杨松一起研究，他们决定将突破口选在北雁荡山地区，王德滋让他独自去地质队搜集资料，然后独自去北雁荡山进行野外工作，半个月后王德滋和周新民一起去检查他的工作进展情况。杜杨松研究流纹质熔结凝质岩剖面做得很细致，从底部、中部直至顶部，画出详细的剖面图，他几乎把整个北雁荡山都跑遍了，发现该区存在一个环状杂岩体，后来由点到面，他在浙东南又发现了两个环状杂岩体，他认为这三个环状杂岩体排在一条断裂带上形成“线环复合构造”，很有创见。但此项工作也并非一帆风顺，他从野外回到室内，进行样品测试和薄片观察，然后开始写作论文，王德滋对他第一次交来的论文感到有些失望，他很严肃地对杜杨松说：“你的资料和数据掌握得不少，但是如何分析、提

---

① 王德滋访谈录（五）——科研经历补充，2014 年 7 月 4 日，南京。资料存于采集工程数据库。

② 刘德良：诚诚恳恳做人·切切实实做事——感悟王德滋老师的亲切教诲。2015 年，未刊稿。资料存于采集工程数据库。

高，显得很不足，严格讲起来，这篇论文属于地质报告水平，而不是博士论文。”杜杨松当时听了以后，感受到导师的评价不高。王德滋怕他泄气又鼓励他，要善于分析利用资料和数据，广泛查阅文献，并从中找到一些启发。于是，杜杨松又根据导师的意见，继续埋头苦干。1988 年初，王德滋还在做副校长，白天没时间去看他。那时杜杨松正在游泳池旁边的一间平房里写论文。有一天晚上，天漆黑，还飘着雪，王德滋打着电筒，去检查他的论文完成情况，杜杨松很感动。王德滋发现他经过那次批评以后，论文有了很大进步。他同时发现杜杨松似乎瘦了一圈，说明压力大，很辛苦。答辩时，评委对杜杨松的博士论文给予了很高的评价。后来他被分配到中国地质大学（北京）工作。他的博士论文在地质出版社正式出版，并被地质大学破格晋升为教授。①

谢磊是王德滋培养的研究生当中唯一的一位女博士。她是直博生，即由大学本科直接攻读博士，而且是被免试推荐，由王德滋和王汝成联合指导，王德滋的学科是岩石学，王汝成的学科是矿物学，他们就在这两个学科的交叉处进行培养，主要的研究手段是电子探针（利用电子探针可以鉴别很微小的矿物）。王汝成教授在回忆与王德滋确定对谢磊的培养方式时说，通常他们的做法是，一个老师带一个学生，一直带到底。这样的好处是让学生在某一方向上接受某一位老师比较多的专业指导，但缺点是会导致学生的专业面太狭窄。所以王德滋建议对谢磊进行联合培养，即对她从两个不同的学科来进行指导，带有学科交叉的性质。王德滋专长岩石学，王汝成专长矿物学，于是，他们便选了一个包含岩石和矿物两方面知识的课题——开展对中国东部碱性花岗岩中的副矿物研究，目的是通过矿物学来反映、揭示岩石学的问题。后来，邱检生也参加了指导小组，带领谢磊去野外考察 A 型花岗岩。②

谢磊的博士论文题目为《中国东南部两类 A 型花岗岩中的副矿物对比研究》。花岗岩中的副矿物很细微，用一般的偏光显微镜无法鉴别，必须用电子探针进行研究，谢磊熟练地掌握了电子探针技术。2004 年谢磊读到

① 杜杨松访谈录，2014 年 12 月 4 日，北京。资料存于采集工程数据库。

② 王汝成访谈录，2015 年 4 月 3 日，南京。资料存于采集工程数据库。

第三年时，曾伴随王德滋去海南省海口市，参加首届“岩石学与地球动力学”学术会议，王德滋在会上做了大会报告，题目是《大火成岩省研究新进展》，这个报告的多媒体是谢磊帮他准备的。第二天谢磊要在一个分会场报告她的博士论文的一些初步成果，她有些紧张，王德滋便鼓励她要有信心，并让她在自己面前试讲了一次。她做了很认真的准备，而且思路清晰，王德滋就给她打气说：“你会成功的，讲的速度放慢一点，突出重点，时间只有十五分钟，要掌握好，不能拖时间”。晚上她又精心准备，第二天她作报告时，王德滋坐在台下听，当她看见王德滋坐在下面时，心里就踏实了。她在汇报过程中表达清晰，回答问题也很镇定，报告很成功。谢磊从本科直接攻读博士用了五年时间取得了博士学位，并留校任教。

2006 年王德滋发现学生在实验室里仍在使用 1974 年再版的《光性矿物学》，从 1974 年到 2006 年，已经过去了三十二年，教材里面的很多内容需要修订、完善了，他便让谢磊协助他进行修订。书中二百多张图原来都是手绘的，她全部用计算机进行重新绘画，同时，她把整本书从头到尾认真看了一遍，增加了不少新内容，这次教材修订工作一方面得到了谢磊的大力帮助，使得教材更加精美和完善；另一方面，也使谢磊自身在知识结构、专业素养、教材编写等方面得到了提升，积累了经验，这对她而言也是一种培养和学习。①

图 9-6　王德滋与王汝成（右）联合指导博士生谢磊（左）（2005 年。资料来源：王德滋）

谢磊在回忆王德滋对自己的指导时说：“每次我跟王老师约了讨论教材进展的时候，王老师不管多忙，都会抽出时间及时地商定继续开展下阶段工作”。对于第三版《光性矿物学》的修订工作，谢磊认为这本新修订的教材仍然延续

① 王德滋访谈录（五）——科研经历补充，2014 年 7 月 4 日，南京。资料存于采集工程数据库。谢磊访谈录，2014 年 10 月 30 日，南京。资料存于采集工程数据库。

图 9-7 《光性矿物学》第三版出版

了第二版的大部分精华，而她自己所做的仅仅是“参与了更新矿物内容和拍摄显微照片的工作”，“相对于王老师对这本书所做的工作，我的工作显得微不足道，但是王老师却充分肯定我的工作，他把我的名字列在他的后面，成为两人合编的教材了。”

赵广涛是青岛海洋大学教师，1993年起，他在王德滋指导下在职攻读博士。赵广涛在回忆王德滋对自己的培养和关心时，至今仍历历在目，难以忘怀：

当他于 1993 年 3 月初抵达南京时，王德滋早已把他的学习、生活等各方面进行了周到、细致的安排。他特意把自己的一间专用办公室腾出以供赵广涛学习之用；考虑到三月的南京仍十分寒冷，王德滋又让夫人洪奉青为赵广涛准备了一床棉被以御寒，并再三嘱咐赵广涛，日后学习生活中无论遇到什么困难都要及时告知他。这种慈父般的关爱着实让赵广涛感动不已。

最让赵广涛难忘的是王德滋对他学业进程的关心、关注，王德滋不仅为赵广涛准备了大量的文献阅读资料，而且还定期来办公室，以一种轻松漫谈的方式与他讨论和交流学习心得。王德滋特别注重宏观学术思路的把握，针对博士论文的定位反复与赵广涛进行启发式的讨论，以训练和开阔他的科学思维。每次交流之后，赵广涛都在内心认真思考和品味，总感到收获颇丰。有一次，在阅读了大量文献之后，赵广涛向王德滋汇报了对中国东部 A 型花岗岩分布规律和构造动力学制约方面的一些初步想法，王德滋听完他的汇报后，与他共同讨论了一个多小时，帮他进一步理清了学术思路，最后他建议赵广涛撰写一篇论文。在王德滋的指导下，赵广涛在一周内执笔完成了《中国东部晚中生代 A 型花岗岩的构造制约》的论文写作，经王德滋亲自审定后，联名发表在《高校地质学报》1995 年第二期上，引起了国内学术界的关注。

1997 年 6 月，赵广涛在青岛海洋大学顺利通过博士论文答辩，因为他是在职攻读博士，王德滋十分关心他未来在海洋大学的发展，叮嘱他一方面要在博士论文基础上继续深化相关研究，另一方面应结合海洋大学学科发展定位，勇于开拓海洋地质研究新领域。赵广涛指出：“时至今日回想起来，当初王老师对我的指点是多么细致周到，而且又是多么关键和重要，这决定了我未来人生和事业的走向。”①

核工业北京地质研究院童航寿研究员 1955 年毕业于南京大学地质系，毕业后，他被推荐至俄语学院留苏预备部学习一年。1956 年 11 月进入莫斯科有色金属及黄金学院攻读副博士学位研究生。在留苏期间，王德滋仍与他保持着密切联系，互通信息，王德滋在信中总是鼓励他要好好学习，注意身体，希望他学成回国后回母校、母系工作。1960 年，童航寿因病回国，后因中苏关系破裂，他被分配至核工业部北京第三研究所（现为核工业部北京地质研究院）工作。因保密工作需要，这段时间他们之间并未进行联系。1962 年，童航寿被派往南京大学参加以徐克勤教授为首的华南花岗岩研究课题。在此期间，他去拜访了王德滋，师生两人促膝谈心、感慨

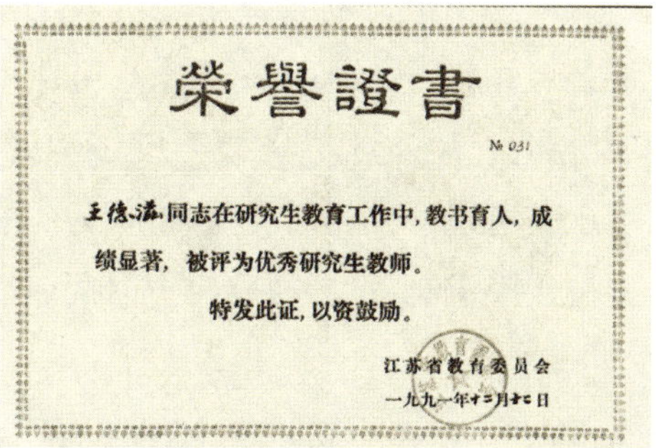
榮譽證書

№ 031

王德滋同志在研究生教育工作中，教书育人，成绩显著，被评为优秀研究生教师。

特发此证，以资鼓励。

江苏省教育委员会

一九九一年十二月十二日

图 9-8　王德滋被江苏省教育委员会授予“优秀研究生教师”称号（1991 年 12 月。资料来源：王德滋）

图 9-9　在安徽省歙县伏川进行野外教学与讨论（1988 年。左起：马军、徐夕生、王德滋、祁岖。资料来源：王德滋《往事杂忆》）

① 赵广涛：山高水长，师恩难忘。2015 年，未刊稿。资料存于采集工程数据库。

万千。此后，无论在工作上还是生活上，无论在工作一线还是退休之后，他们始终保持着紧密的联系。童航寿不无感慨地说："我与恩师开始相识迄今已有六十余年，建立了深厚的师生情、同志情的关系。从 1953 年介绍我入党，1956 年出国留苏攻读副博士学位，1960 年回国分配在核工业部从事铀矿地质科研工作的漫长历程中，我们始终保持着紧密联系，他是我毕生中情谊最深的良师。一桩桩、一件件美好往事像泉水般地涌现出来。"①

几十年来，王德滋一直注重教书育人、诲人不倦，不仅自己以身作则、亲身示范，而且，带动、鼓励其他教师、同事重视教学，关爱学生，将育人作为自身的第一要务，同时，提倡严谨、求实、创新的学风。1991 年 12 月，他被江苏省教委授予"优秀研究生教师"荣誉证书，同时，被南京大学授予首届研究生导师教书育人奖。2005 年中共江苏省委教育工作委员会授予他"优秀共产党员标兵"荣誉称号。

同事们的良师益友

王德滋曾任《南京大学学报》主编，在工作中与吴劲薇教授接触较多，她在一篇回忆录中描绘了王德滋的为人和品德："在王老师身上，可以看到他爱才，看到长者风度。和他在一起有种踏实感，无论学生、同事、朋友遇到难题找他，总能从他那儿得到开解。他思路清晰，记忆力极好。他从不大声说话，更不会着急光火，总是轻声慢语，耐心从容。他是有涵养的，可又是有原则、持重严谨、有威严的。王老师差不多就是一部活的历史，他在中大读了三年、在南大读了一年后毕业留校，是学校历史变迁的见证者，听他娓娓道出南大的前世今生，既是励志教育，更是精神享受，他超人的记忆里饱含着对南大的人、情、事、物的深深的爱。"② 吴劲薇的这段话清楚表述了王德滋的人格魅力，他爱人以德，是所有与他接触

① 童航寿：怀念恩师六十载。2015 年，未刊稿。资料存于采集工程数据库。

② 吴劲薇：我所认识的王德滋老师。2015 年，未刊稿。资料存于采集工程数据库。

过的教师、同事心目中的良师益友。

孙岩教授 1959 年毕业于南大地质系，并留校任教。孙岩从青年、中年、老年三个时期回顾了王德滋和他之间“良师益友”的关系。[①] 孙岩说：“我感到在学习上、工作上，特别是科研上，我的几个关键阶段都是王老师引路、教育、帮助的，受益非常大。”孙岩刚毕业时，得了神经衰弱，头疼，睡不好觉。那时，王德滋是系里的负责人，想派孙岩去北京地质力学研究所进修一年，这本是个很好的学习机会，而孙岩却下不了决心，王德滋对他不厌其烦地进行鼓励，最后终于说动他前去北京进修。回想此事时，孙岩说：“如果没有王老师的说服，这个学习机会就失去了，那我真要后悔一辈子。而且我之所以能在地质研究领域做出一点成绩来，确实是听了李四光先生的讲课受到启发和教导而开始起步的。”孙岩比王德滋小十岁，在科研上勇于创新。他从事构造地球化学研究，卓有建树。近年来又开展纳米地质研究，还主持过一次香山会议[②]，都得到王德滋的热情支持。

王鹤年系南大地球科学与工程学院地球化学教授，1956 年毕业于北京地质学院，毕业后师从徐克勤先生攻读研究生。王鹤年一直致力于太湖成因研究，并提出了“陨石冲击”的新观点，王德滋一直热情支持。从上世纪八十年代起，王德滋先后三次赴太湖考察调研，甚至在八十七岁高龄的

---

① 孙岩访谈录，2014 年 7 月 1 日，南京。资料存于采集工程数据库。

② 香山科学会议是由国家科技部（原国家科委）发起，在科技部和中国科学院的共同支持下于 1993 年正式创办，相继得到国家自然科学基金委员会、中国科学院学部、中国工程院、教育部、解放军总装备部、原国防科学技术工业委员会、中国科学技术协会、国家卫生和计划生育委员会与农业部等部门的资助与支持。香山科学会议的宗旨是：创造宽松学术交流环境，弘扬学术民主风气，面向科学前沿，面向未来，促进学科交叉与融合，推进整体综合性研究，启迪创新思维，促进知识创新。香山科学会议实行执行主席负责制，以评述报告、专题报告和深入的自由讨论为基本方式，报告时间与讨论时间的比例大体为 1∶1 和 1∶2。要求报告人以过去的研究积累为基础，涵盖最新信息，把握最新动向，发表新的见解。同时，鼓励对原有理论提出质疑，提倡发表不同意见，并提出有独创性的思考与见解。香山科学会议每年分两次公布全年的会议安排，每年 1 月 1 日发布上半年的会议安排计划，7 月 1 日发布下半年会议安排计划。申请者可以集体或个人的名义自由申请召开香山科学会议。申请的会议主题经过同行专家评议后，由理事会最后审定。会议主题确立后，该主题的申请人、执行主席与香山科学会议的学术秘书共同磋商，确定会议召开的日期、中心议题、评述报告、专题发言与人员安排。

时候，仍然亲赴太湖进行实地考察、察看标本，同时，与王鹤年等一起开座谈会，并帮助他们进行分析。王鹤年谈及此事时指出：“在这个项目里，王德滋院士起了很重要的顾问作用，他为这个项目曾‘三赴太湖’，他去了以后对大家的鼓舞还是蛮大的。”①

王德滋善于化解矛盾，但又不是无原则的“和事佬”。舒良树教授是“普通地质学”课程的任课教师，深受历届学生的爱戴，这门课被评为南大的精品课程。精品课程必须有精品教材与之配套。舒良树回忆了这本教材得以出版的曲折历程。

1943 年孙鼐教授编著了一本《普通地质学》教材，由商务印书馆出版。这是南大地质系第一本《普通地质学》教材。1985 年夏邦栋教授主编出版了《普通地质学》教材，由于采取了配套的课程建设，1989 年获得了教育部颁发的教学特等奖。1995 年该书出了第二版，仍由夏邦栋任主编。从 1995 年至 2011 年，近二十年过去了，夏邦栋教授打算出第三版，并已着手进行。此时产生了任课教师与老教师之间的矛盾，一度出现同一教研室要出两本《普通地质学》教材的不正常现象。正当矛盾趋于尖锐化时，王德滋和负责教学工作的副院长胡文瑄出面做协调工作，通过深入细致的思想工作，两个积极性终于融合为一个积极性，大家心情都很愉快。新编的《普通地质学》教材由舒良树教授任主编，本想请夏邦栋任名誉主编，他发扬风格，坚辞不就。该书于 2011 年出版，四年内已印了九次，七万册，被全国四十多个地质院校所采用。回想这段过程，舒良树认为“王德滋老师善于化解矛盾，功不可没。”②

王德滋一直热心助人，常常解人之困。林天瑞是南大地球科学与工程学院古生物学教授，在工作中碰到一些困难，向王德滋寻求帮助，他立即伸出援助之手，据林天瑞回忆，1957 年 7 月他和罗宝仪在山东临朐县山旺盆地采集第三纪生物化石标本时，发现该区玄武质熔岩喷发，而且不止一次喷出，他就在硅藻土层上、下的玄武岩层各采集了若干块标本。回校后，他请王德滋协助做镜下鉴定。尽管当时王德滋很忙碌，但还是毫不犹

① 王鹤年访谈录，2014 年 11 月 10 日，南京。资料存于采集工程数据库。

② 舒良树访谈录，2014 年 7 月 5 日，南京。资料存于采集工程数据库。

豫地接下来，并非常认真而及时地帮林天瑞做了鉴定，还亲自为他写了鉴定报告，并说明该地区发现橄榄玄武岩的重要意义，使林天瑞获益匪浅。该报告为林天瑞对该地玄武岩时代和划分的认识，提供了可靠的岩石学依据。他至今仍保存着王德滋写的那份鉴定报告。① 林天瑞退休后，王德滋一直与他保持紧密的联系，鼓励、支持他整理、出版自己的研究成果，并为其著作撰写序言。

还有一件令人十分感动的事，证明王德滋“爱人以德”。南京大学校医院有一位姓夏的女医生患了脑瘤。这位夏医生专门负责院士保健工作，王德滋是她的服务对象之一。王德滋得知夏医生患病的消息后，心里放不下，他在王淑君的陪同下前往夏医生家里探望。王德滋说：“平时都是她给我们服务，现在她病了，我一定要去看她”。他把自己都不舍得吃的一盒“冬虫夏草”送给夏医生，这位女医生感动地说：“王德滋院士对谁都好，是位君子。”②

提出“四个平衡”的办学理念

研究型大学作为高等教育体系的重要组成部分，既是一个国家人才培养水平的集中体现，同时，也是一个国家科研创新水平的象征和体现，研究型大学办学质量的高低不仅关系整个高等教育的健康发展与进步，而且，关系着整个国家、民族的健康发展与命运。因此，如何进行研究型大学的发展与建设，如何创建世界一流大学一直是很多教育工作者关心、关注并为之不懈奋斗的焦点和问题之所在。王德滋作为一名资深的、经验丰富的研究型大学教育管理者，也一直在思索研究型大学的办学问题，并形成了自己的一套办学思想和理念。在王德滋看来，研究型大学的首要任务是育人，在新形势下要特别注意处理好“教学与科研”、“通识教育与专业

① 林天瑞：回忆王老师帮助我的二三事。2015 年，未刊稿。资料存于采集工程数据库。

② 王淑君访谈录，2014 年 11 月 3 日，南京。资料存于采集工程数据库。

教育”、“本科生培养与研究生培养”和“基础学科与应用学科”四个平衡。王德滋在2014年接受《中国大学教学》杂志记者周杨专访时，曾对这“四个平衡”进行了较为深入的阐述：①

其一，教学与科研平衡。在论及教学与科研的关系时，王德滋指出，当前，国内一些高校在处理教学与科研的关系上确实存在不少问题，不同程度地出现了“重科研、轻教学”的现象。要想处理好教学与科研的关系，首先需要弄清楚研究型大学的办学理念。吴有训是我国最早提出研究型大学办学理念的教育家之一。他曾鲜明地提出：要“以高水平的科学研究支撑高质量的高等教育”。在吴有训看来，研究型大学有两个标志：一是大学的科学研究要达到国际水平；二是大学的科研应与教学紧密结合。王德滋认为，吴有训的办学思想、理念，至今仍不过时。若以1994年美国卡内基教学促进基金会的标准衡量，我国现有的“985工程”高校和部分“211工程”高校都属于研究型大学。在王德滋看来，培养人才和开展科研是研究型大学的两项基本任务，二者的关系应该是相辅相成、高度协调的。如果研究型大学抓了科研而丢了教学，就失去了办学的意义。因为，无论是哪一类大学，培养人都是其首要任务，研究型大学也不例外。

王德滋认为，从目前各高校对教师的考核指标体系来看，科研质量是硬指标，容易量化，有可比性，而教学质量是软指标，不易量化。科研评价体系和教师考核指标的偏差，导致了教学与科研的“失衡”。他认为，高校管理部门应该从改革教师考核指标抓起，增加教学工作在教师考核指标中的比重。同时，教学工作应当尽可能量化，使之也成为“硬指标”。要明确规定教授、优秀教师必须上讲台，必须到教学第一线，要发挥“名师效应”。所谓“名师”，应具备三个条件：一是对学生有爱心、责任心；二是学术上有成就；三是教学上有建树。应确定教师必须承担的最低教学工作量；明确要求教师上课做到教学大纲、教材、教学参考书、实验教学指导书等教学文件齐全；明确提出教学质量的具体要求，等等。对教学要求明确了、具体化了，对教学的考核和要求也可以“硬”起来。同时，教

① 周杨：研究型大学要兼顾“四个平衡”——访南京大学王德滋院士。《中国大学教学》，2014年第6期，第23-28页。

育行政部门的政策导向十分重要，王德滋认为，尽管冰冻三尺非一日之寒，但只要指挥棒的指向正确，政策措施不断强化和落实，相信教学与科研关系的失衡状态将得以改变。

王德滋指出，多年来，我国高校科研上的压力有增无减，这与各式各样的大学排行榜关系密切。社会舆论过于关注大学排行榜，给大学校长带来了很大的压力。许多大学排行榜实际上是科研的排行榜，其指标体系严重忽视了大学的教学质量和水平。而且，在王德滋看来，即便是科研考核，也不能只看 SCI 论文数量，不看质量，不考虑科研成果对社会发展所做的贡献。单纯依靠排行榜，片面考量科研，既是不自信的表现，也不利于学科建设和发展。他还对此进行了举例说明。1947 年，南京大学地质系（原中央大学地质系）徐克勤教授以其矿床学的渊博学识，最早在湖南南部发现了我国第一个矽卡岩型白钨矿床，后经地质勘探证实，这是一个特大型白钨矿床。之后，他分析了该矿的成矿过程和分布规律，在国内《地质学报》上发表了一篇论文，开创了我国钨矿研究的新局面，由此在华南发现了一大批白钨矿床，使得我国黑钨加白钨储量位居世界首位。这项成果若以现在的评价体系进行考核，无论从国内期刊的影响力，还是论文的数量上，都不占优势，但却实实在在地服务国家的需求，引领学术的发展和学科的建设，其理论价值与实际意义无可估量。

在谈到青年教师应该如何处理教学与科研的关系时，王德滋指出，从现在很多高校的实际情况来看，在“重科研轻教学”政策导向下，青年教师要想在学校立住脚，首先必须过“科研坎”。对此，他曾做过一些专门的调研，调研结果显示，现在多数教师对待教学与科研的态度大体是“三七开”，即把 70% 左右的精力用在科研上，只把 30% 左右的精力用于教学工作，不少教师认为教学工作过得去就行了。过去一些行之有效的教学环节被忽略了。比如，王德滋认为一些重要的基础课，应当由老中青教师组成教学团队来完成，而不是包课到人，现在教师都忙于搞科研，在教学上缺乏相互交流与合作。教师往往讲完课就完事，师生之间很少互动。韩愈曾言：“弟子不必不如师”。师生互动其实也是教学相长的过程。在美国，大学教师在课堂教学中非常注重课堂讨论，启发学生的思维，引导学生做研究，这一点值得我们借鉴。

其二，通识教育与专业教育平衡。在论及通识教育与专业教育的关系时，王德滋认为研究型大学，应该着眼于培养“高素质、宽基础和具有创新潜力”的人才，应该做到“通识教育与专业教育的平衡”。他指出，在南京大学的本科教学改革中，陈骏校长倡导实施“三三制”的人才培养模式，将本科生培养分为三个阶段：第一阶段进行通识教育，第二阶段进行专业教育，第三阶段为学生面向读研、出国、就业而实施多元化培养。改革已经历了四年一轮的全过程，取得了显著成效，同时学校也在总结经验，不断地修正和完善。在他看来，通识教育实质上是一种素质教育和基础教育，由于专业性质的差异，通识教育与专业教育的关系，应该寻求合理的“平衡点”，不应“一刀切”。王德滋曾对国外的大学教育做过一些调研，他研究了美国代顿大学（University of Dayton）（一所以工科为特色的研究型大学）2013 年四个不同类型专业的教学计划，发现他们的应用型专业的专业课比重大于基础型专业，这在美国大学中具有一定的代表性，对于我国大学的本科教育具有借鉴意义。他还做了代顿大学地质学专业与南京大学地质学专业的学分分布对比，发现美国大学的地质学专业，比较注意专业课的分量，而南京大学地质学专业课学分比例只占 30%，他认为专业课比例相对较低，必须对教学计划进行必要的调整，才能保证人才培养的质量。王德滋认为，在选修课方面，国内一些研究型大学仿照美国大学的教学模式，一般都开设了数百门甚至上千门课程，数量固然重要，但更为重要的是教学的质量和设课的目的。一方面，应在实施过程中不断地“筛选”，力求完善；另一方面，在学生选修课程时，院系和教师应加强指导，应使选修课程的开设为复合型人才的培养服务，避免由于学生选课的盲目性和随意性带来的浪费。比如人才市场需要既懂地质知识又懂矿业经济的人才，那么教师就应该指导地质专业学生选修经济类相关的课程，从而提高学生的专业素质和就业的竞争力。

其三，本科生培养与研究生培养平衡。在论及本科生和研究生培养的平衡方面，王德滋指出，在研究型大学里，研究生是开展科研的主要生力军，研究生工作是人才培养和科学研究的结合点。而优质的研究生来自优质的本科生。应该采取有效措施使越来越多的本科生通过免试推荐或考试进入研究生学习阶段，让本科生培养与研究生培养衔接起来，“读研率”应成为衡量研究型大学办学水平的重要指标之一。最近中科院所属的 5 个有关地质和地球化学领域的研究所与南京大学地球科学学院签订了合作协议书，协议规定研究所的研究人员可以在本科阶段的后期介入人才培养工作，例如为学生开设专题课，指导毕业论文，或实施本硕连读等。最近成立的中国科学院大学，主要招收本科生，这同样说明研究生生源的重要性，培养精英人才要从源头抓起，培养环节上的衔接是必由之路。此外，王德滋认为，研究型大学还应加强与国际知名大学之间的合作与交流，签订联合培养博士生协议，以提高我国研究生培养的质量和水平。

其四，基础学科与应用学科平衡。关于基础学科与应用学科的平衡问题，王德滋曾引用著名物理学家吴健雄教授 1988 年回母校南京大学访问时对学科建设提出的精辟见解：“基础科学是发展应用科学之本，正如鱼和水的关系，没有水就没有鱼，希望南京大学继续为基础科学树本，为未来应用科学推进”。在论及南京大学近年来的发展策略时，王德滋指出，二十一世纪以来，为了适应国家经济建设与科技发展的需要，南京大学适时地提出了“规模适度，内涵发展”的办学方针，这是根据自身校情确定的正确的办学方针。在学校发展的战略选择上，南京大学至今未合并一所学校，而是依托学校基础学科的优势，走内涵发展的道路，通过校内学科交叉和理工结合的方式发展新兴应用学科，并已在新材料、新能源、电子信息、软件工程、生物技术、水资源和环境保护等七个应用与现代工程学科领域取得了较大进展。学科建设的发展离不开人才。为了促进新兴、应用学科的发展，南京大学从国内外大力引进领军人才，引进一个，带进一批，其中还引进了诺贝尔化学奖得主担任化学与生物医药科学研究所的所长。同时，他认为，应用学科的发展，还应加强与校外有关院所的合作，实行优势互补，联合办学。王德滋指出，“十二五”期间，国家正分批建立若干个“协同创新中心”，这是以国家目标为导向、以高校为核心、联合国内相关部门所形成的大型联合体，其建立和运作，对大学的进一步发展必将起到有力的推动作用。例如，由南京大学主持，外交部、国家海洋局、海南省等相关部门参与的“南海研究协同创新中心”即为教育部批准建立的首批“协同创新中心”之一。

王德滋认为，大学是育人的地方，培养人才是最根本的任务，是第一位的。处理教学与科研、通识教育与专业教育、本科生与研究生培养、基础学科与应用学科的关系，都必须围绕育人这个中心；处理不好这四对关系，就会直接影响到“培养什么样的人，怎么培养人”的问题。

前去采访王德滋的周杨在撰写的报道正文后面附了一则手记，谈了自己对王德滋的印象和对此次采访的感受，现抄录如下：

米寿之年的王院士身体十分硬朗，思路清晰且健谈，略带苏北乡音的话语抑扬顿挫。

作为岩石学家，他有卓越的学术成就，有着“山石磊落自成岩”的风骨，更有着朴实而严谨的学风。我们采访前，一张南京大学的便笺已放在茶几上，表格中的字迹工整而清晰，南京大学与代顿大学地质学的学分数一目了然。一丝不苟是他多年来在科研工作中形成的习惯。话语间，王院士不止一次提到“登山必到峰顶，移动必须步行”，这是他引以为傲的同乡、中国地质学界的先驱丁文江先生的名言，也是他见贤思齐的写照。

王院士语重心长强调的“四个平衡”都和育人密切相关，实质上是从四个方面论述了研究型大学要“培养什么样的人，怎么培养人”的问题。这不仅体现了这位对南京大学有着六十多年深厚感情的老院士对研究型大学发展的理解与思考，更应当说是这位科研、教学并重的资深教育管理者积极推动高等教育发展进程的鼓与呼。

和王院士聊天是愉快的。他待人以诚，话语间始终透着谦和与温暖，透着对后辈的扶持与对学子的关爱。从修订教材的“手把手”到共做课题的传帮带，到网上公开课的理念传播，具体而微却技经肯綮，润物无声。他朴直的话语中透着深刻，观点执时代精神，心系教学工作与人才培养。“四个平衡”切中要害，话虽平实却入木三分，掷地有声。

和我们同去采访的，还有南京大学“老科学家学术成长资料采集工程”小组的同学们。他们正在通过口述访谈、实物采集等方式深入地了解像王院士这样的科学家的成就、贡献、经历和品格。王院士受业于徐克勤等著名学者，作为南京大学悠久历史的亲历者、书写者，传承大家风范，又身体力行，将南京大学“诚”与“朴”的治学特色薪火相传。

桑榆未晚，为霞满天，蔼然长者如王先生，德润桃李，滋养兰蕙。①

---

① 周杨：研究型大学要兼顾“四个平衡”——访南京大学王德滋院士。《中国大学教学》，2014年第6期，第23–28页。

第十章
以知识回报社会

1946年，十九岁的王德滋从泰兴来到南京中央大学读书，1950年大学毕业后又留校任教。在南京整整七十年的岁月使得他对南京的感情愈发深厚。王德滋曾说："我对南京情感很深，南京是我的第二故乡，我对南京的一草一木都很有感情。"欧阳修《醉翁亭记》的第一句"环滁皆山也"，短短五个字便把滁州的自然风貌说得很清楚，而在王德滋看来，这句话用在南京更加贴切，即"环宁皆山也"。南京的景色可谓山清水秀。由于王德滋本身从事地质工作，对山具有特别的感情，因此，对于多山的南京更加热爱和珍视。①

1982年，南京大学老校长郭影秋在南京大学校庆八十周年之际，撰写了一副长联，上联写旧时金陵，下联写今日南京：

苍莽石头，长虹横贯；浪淘尽三国风流、六朝金粉、二陵烟月，半壁旌旗。况虎踞春残，寂寞明封余故垒；龙蟠叶老，萧条洪殿锁斜阳。初解放时，只剩得蒋山青青，秦淮冷冷。

东南学府，赤骥飞驰；名奕留两江情采、四壁弦歌、八十年华、

① 王德滋访谈录（七）——情系南京，2014年12月30日，南京。资料存于采集工程数据库。

千秋事业。欣栖霞日暖，郁茫天堑变通途；浦口潮新，百万雄师传夜渡。本世纪末，定赢来人才济济，科教芃芃。[①]

对于此联王德滋十分推崇，如今，离郭老题写此联已经过去三十余年，在这三十余年的时间里，南京发生了翻天覆地的深刻变化。而在这些变化之中也凝聚着王德滋这些在宁知识分子们的辛勤付出与无私奉献，同时，也彰显出他们对这片土地的热爱、关心与呵护。

作为一名大学教师和院士，王德滋十分重视为社会服务，以知识回报社会。中科院南京分院朱小卫在谈到王德滋时曾如此评价："王德滋先生是著名的岩石学家，他不仅在花岗岩、火山岩研究方面有很深的造诣，而且在地学的其他领域，例如资源、环境方面也有所了解，他的知识面很宽。"朱小卫认为王德滋"考虑个人、家庭比较少，而是更关心国家、社会，关心事业的发展，譬如关心南大的发展，地质学科的发展，更加关心青年人的培养。"王德滋认为院士应重视为社会服务，以知识回报社会。朱小卫将王德滋在社会服务方面的作用概括为十六个字："前瞻精准，勇于跨越，不拘形式，更重实效"，其决策咨询达到了预见性（前瞻）、科学性（精准）、针对性（关键）和可操作性（可行）的要求。在一次院士大会结束后，朱小卫与王德滋同乘飞机返回南京，他们的座位紧挨在一起，一路上他们讨论了如何发挥院士对地方经济、社会发展以及人才培养等方面的咨询作用，认为问题的关键是要找准切入点。在朱小卫看来，王德滋长期在南京大学工作担任教学科研任务，长期"双肩挑"，担任过教务长和副校长，阅历很深，他做每一件事都经过深思熟虑，像王德滋这样的大师，不仅给他们指明了方向，而且每一件事都落实得很好。[②]

其实，早在 1949 年 8 月，刚刚留校任教的时候，王德滋便已开始利用自己的知识服务社会。那时，王德滋被临时抽调参加农村工作队，时间为一个月，这次抽调的人员一般都是党员和团员。具体任务是在南京郊

① 王德滋：《往事杂忆》。南京：南京大学出版社，2012 年，第 117 页。

② 朱小卫访谈录，2014 年 11 月 14 日，南京。资料存于采集工程数据库。

区（主要是花神庙和上新河一带）核实田亩，结合进行征粮工作。这一个月对他来说受益匪浅，他开始懂得农村有阶级问题。“文化大革命”后期，由于生产单位知识比较贫乏，因此，王德滋经常带着系里的老师到外面讲学。根据赵懿英教授回忆，“文革”后期，王德滋带他们去江西宜春讲课，他们分头准备讲课内容。当时，听讲的人很多，因为大家感到那几年学习被耽误了，所以求知欲特别旺盛，渴望学到一些新东西。这两年他们常在外面讲学，还带了两届解放军学生。①

王德滋编著的《光性矿物学》一书，不仅用作教材，在地质生产单位也大量使用，周金城教授曾言，每个搞地质的人都要认识岩石，而王德滋的《光性矿物学》在基层地质队利用偏光显微鉴定岩石矿物的工作人员中几乎人手一册。其他一般地质人员、跑野外填图的地质工作者也都知道王德滋。“在高等院校，科学院的研究所更不用说，没有不认识王德滋的。”由此可见，王德滋在国内地质界的影响和地位。②

进入二十一世纪，王德滋退居二线后，虽然在教学及学术方面的工作相对减少了，但在社会方面的工作却有增无减，尤其是近年以来，更是做了大量的社会公益性工作，以知识回报社会、服务社会。

参加沿江考察

2002 年 11 月 6 日，王德滋应中国科学院广州地球化学研究所的邀请去该所进行为期一周的学术访问。因为中山大学也在广州，他便于 11 月 12 日顺访了中山大学地质系，与校友李兆麟夫妇和孙晓明亲切交流，他们陪王德滋参观了中山大学校园，晚宴后又陪王德滋夫妇去中山大学北门广场欣赏了珠江夜景。他们漫步在江边大道，只见珠江两岸灯火通明，一座座大桥横跨江上，桥上也是灯火辉煌，犹如彩虹一般。江面上游轮一艘接

① 赵懿英访谈录，2014 年 10 月 31 日，南京。资料存于采集工程数据库。

② 周金城访谈录，2014 年 11 月 29 日，南京。资料存于采集工程数据库。

图 10-1　王德滋在滨江考察（2003 年 9 月。左三为王德滋，左四为朱大奎，左五为朱小卫。资料来源：王德滋）

一艘，“珠江夜游”给王德滋留下了十分深刻的印象。此时，他忽然想起了南京的长江，这条贯穿全城的黄金水道却是冷冷清清，“城不见江，江不见城”，与珠江两岸形成了强烈对比。回到南京，王德滋便将广州之行的观感给时任南京市长罗志军同志写了一封信，建议开发“南京滨江经济风光带”，罗市长很快回复了一封信，对他的建议给予了肯定和支持。[①]为了落实院士提出的建议，中科院南京分院院士联络处朱小卫主任便与市委组织部联系打算组织院士进行一次沿江考察，原定在 2003 年春季进行，后因受“非典”[②]的影响，推迟到 9 月份进行。这次考察分为两个阶段：第一个阶段是综合考察，共有二十多位院士集体参加，考察了浦口、六合、栖霞、下关、建邺五个区的长江岸线；第二阶段为专题考察，分三个组进行。王

① 王德滋:《往事杂忆》。南京：南京大学出版社，2012 年，第 118 页。

② 传染性非典型肺炎，又称严重急性呼吸综合征（Severe Acute Respiratory Syndromes），简称 SARS，是一种因感染 SARS 相关冠状病毒而导致的以发热、干咳、胸闷为主要症状，严重者出现快速进展的呼吸系统衰竭，是一种新的呼吸道传染病，极强的传染性与病情的快速进展是此病的主要特点。

德滋担任资源环境组组长，主要从资源环境的角度考察开发滨江风光带。[①]为了专题考察的需要，市政府专门给他们配了一艘轮船，10 月 25 日，他们乘船由下关码头至新生圩港，考察江岸情况，发现长江沿岸凌乱不堪，大片的棚户区，还有大量的黄沙堆积，堆得乱七八糟。沿江分布的幕府山因为开采白云石矿，满目疮痍，当时正在进行生态修复。此时，王德滋更加感到他的建议非常及时，如果不开发滨江风光带，环境破坏可能更加严重。[②] 随行的青年教师和研究生沿途采集水样供回校分析之用。嗣后他们又乘车去龙潭港考察，结束此行。[③]

2004 年 1 月南京市委书记、市长听取了院士们的考察汇报，王德滋代表资源环境组汇报了考察结果，认为开发南京滨江风光带有非常美好的前景，建议市里组织一个班子搞一个整体发展规划，克服区与区之间互不通气的状况。这一建议被政府所接受，催生了后来的南京沿江风光带的建设。

“浦口”生态考察

现代经济社会的不断发展以及城市化进程的不断加快，使得城市自身的发展、建设问题日显突出。南京作为江苏省的省会和著名的文化、历史名城，在改革开放后亦获得了飞速的发展和进步。但随着城市人口的不断增加以及交通日益阻塞，南京自身的发展空间不断被压缩，尤其是江北地区的发展受到了很大的影响和制约。在这样的背景下，南京市委市政府一直期望进一步加强对江北地区的开发、建设，因此，从宏观的角度来看，南京市提出跨江发展战略是完全正确的。2005 年 7 月，当时南京大学的主校区尚在浦口，王德滋与朱小卫、钱国兴、孙冶东、陈喆等组成一个调研

① 朱小卫访谈录，2014 年 11 月 14 日，南京。资料存于采集工程数据库。

② 王德滋访谈录（七）——情系南京，2014 年 12 月 30，南京。资料存于采集工程数据库。

③ 王德滋：《往事杂忆》。南京：南京大学出版社，2012 年，第 120 页。

小组，在南京市委组织部人才处的支持与安排下来到浦口区进行考察调研。浦口区委、区政府非常重视，对他们的这次考察寄予了很大的希望，区委书记、区长亲自陪同参观并介绍情况，他们说浦口具有后发优势，好像在一张白纸上可以画最美最好的图画。在浦口区，老山森林公园的覆盖面积约三百平方公里，是紫金山森林公园的 2.5 倍。另外，浦口地区泉水很多，既有温泉也有冷泉，像汤泉就是温泉，珍珠泉、琥珀泉是冷泉，特别是珍珠泉，景色优美，珍珠泉管委会工作人员很有信心地说："我们未来一定会超过紫金山、中山陵，珍珠泉有山有水，是一个前景非常美好的旅游胜地。"他们还开辟了一个佛手湖，此湖景色极美。他们前后三次赴浦口考察，最后由王德滋执笔撰写了一篇调查报告《建设人与自然和谐的新浦口》，刊登在南京市委的"内参"上。在这份报告上，他们建议将浦口建设成为南京市的生态示范区。①

图 10-2　王德滋考察南京老山国家森林公园（2003 年 9 月。资料来源：王德滋《往事杂忆》）

保护地质遗迹

地质公园分为三级：世界地质公园、国家地质公园和省级地质公园。中国的地质公园在全世界占有很重要的地位，大约有一百多个国家地质公园，但是江苏只有两个国家地质公园，一个是苏州的西山国家地质公园，另一个为六合的国家地质公园。建设地质公园是为了保护地质遗迹和向世

① 王德滋访谈录（七）——情系南京，2014 年 12 月 30 日，南京。资料存于采集工程数据库。

人宣传科学知识。地质遗迹是一种自然遗产，像典型的地层剖面、各种各样的标准化石，还有典型的地质构造等都属于地质遗迹。但是人们对保护地质遗迹的重要性缺乏认识，地质遗迹一旦被破坏掉，就永难恢复。例如幕府山的白云石矿产资源非常丰富，它的成分是碳酸钙镁，可以用于炼钢。南京对白云石矿开发多年，已经把幕府山的山体挖掉三分之一。后来南京市委、市政府认为幕府山是南京的一块宝地，坚决停产白云石矿，并对幕府山体进行生态修复。现在幕府山修复工作已初见成效，整个幕府山的开采面都已经恢复植被，上面都种了树，一些裸岩上面也都进行了绿化，幕府山的整体环境得到了很大的改善，这不仅对幕府山自身，而且，对幕府山周围的环境，包括长江周边的环境等，都有了很大的提升和改善。同时，沿江破旧的棚户、小码头、废旧设施等也已经被全部拆除，如今的滨江风光带已初具规模，建成了美丽的景观带。

再如，汤山一带也有颇具规模的地质遗迹。从汤山的基本情况来看，其地质特点也很典型，但其地质遗迹毁坏得十分严重，如距今三亿多年、质地很纯的石灰岩开采殆尽。汤山到处都是采石场，可以说是满目疮痍，每每看到这些景象都令王德滋心疼不已，因为，这些石灰岩一旦被采尽，将不复存在。汤山地区有一个葫芦洞，里面发现了两枚南京猿人和智人的头盖骨化石，一男一女，一号头盖骨为女性，二号头盖骨为男性。一号头盖骨经过古人类学家研究，认为是距今 62—58 万年前的“直立人”，而二号头盖骨，经研究属于距今 25 万年前的“智人”。在同一个洞里发现一男一女两个头盖骨化石，而且属于不同的演化阶段，这在世界上亦属罕见。此外，还有一个溶洞名叫驼子洞，这个洞较葫芦洞更大一些，但

图 10-3　在汤山观察地层剖面（2007 年。左：钱清、中：王德滋、右：周晓丹。资料来源：王德滋《往事杂忆》）

由于开采石灰岩，惨遭破坏，非常可惜。为了保护这些地质遗迹，王德滋联合了在宁的八位地学院士，向江苏省委、省政府提出一个建议，建议包含三点内容：其一，对开山采山要严加控制，特别是地质公园、大学城、旅游景点、交通干线附近的采石场必须全部停掉，进行整顿；其二，对开山采石造成的破坏要进行生态修复；其三，有计划地在江苏建设一批地质公园，把地质遗迹保护起来。他们建议首先在汤山建设一个国家地质公园，把猿人和智人头盖骨保护好，对汤山温泉进行有效的开发。此报告由八位院士签名后于 2007 年 7 月 30 日递交给了江苏省委、省政府。江苏省领导高度重视院士们的建议，时任中共江苏省委书记李源潮同志亲自批示："八位院士的建议很好。现在到了江苏要痛下决心，在全省范围内保护青山、禁止采石的时候了。请国土资源部门提出方案"。2008 年 8 月，王德滋应邀参加了江苏省国土资源厅召开的有关制定《江苏省地质环境保护条例》的咨询会议，对于其初稿中提出的要建立"山体资源特殊保护区"和"地质遗迹保护区"，王德滋深表赞同和认可，他希望南京市率先做好这两个规划，在全省起到示范作用。2009 年南京市政府将汤山和方山组合起来向国土资源部申请建立汤山方山国家地质公园。接到报告以后，国土资源部组织专家来宁考察，同意"汤山方山地质公园"进入建设阶段。2011 年 7 月，王德滋与薛禹群、陈旭、陶奎元、孙涛等去现场视察，2014 年青奥会前已经正式建成，而且对国内外开放了，该地质公园仅地质博物馆就有两万四千平方米。①

2014 年王德滋在《扬子晚报》上看到了一则消息，说栖霞区要把栖霞山作为核心，圈出一块地（包括栖霞山、南象山、北象山在内，占地 19.8 平方千米），准备建一个大型的生态休闲旅游度假区，该区就在南京大学仙林校区旁边，王德滋也很关心。他看到在度假区的建设规划里讲了佛教文化、休闲娱乐，唯独没讲地质文化。王德滋认为地质也是一种文化，南京大学地质、地理学科的大学生经常到栖霞山去实习，它既是南京大学地质专业的实习基地，也是研究生态学的重要基地。栖霞山是国家森林公

① 王德滋访谈录（七）——情系南京，2014 年 12 月 30 日，南京。资料存于采集工程数据库；王德滋：《往事杂忆》。南京：南京大学出版社，2012 年，第 125 页。

园，山上有近两百种植物品种，很多是中草药资源。栖霞山既有地质遗迹，又有中草药资源，发展前景非常广阔。因此，他很担心休闲旅游度假区在进行旅游设施、人工景点等建设的过程中会破坏其中的地质遗迹。栖霞山有三个重要的地质遗迹：一是李四光在栖霞山建立了“栖霞组灰岩”（二叠纪）的立典之地，他把栖霞组灰岩从底部到顶部分成四个组，每个组里面有什么化石都做了很详细的研究，建立了栖霞组的地层单位，成为整个华南地区的“立典之地”。别的地方如果发现了这样的石灰岩，也可以叫作栖霞组，栖霞组的命名地点就在栖霞山。二是栖霞山旁边有一座山叫南象山，“南象运动”是一次很典型的地壳运动，该运动就是以南象山发现的典型地质遗迹命名的。栖霞灰岩是在海里形成的，而象山砂岩是在陆地上形成的。象山砂岩不整合地覆盖在栖霞灰岩上面，说明这次地壳运动把海里形成的栖霞灰岩抬了上来，陆地上形成的砂岩不整合地盖在石灰岩上面，这是典型的沧海变桑田，是大海变陆地的典型证据。这个证据不仅对南京地区极为重要，而且对整个中国大陆也很重要，因为这次地壳运动使华北板块和华南板块拼接成一个中国大陆，而这个证据就在栖霞山。所以后来王德滋又执笔写了个建议，希望不要忽视地质遗迹的保护。此外，栖霞山还有一个华东地区最大的铅锌矿。栖霞山具有如此重要的三个地质遗迹，但在规划中却被忽视了，而且相关部门因为考虑旅游需要，要求铅锌矿停止开采。王德滋认为如此做法十分不妥，他认为不能让国家的资源沉睡地下，而应对其进行充分利用，不能因为搞旅游而让铅锌矿停产。所以，他们建议将栖霞山建成一个国家地质公园，既要把地质遗迹保护好，也要继续采矿，但要建设成绿色矿山。此次一共有六位搞地质的在宁院士在建议书上签了名。三位是南京大学的院士，三位是南京地质古生物研究所的院士，南京市委、市政府很支持院士们的建议，要求栖霞区重视这件事。栖霞区随即组织了一个班子，准备把地质文化充实到他们原来的规划中。南京已有两个国家地质公园：六合国家地质公园和汤山方山国家地质公园。王德滋有一个“终极目标”，就是期望能将南京的三个地质公园（上面的两个国家级地质公园加上栖霞山地质公园）组合起来向联合国教科文组织申请建立南京的“世界地质公园”。[①]

结对培养人才

2010年，南京市委组织部为了充分发挥在宁院士的积极作用，加快培养南京市中青年拔尖人才，建立了院士和中青年拔尖人才“结对子”制度。王德滋被指定为第五批中青年拔尖人才、南京园林研究所副所长王军的结对培养指导老师。因为王军所学专业为园林专业，而王德滋是地质专家，所以从他们的专业角度来看，彼此之间存在一定的差异。因此，为了更好地培养王军，提高她的专业学术水平，王德滋特地在南京大学生命科学院聘请了生态学专家钦佩教授共同对她进行指导。王德滋为王军制定了三年的培养计划：即在她专长园林学的基础上，拓宽知识面，加强生态学理论和研究方法的学习，以期达到宽基础、高素质、创新型的培养要求。培养方式主要是课程学习和课题研究。为进一步弥补王军生态学知识相对匮乏的情况，王德滋让王军选修了钦佩教授开设的《生态工程学》课程，通过半年时间的学习，王军在生态学理论方面收获颇丰，自身的专业基础水平也有所提高。在科研方面，王德滋与钦佩给王军确定了题为“南京幕府山地质遗迹保护与生态修复研究”的课题。三年的培养过程就围绕这个总的培养目标有条不紊地进行。[②]

王德滋对南京的城市发展和建设非常关注，仅幕府山一处他曾前后进行了四次考察，年届八十的他每次都坚持登到山的最高处，进行实地考察。在这四次考察中，其中有两次是在与王军结对培养期间进行的（即第三次和第四次）。其中，第三次考察的时间为2008年10月10日，参加人员包括王德滋、钦佩、南京市园林局付局长以及王军等，此次考察主要是对幕府山山体植被恢复现状进行了考察。2009年4月24日进行了第四

① 王德滋访谈录（七）——情系南京，2014年12月30日，南京。资料存于采集工程数据库。

② 王军访谈录，2014年11月12日，南京。资料存于采集工程数据库。

图 10-4　考察调查幕燕风光带（2009 年。右四：王德滋、左一：钦佩、右二：施贵军，右三：朱小卫、右一：王军。资料来源：王德滋《往事杂忆》）

次考察，这次考察的内容主要包括幕府山修复后的整个滨江风光带，参加考察的人员有王德滋、钦佩、施贵军以及中科院南京分院院士联络处的朱小卫，南京市园林局领导和幕燕风景区领导陪同考察。他们在幕燕考察期间，不仅对幕府山的山体进行了考察，而且对整个幕燕风景区的山脉体系进行了考察，具体包括幕府山附近的燕子矶、三台洞、狮子山，直到绣球公园。2009 年 4 月 26 日，王德滋带领王军和施贵军等人又对整个幕府山脉进行了一次地质考察。王德滋一如既往地与大家一起到达现场，亲自讲解地质构造，俯身寻找化石，这对其他人来说是一个很大的鼓舞和激励。尽管各位专家的研究方向不尽一致，但是王德滋的这种人格魅力和严谨的治学态度与精神，却深深地影响、感染、感动着他们[①]。

2009 年 5 月 6 日，王军主持的课题组在南京大学几位本科生和研究生的协助之下，对幕府山整个生态系统的现状进行了实地现场取样和数据

① 王军访谈录，2014 年 11 月 12 日，南京。资料存于采集工程数据库。

收集，并对相关数据和样品进行了研究，最后完成了一篇《南京市幕府山群落物种多样性的初步研究》论文和一份《南京幕府山植物多样性与地质遗迹保护》研究报告，前者刊登在了《南京大学学报》（自然科学版）上。王军的论文主要是针对植物的研究，而研究报告则是对生态系统恢复和地质遗迹保护的综合研究，王军最后完成的研究报告将园林、生态和地质结合在一起，从学科交叉的角度对幕府山的生态修复和地质遗迹保护提出了切实可行的建议。

赤山湖位于句容西南部，处于南京“十里秦淮”上游，是秦淮水系两个发源地之一。而其所在地句容位于南京邻近，处于南京都市圈之内。因此，赤山湖无论对句容还是南京都具有十分重要的意义和影响。为了进一步加强对赤山湖的了解、认识、管理和保护，2008 年的 12 月 2 日，在王德滋的倡导下，由中科院、南京大学、江苏省国土资源厅联合组织进行了句容赤山湖的考察，南京大学王德滋、薛禹群、王汝成、施贵军、阮晓红、谢磊，江苏省国土资源厅副厅长刘聪、调研员王祝付，句容市长尹卫东，句容水利农机局、赤山湖管委会、句容市国土资源局等部门领导以及王军等一同参与了考察。在考察之前，王德滋便做了大量的准备工作，不仅收集了赤山湖地区的一些水文资料、地质资料，还整理了该地区原来的发展情况，以及南京大学当时对外秦淮河研究的一些资料。王军也对该区域的相关情况进行了前期准备和了解。所以到了现场以后，他们除了听现场人员的讲解以外，还到赤山湖附近的山体，包括湖区，进行了考察，听取了汇报。现场考察后，王德滋给王军提了一个要求，就是要求她将这次考察的成果写成一份考察报告。于是，王军便在王德滋的指导之下，根据几位老师提供的资料，结合他们现场了解的句容市对赤山湖今后发展的一些规划思路，完成了一篇考察报告。王德滋对这篇考察报告作了多次修改，随后，王军给句容市的市长写了一封信，附上这份研究报告，市长非常肯定，热情地回信致谢。[①] 现在，赤山湖湿地公园已基本建成，并向游人开放。

---

① 王军访谈录，2014 年 11 月 12 日，南京。资料存于采集工程数据库。

王军认为，通过与王德滋的结对培养，一方面增加了自身的知识积累，开阔了眼界和视野；另一方面，王德滋严谨、科学的治学态度和科研精神，也对她产生了深刻的影响。结对培养结束后，他们也始终保持着密切的联系。南京大学地科院搬迁至仙林校区后，王德滋曾请王军帮助他们设计地科院大楼中间的天井花园，王军也用园林学专长“回报”老师，精心设计，使天井花园顺利建成，园内既有各种观赏石，又有与之相映成趣的花草树木。这个花园被王德滋命名为“赏石园”，成为地科院师生休闲的好场所。中科院南京分院院士联络处的朱小卫曾经指出，王德滋“与王军结对是四十几对中进行得较好的一对”，“后来，王院士和王军分别在两个会议上做了典型发言。”① 王德滋深有体会地说：与王军结对属于“双向学习”，获得了“互利双赢”的结果。

热心科普教育

科普教育可以说是王德滋八十岁前后的一项主要工作，因为这时他基本上已经不再招收研究生，不在第一线工作了。他认为应该用自己的知识回报社会，进行科普教育，提高全民的科学文化水平，在他看来这是自己应尽的义务。他认为资源、环境问题与国计民生息息相关，而且和地球科学密切有关。我们生活在地球上，但是人们对地球的知识却了解甚少。比如保护环境，人们对它的重要性缺乏认识，对环境污染的危害性也缺乏必要的了解，以至于缺乏保护环境的自觉性，所以王德滋认为应该重视科普工作。从他所做报告的内容和主题来看，主要可以分为两个方面：一个是“自然、资源与人”的讲座。这个讲座做了多少场，连王德滋自己都数不清了，对象从研究生到小学生，从江苏省委党校学员到解放军战士，同时，还给南京市民做过科普报告。地区横跨江苏、浙江和福建三个省。总

① 朱小卫访谈录，2014 年 11 月 14 日，南京。资料存于采集工程数据库。

图 10-5　在江苏常熟中学做科普讲座（2000 年。资料来源：王德滋）

的来说，这个题目的范围很广，主要是讲人与自然的关系。

王德滋培养的博士谢磊回忆自己的导师对待科普报告的态度时曾经指出："王老师准备报告一直非常仔细，会反复地试讲，语言也非常精炼。"虽然有时候他的报告是同一个题目，甚至可能是使用同一组幻灯片，但是他会针对不同的听众，在讲的时候有所侧重。比如对普通市民讲，重点要放在哪里，他们更关心什么，有什么样的理解程度，他们本来有一些什么知识基础等等，他可能会去选一些人们周围接触到的事情去讲。又比如说，有些中学会邀请他去给中学生讲，这些孩子未来都要进行更高程度的深造，他就更侧重于对自然科学内在规律的介绍和详细讲解，还会融入自己对科研人生的感悟等等，鼓励孩子们更好地学习，热爱生活。[①] 朱小卫在回忆王德滋热心科普工作的情形时亦曾指出："王德滋院士很重视科普教育，认为这是院士的社会责任，是义不容辞的。"王德滋做过很多场科普讲座，其中有两场是通过朱小卫进行联系的，一场是给江苏省委党校学员

① 谢磊访谈录，2014 年 10 月 30 日，南京。资料存于采集工程数据库。

做科普讲座；另一场是应南京市委宣传部的邀请去市民学堂对市民做科普讲座。根据朱小卫的回忆，王德滋当时给市民讲的是地球的结构、历史，地震、火山、矿产以及气候变化和环境保护等，而这些都与国计民生息息相关。①

王德滋做得比较多的另一方面的讲座为《中国观赏石——科学与艺术的结合》。随着我国经济社会的不断发展，喜爱、收藏观赏石的人不断增多，据《中国矿业报》统计，全国观赏石爱好者已超过三百万人，而且这股“观赏石热”仍在不断升温。如今，一种新的文化形态即“赏石文化”正在形成，而这种文化是以地质学与美学的融合为特征的。2009 年初，王德滋收到中国观赏石协会的邀请去做一个关于观赏石的讲座。他非常重视这次讲座，先把报告提纲拟写了出来，同时，规划好了参观观赏石的路线。他们去了南京地质博物馆，此处原为民国时期中央地质调查所所在地，当时很多著名的地质学家如李四光、朱森等老一辈地质学家都在此工作过。此处为江苏省矿物、矿石精品展览场所，矿物品种及观赏石相对较多。此后，王德滋在许伟伟的协助下，花费了两个月的时间将收集的资料做成了多媒体资料。王德滋对学术报告的要求特别严格，事无巨细，亲力亲为。9 月 26 日，王德滋作了首场报告。根据协助王德滋制作多媒体资料的许伟伟回忆，这次报告效果极佳。当时，来了很多听众，包括国土资源部的原副部长寿嘉华、江苏省原副省长等。王德滋在报告中对观赏石的成因、类型和美学价值都做了精辟的分析，效果特别好，受到了在场的观赏石爱好者的一致好评。后来王德滋又陆续收到好几个科研单位以及高校的邀请去做这方面的科普报告②。

王德滋对观赏石颇有研究，他从科学的角度将观赏石分为岩石观赏石、矿物晶体观赏石和生物化石观赏石三大类，收集了大量图片，并从科学与艺术结合的角度进行讲解。王德滋在南京大学亦曾作过三次讲座，学生兴趣浓厚，效果甚佳。这种讲座不仅培养了学生的兴趣和爱好，而且，

① 朱小卫访谈录，2014 年 11 月 14 日，南京。资料存于采集工程数据库。

② 许伟伟访谈录，2015 年 1 月 7 日，南京。资料存于采集工程数据库。

图 10-6 王德滋主编的两本科普著作

开阔了学生的视野，具有通识教育课程的功效。[①] 此外，他还主编了两本科普著作：第一本是《远古的奇观——南京雨花石》，第二本是《远古的遗迹——南京国家地质公园》，两书已由江苏科技出版社出版。其中，后者于 2016 年获得了江苏省科普作品一等奖。

后来，北京超星图书馆工作人员徐彩霞找到王德滋，诚恳地对他说："听说王老师做了很多场科普报告，我们想把您的科普报告录下来，通过视频在全国实行资源共享，您同意吗？"王德滋认为这是一件很好的事情，既节约时间和精力，又能使更多的人听到他的讲座，能够更广、更快地传播知识，于是，他欣然允诺。当时他正在做两场报告，一场是在南京农业大学做《自然、资源与人》的讲座，还有一场是在南大图书馆做《中国观赏石》的讲座。[②] 他们便将这两个讲座录制下来放在网站上，由此也使得王德滋的科普讲座突破了时间和地点的局限，进一步扩大了受益群体。

除了热心科普教育以外，王德滋还十分重视科技成果的转化工作。[③] 高纯石英砂是军工、半导体、光伏以及高端电光源产业的重要材料，几十年来，我国一直依赖从美国进口。这不仅需要花费大量的外汇，而且，一旦受到制约，我国的有关高科技行业的发展就会受到严重影响。有鉴于

① 王德滋：《往事杂忆》。南京：南京大学出版社，2012 年，第 129-130 页。

② 王德滋访谈录（七）——情系南京，2015 年 12 月 30 日，南京。资料存于采集工程数据库。

③ 陈培荣：大师风范、高山仰止——我心目中的王德滋院士。2015 年，未刊稿。资料存于采集工程数据库。

此，南京大学地球学科与工程学院的陈培荣教授和陈小明教授，感到有责任和义务去填补国内高纯石英砂生产的空白，于是便着手对天然石英中杂质的赋存状态进行研究，2003年该项研究申请到江苏省科技厅的资助，2005年经过验收后，科技厅又投入巨额资金，资助该成果在江苏太平洋石英股份有限公司进行产业化研究。经过五年夜以继日的研发和生产线建设，于2009年投产，填补了国内空白，打破了我国高纯石英砂受制于人的局面，在当时除了美国的UIMIN公司以外，太平洋公司是全球第二家能够生产高纯石英砂的公司。而此项目的成功离不开王德滋的支持。他一方面充分肯定参与研究的教授放弃基础地质研究，而主攻以应用为主的非金属材料专业，并在各种场合、特别是在全院教职工大会上予以高度评价，为研究者心无旁骛地投入这项研究消除了后顾之忧。这在当时以基础研究为主流的时代具有非凡的意义、勇气和价值。另一方面，王德滋曾分别于2005年和2007年亲临生产线建设现场进行指导，并写下了“厂校合作，精心研究，产品更新，水平一流”’的期望。如今“王院士的题词”仍然悬挂在太平洋公司办公大楼的大厅里。此外，王德滋还邀请校领导前去参观考察，现场感受陈培荣他们的创业成就，并推荐《南京大学校报》对此事加以详细报道。

家 乡 行

江苏泰兴是王德滋的家乡，他十九岁时即离开泰兴到南京读书，以后又一直在南京工作，但思乡之情从未减弱，过了古稀之年，乡情与日俱增，这也属于一种人之常情吧。从南京到泰兴，直线距离不过两百多公里，沿宁通高速公路乘车两个多小时即可到达泰兴。泰兴盛产银杏，银杏产量占到全国产量的三分之一，号称“银杏第一市”。改革开放后，王德滋曾数度返乡，感受到家乡面貌日新月异的变化。

1985年，泰兴中学举行六十周年校庆，邀请王德滋回母校参加校庆，那时他正担任南京大学副校长。泰兴中学党支部书记张林森和教导主任方彭寿乘了轿车专程来接王德滋去泰兴。泰中校园较前扩大了许多，占有东门六角桥附近的大片土地。王德滋在大礼堂给泰中高三学生作了一场报告，并见到在延令中学读书时的化学老师张蔚之先生和英语老师朱松生先生，师生相逢，分外高兴。

黄桥是泰兴的第二大镇，是全国闻名的历史名镇，这里有“丁文江故居”、“新四军黄桥战役纪念馆”、“粟裕墓”等。2007 年是中国地质科学奠基人丁文江诞辰一百二十周年纪念，王德滋应邀参加了纪念活动的全过程。在座谈会上，王德滋将丁文江精神归结为四句话：“热爱祖国，献身科学，重视教育，创业创新。”并建议将“丁文江故居”建设成为弘扬和继承丁文江精神的青少年科普教育基地。

图 10-7　于泰兴黄桥镇丁文江故居（2007 年。资料来源：王德滋《往事杂忆》）

2010 年王德滋曾接连三次返乡。2010 年 5 月 18 日，一大早泰兴市科协的一位同志给王德滋打电话紧急求援，说现在正当泰兴市的科普宣传周，其中预定的一个节目是在宣堡小学做一场科普报告，而原先约好的报告人，突发急病，不能做报告了，希望王德滋派一名研究生去给小学生做报告。王德滋考虑到临时抓一名研究生给小学生做报告，毫无准备，效果未必好，情急之下，王德滋自告奋勇，亲自出马，19 日早晨就在研究生许伟伟的陪同下前往宣堡小学了。这也是这位院士第一次到小学做报告。

当天，王德滋参加了宣堡镇中心小学首届少儿科技节开幕式，参观了学校的科普展板，观摩了同学们太阳能赛车比赛、鸡蛋上浮试验等科技活动。他希望学校要积极鼓励学生动手设计实验，让同学们从小就与科学结缘，激发同学们的自我创造能力。

图 10–8 参加泰兴宣堡小学少年科技节（2010 年。资料来源：王德滋《往事杂忆》）

在学校礼堂，王德滋应邀作了题为《板块、地震与火山》的科普讲座，用简单通俗的语言简述了地球板块运动的规律，地震发生、火山喷发等自然现象，小学生们都听得津津有味。当时青海玉树刚发生了强烈地震，社会报道的比较多，小学生印象都比较深，对地震的感受格外强烈。他深入浅出，把地球的圈层结构、为什么会发生地震、发生地震有什么危害这些问题都讲得很容易理解。王院士的精彩讲座赢得了现场几百名小学生的热烈掌声。

在讲座前，王德滋还特地抽空参观了泰兴宣堡银杏公园，园内有银杏树近一万株，其中百龄以上的银杏树有三千八百多株，蔚为奇观。接着他又去访问了七十多年前的泰兴初级中学旧址（现为“樊堡小学”校址）。凭着王德滋的记忆和当地人的指引，在穿过了几条乡间小路后，终于找到了当年学校的旧址，他怀着激动的心情在校门前合影留念，感触颇深，往事一幕幕似乎又浮现在了他的眼前。

这年 10 月，王德滋应泰兴市科协之邀于一年之内第二次返乡。他在新建的市府大厦报告厅内作了题为《自然、资源与人》的科普讲座，这是他有生以来第一次为家乡的父老乡亲做报告，心情特别激动。同年 11 月，王德滋应母校襟江小学的邀请参加该校建校一百五十周年校庆，这是他一年之内第三次返乡。襟江小学新校区位于东门外，校园优美，主楼宏伟，校园文化气息浓厚，立有龙璋（襟江小学创始人）、丁文江（地质学家）、朱东润（国学大师）、郑肇经（水利学家）等名人塑像。庆祝大会开得隆重热烈，王德滋作为校友代表在大会上发了言。①

为进一步促进家乡的发展和建设，王德滋还促成了常印佛、叶培建以及他本人在内的三位泰兴籍院士之行。在此次活动中，泰兴科协邀请三位院士到泰兴中学、襟江小学做科普报告，召开座谈会，激发青少年热爱科学的激情，取得了显著的成效。此外，根据王德滋的建议，泰兴市委组织部不断加强与国内各地泰兴籍人才的联系，召开座谈会，宣传泰兴，为泰兴发展招揽人才。②

图 10-9　在家乡泰兴市作“自然、资源与人”科普报告（2010 年。资料来源：王德滋《往事杂忆》）

南京和泰兴在王德滋的心目中具有举足轻重的地位。这两座城市不仅寄托了他的乡愁与回忆，还成就了他的事业与理想，也凝聚了深深的师生情和故乡情。王德滋对南京充满了美好期待：从全球来衡量，未来的旅游目的地，中国应该在全球排首位，而南京又排在全国前列，南京的发展前景是很美好的。③

① 王德滋:《往事杂忆》。南京：南京大学出版社，2012 年，第 140 页。

② 许咏诗访谈录，2014 年 9 月 11 日，南京。资料存于采集工程数据库。

③ 王德滋访谈录（七）——情系南京，2015 年 12 月 30 日，南京。资料存于采集工程数据库。

第十一章
岩石学家的钻石婚

王德滋有一个和谐美满的家庭。他与夫人洪奉青相知、相守六十余年，风雨同舟，相濡以沫，家庭是成就王德滋科学事业的重要支柱。洪奉青比王德滋小一岁，是江苏宜兴周铁桥人，周铁桥是太湖边的一个小镇。洪奉青的父亲是学徒出身，家境贫穷，经过打拼在周铁桥开了一个小小的木行。洪奉青有个姐姐，毕业于同济大学化学系，下面有一个弟弟和一个妹妹，她自己毕业于苏南新闻专科学校。洪奉青十一岁时母亲去世，十八岁时父亲去世。这与王德滋自幼父母双亡的情况很相似。

邂 逅 姻 缘

王德滋与洪奉青既不是同乡，也不是同学，洪奉青是宜兴人，王德滋是泰兴人，洪奉青是苏州中学毕业，王德滋是泰兴延令中学毕业，两人本无任何交集，但在缘分的天空下他们终于相遇，并相知相恋了。

对王德滋而言，他和洪奉青相识完全是一件很偶然的事情。那是 1948 年的夏天，在中央大学文昌桥学生宿舍，王德滋和洪奉青萍水相逢。王德滋有一个同乡叫印石。印石在中央大学比王德滋高一级，是中央大学外语系俄语组的学生。印石无意间促成了王德滋与洪奉青偶然相识。

图 11-1　王德滋（右）与印石（左）在文昌桥学生宿舍合影（1948 年。资料来源：王德滋）

1948 年夏天，王德滋已经读完大学二年级，正放暑假。就在这一年，洪奉青从苏州中学高中毕业，来到南京报考中央大学。暑假里没有什么事情，有一天王德滋到印石的寝室去串门，见到一位年轻姑娘坐在窗口，正在专心看书。她上身穿一件白色短袖衬衫，下面穿一件黑色背带裙，朴实、秀丽，像个中学生。过了几天，王德滋又去印石的寝室串门，看到这位姑娘仍坐在窗口，正在专心复习功课。这就引起了王德滋的好奇心，他私下问印石，这位姑娘是谁呀？长得那么秀丽啊！印石说她叫洪奉青，今年苏州中学刚毕业来报考中央大学的。因当时洪奉青并不在场，王德滋便接着问："她是来找你的？你们以前认识吗？"印石说："起初不认识，她是我们同寝室的同学张克明的亲戚。因为张克明临时离开学校了，委托我照顾洪奉青。"后来印石告诉他，洪奉青私下里也在打听他，她说："你这个同乡的名字好奇怪啊，听起来好像'黄豆子'。"因为宜兴人"王"和"黄"分不清，"怎么起了'黄豆子'这个怪名字？"印石随即就在纸上写了"王德滋"三个字，她这才晓得了他的名字。所以他们并没有通过面对面的介绍，而是通过印石互相知道了对方的名字。她除了报考中央大学以外，还报了另外一所学校。印石就把报名的苦差事交给王德滋去办，王德滋也十分乐意去做，但是直到此时他们两人仍未交谈过一句话。后来有一天晚上，玄武湖的翠洲音乐台有节目表演，印石和同寝室的几个同学和王德滋都去参加了那个音乐晚会。那时候因为没有什么交通工具，而从文昌桥到玄武湖并不远，所以，他们就徒步前往，当时，洪奉青也跟着一起去了。他们一路上有说有笑，而洪奉青只是默默地跟着。到了翠洲音乐台，表演已经开始了，音乐台前有一片草地，他们便席地而坐。谁也没有注意，洪奉青一声不吭地到路边的一个水果摊买了一串香蕉，走到每个人面前，也不打招呼，分给每人一根香蕉，他们边吃香蕉边听音乐，非常开心。当时王德滋就感觉这个姑娘真是善解人意啊，对她有了一点好感，但毕竟是萍水相逢，并没有多想。不久，中央大学发榜了，洪奉青没有录取。由于家庭经济困难，她就在无锡东房桥小学担任小学教师，东房桥是无锡农村的一个小镇。由于她的父母都已过世，姐姐又在外地工作，所以照顾弟弟妹妹的责任就落在了她的肩上了。①

过了没多久，发生了一件出人意料的事情，印石被国民党特务逮捕了。印石这个人比较活跃，追求进步。当时中央大学成立了学生自治会，自治会的主席是通过民主选举产生的，一年竞选一次，主要在两派当中竞选产生，一派是中共地下党支持的进步力量，另外一派就是国民党支持的保守力量，两派竞争非常激烈。印石参加了进步一方的竞选，担任理事，而且理事的名单都公布在室外的墙上，因为这个缘故，他上了国民党特务的黑名单。1948 年下半年，国民党在战场上节节败退。于是，国民党特务就在中央大学大肆逮捕进步学生，印石亦被逮捕，关在新街口附近的羊皮巷监狱。

王德滋是印石的同乡，是很要好的朋友。印石的爱人叫翟云凤，也是泰兴人，与王德滋相识。他们到处设法营救印石，均没有成功。有一次，王德滋去狱中探视时，印石拜托他处理他的信件，该回信的代他回信，说明他被捕的情况。在这些信件中，有一封是洪奉青写给他的，称他为“印石兄”，内容大致讲在南京考试时承蒙照顾之类的客套话。王德滋心想，应该给她回封信吧。于是，他就给洪奉青回了一封信，信写得很简单，说明印石因参加学生自治会竞选，上了黑名单，不幸被国民党特务逮捕了。王德滋没料想到她会回信，如果她不回信，或许他们之间就不会有后来发生的故事啦。信去了几天，一封回信就来了，信写得还蛮长的，从这封信里可以看出，洪奉青很是追求进步，她把国民党骂得狗血喷头。收到信

① 王德滋访谈录（六）——家庭生活，2014年11月11日，南京。资料存于采集工程数据库。

以后，王德滋又给她回了信，回一封信她就来一封信，就这样他们建立了通信关系，差不多每个星期彼此都能收到一封对方的来信。那时候，学生的伙食都由学生自己管理，伙食团的团长、会计、出纳、采购全由学生担任，当时正好轮到王德滋担任会计。有一天，他正在食堂里算账，同寝室的谢逸农跑到食堂来找他，他说："快去快去，你交桃花运了，有个很漂亮的姑娘来找你了。"王德滋问："谁来找我啊？"他说："你回去就知道了，I envy you（我嫉妒你）!"王德滋回到寝室一看，竟然是洪奉青，这完全出乎他的意料，她事先没打招呼就来了。她穿着一件暗绿色长袖夹袍，上面有白色花纹，很端庄，也很朴素。王德滋感到很突然，她站起来说："哎呀，我事先没打招呼就来找你了，我的大姐在经济部工作，住在大行宫附近的科巷，我对南京不熟悉，在南京也没熟人，所以就先来找你了。"洪奉青希望王德滋晚上送她去大姐的宿舍，于是他就拿了一个电筒，雇了一辆三轮车，陪她到了大行宫的科巷。他俩打着电筒，仔细地查看门牌号码，终于找到了她大姐的住处。虽然她姐姐很热情，可是腼腆的王德滋没说上几句话，连一口水都没喝，甚至都没好意思再看洪奉青一眼，就赶紧跑走啦。这次与洪奉青相见，虽然前后只有几小时，但他俩的关系却加深了，来信称呼也改了，通信的频率也增加了。洪奉青的字迹很秀丽，他们通了大概有一百多封信，信的密度很大。可惜这一百多封信在"文革"时都烧了，因为信上讲了许多新中国成立前的情况，他们怕惹麻烦，就全部烧掉了，这让他俩终生遗憾。①

1949 年 5 月，无锡解放，洪奉青考进了苏南新闻专科学校。苏南新专的前身是华中新闻专科学校，位于苏北，是一所革命学校，渡江后学校即迁到无锡。洪奉青在新专学习了一年多就毕业了，毕业分配时很多同学都被分配到报社去工作，洪奉青认为自己缺少锻炼，就报名参加了农村工作队，先后在无锡、苏州、太仓等地搞土改。在她还没有毕业之时，四年级的王德滋也面临着工作分配问题。新中国成立后大学毕业生均由学校统一分配工作，他当时心想还不知道分配到哪里，就想去苏州当面听

① 王德滋访谈录（六）——家庭生活，2014年11月11日，南京。资料存于采集工程数据库。

听洪奉青的意见。因为之前他们的交流一直靠通信，这次见面应是他们认识以来的第三次见面。王德滋是个穷学生，囊中羞涩。他有一个同乡朱尹策，是化工系学生，与他同住一个寝室，他说："你这次去无锡很关键，不能太寒酸，要多带点钱在身上。"他慷慨解囊，在经济上给了王德滋很大支持。苏南新闻专科学校位于惠山脚下，周围有不少名胜景点，如寄畅园、天下第二泉、惠山寺等。王德滋事先没有告知洪奉青确切的到达时间，所以当时她并没到车站接他。他雇了一辆三轮车前往苏南新专，洪奉青一看到王德滋，分外高兴。她被分在二班，班下面再分学习小组，苏南新专有一个革命传统，同一小组的学生必须同吃、同住、同学习。同吃、同学习可以，但是男女同住一个房间，实在不习惯。洪奉青说，开始时对学校的这个传统感到很别扭，后来也就慢慢习惯了。那天晚上正好有个床铺空着，他就临时借住了一晚。第二天洪奉青请了一天假，陪他游览寄畅园、天下第二泉和惠山寺。惠山旁边有个锡山，锡山上有个宝塔，他们也去游览了。中午，王德滋招待她吃了一顿午餐。下午游览寄畅园，寄畅园非常优美、雅静，他们坐在一个亭子里聊天，王德滋说："我们通信有好长时间了，眼看我就要分配了，天南海北，还不知道分配到哪里，也许分配得很远，在这方面你有什么意见吗？"洪奉青说："放心吧，不论你分配到哪里，哪怕分配到边疆，我都愿意跟你在一起。"这个表态已然很明确了，他俩的关系就这样确定了下来。吃过晚饭以后，洪奉青送王德滋去火车站，到车站不太远，他们边走边聊，到了车站，直到火车开动她才依依不舍地与王德滋告别。①

回首往事，王德滋感慨万千，从 1948 年 8 月他们相互认识，到 2013 年洪奉青去世，经历了整整六十五年！2005 年，洪奉青不幸罹患阿尔茨海默症，生活不能自理。2008 年秋天，王德滋带着大女儿王卫平去无锡重访寄畅园，以此纪念他与洪奉青相识相爱六十周年。2008 年夏天，王德滋又一个人步行到玄武湖的翠洲，独坐在一个石凳上，幽然遐思，回忆六十年前初识洪奉青的情景，桩桩件件，历历在目。自从洪奉青生病以后，王

① 王德滋访谈录（六）——家庭生活，2014 年 11 月 11 日，南京。资料存于采集工程数据库。

图 11-2 洪奉青在无锡惠山“天下第二泉”(1949 年。左一洪奉青、右一张婉蒨。资料来源：王德滋《往事杂忆》)

德滋认为像她这么聪颖优雅、贤惠能干的人，缠绵病榻，生活不能自理，内心该是何等难受啊？！王德滋这次重访翠洲音乐台，实际上也是对六十年前与洪奉青相识的一种追忆啊！①

图 11-3 无锡寄畅园（资料来源：王德滋《往事杂忆》）

1950 年，王德滋毕业后留校任教，洪奉青也于同年毕业后参加了农村工作队。不久，洪奉青因工作过于劳累，突然吐血，被送至土改工作团医务所治疗。因受条件限制，医生仅仅给她开了一点鱼肝油，止血后便又让她回队继续工作。王德滋得到洪奉青吐血的消息后，十分焦虑，心想一个弱女子，长期在农村工作，如此劳累又得不到及时的治疗，心里十分担心。于

① 王德滋访谈录（六）——家庭生活，2014 年 11 月 11 日，南京。资料存于采集工程数据库。

是，他便向党总支写了一份思想汇报，表露了他的心迹，希望如果可能的话，让洪奉青调来南京以便自己更好地照顾她。他在写这份思想汇报时并未抱什么希望，只是想把自己的忧心表达出来。[①]

1951 年的一天，王德滋正在图书室整理图书卡片，洪奉青突然出现在他的面前，王德滋高兴地说："你来看我，怎么不事先来封信呢？"洪奉青笑吟吟地说："不是来看你，是调来南京工作的呀！难道你不知道南京市委组织部发了商调函吗？"她这样一说，弄得王德滋有点丈二和尚摸不着头脑，认为自己是一个小小的助教，哪有这么大的能耐帮助她调动工作呢？后来，他才记起，这也许是他向党组织写的那份思想汇报起了作用。[②]

当时，洪奉青带的行李非常简单，王德滋便安排她暂时住在教习房内。同房间的女同志是与王德滋同一个党小组的外文系助教姚永彩，她为人非常热情。南京市委、市政府所在地就是当年国民党政府的考试院旧址，离四牌楼很近。第二天一早，王德滋便陪洪奉青去市委组织部报到，先是一位女同志接待他们，不一会儿，出来一位处长，他亲切地对洪奉青说："现在浦口区委正需要干部，你就到那里去报到吧！"没想到事情进展那么顺利，接着他们就在鼓楼乘公共汽车去下关轮渡码头，过了江，找到浦口区委。时值解放初期，一切因陋就简，区委的办公和生活用房是一式的十几间平房。办公室的叶主任年龄在三十岁左右，他对洪奉青说："欢迎你来浦口区委工作，我们正缺一名宣传干事，由你来担任，好吗？"洪奉青表示愿意，她认为和苏南新专所学专业很对口。一个上午，跑了两个地方，就把事情办妥了，效率之高，出乎他们的预料。接待他们的干部都那样和蔼可亲，真正使他们感到了党组织的温暖。[③]

洪奉青在教习房住了两天，王德滋便亲自送她过江到浦口区委报到，一切安排妥当后才回校。洪奉青终于来到了他的身边，他感到无比的幸福和满足。[④]

---

① 王德滋:《往事杂忆》。南京：南京大学出版社，2012 年，第 46–47 页。
② 王德滋:《往事杂忆》。南京：南京大学出版社，2012 年，第 46 页。
③ 王德滋:《往事杂忆》。南京：南京大学出版社，2012 年，第 47 页。
④ 王德滋:《往事杂忆》。南京：南京大学出版社，2012 年，第 47 页。

战胜病魔

新中国成立初期，王德滋除了担任地质系的助教工作外，还兼任南京大学的工会秘书。1951年为了纪念五一劳动节，王德滋负责布置会场，由于劳累过度，他突然间大口吐血。此前他从未意识到自己有肺病，但X光检查后发现右肺的上部有一个病灶，这个病灶靠近血管引起吐血，而且是活动性的。①

当时南京大学教师中的党员不多，全校成立了一个教师支部。支部的组织委员沈丽娟比王德滋大几岁，非常关心人。她对王德滋说："你是劳累吐血了，不能上班了，把工作停下来好好休养吧！"当时王德滋住在四牌楼校园里的教习房，前后两栋楼，教习房是南高师（即南京高等师范学校）时期教师们的宿舍，全部是木质结构。两栋楼之间有一个过道相通，王德滋住在前面一栋，教习房背后是有名的六朝松，已有一千多年树龄。当时因为与他同房间的俞剑华的家属来了，他就搬到家属楼里去住了，单独住一个房间。他吐了几口血之后就不吐了，虽然停止了工作，但并没有静养。当时在大礼堂的后面，有一个教工食堂。他仍旧到教工食堂用餐。由于没有人照顾，他自己也麻痹大意，结果险些酿成大事。一天深夜，大约十一、二点钟，王德滋突然再次大吐血，往痰盂里吐了小半盆的血，但深更半夜四周静悄悄的，喊不到人，他就一个人静静地躺着，他害怕地想也许是生命快要终结了吧？从窗户透过去看到月亮，淡淡的月光通过窗户照射在床前的地板上，王德滋就这样平静地躺着，却出现了奇迹，血到了喉咙口就停住了，他不再吐血了。第二天清晨，他咳出了很多紫红色血块，因为周围都是其他系的教师，互不熟悉，幸亏负责教习房清洁卫生的魏师傅发现他吐血了，魏师傅说："王老师，你病得不轻啊，痰盂里都是血块，我一定帮你通知地质系。"他立即通知了地质系，地质系的师生纷纷

① 王德滋访谈录（二）——求学经历，2014年6月18日，南京。资料存于采集工程数据库。

来探望他，党支部的沈丽娟也来了，她是农学院的教师，像大姐一样地关照王德滋。她说：“你不能没有人照顾了，你家里还有什么人？”王德滋说：“有一个妹妹在泰兴家里，我的大哥也是老肺病。”她说：“我们很快会跟你家里取得联系，要有人照顾你，不然，你的病会越来越严重。”王德滋的大哥比他大五岁，他听说王德滋吐血后非常焦急，把王德滋的病看得比自己的病还重要，便亲自把妹妹王淑如送来南京专门照顾王德滋。从此王德滋就卧床休养了。王淑如比王德滋小七岁，对他的照顾很周到。她白天照顾哥哥，晚上去南大夜校上课。后来王德滋的病痊愈后，她考取了北京气象学校，王德滋本希望她考大学，但是她怕王德滋负担太重，所以考了中专。① 在王德滋看来，王淑如来到南京照顾自己的生活，对他的病情趋于稳定起了决定性作用。还有几位朋友的关怀也让王德滋感动不已。一位是他的学长、老师兼同乡季寿元，他从街上专门给王德滋买了一只便桶，解决了他上厕所的困难。第二位是与王德滋同一党支部的刘元常，他 1951 年毕业留校，当时也住在教习房，为了便于照顾，他就住在王德滋的隔壁，在精神上、生活上给予他无微不至的关怀。此外，还有一些好心的朋友常常来探望，在精神上给了他很大的安慰。他休养了整整一年，到 1952 年 5 月病灶才完全稳定、钙化了。② 这次生病对王德滋而言可谓是一次生死考验。

就在王德滋的病情趋于稳定之际，又发生一件让他特别揪心的事。洪奉青在浦口区委工作不久，在一次体检中，查出患有活动性肺结核，两肺均有大面积的病灶，在区委的关怀下，洪奉青被送到位于朱雀桥的干部休养所疗养。两人得了同样的病，她的病比王德滋还要严重，可谓同病相怜啊。王德滋不能去看她，全靠妹妹王淑如两边跑，传递信息。后来，在组织和亲友的关怀下，经过一段时日的静养，洪奉青的病情有了转机。她在干休所休养了整整两年，两肺病灶大部分吸收并逐渐康复。③

① 王德滋访谈录（八）——大学教学经历与心得，2015 年 1 月 4 日，南京。资料存于采集工程数据库。

② 王德滋：《往事杂忆》。南京：南京大学出版社，2012 年，第 48 页。

③ 王德滋：《往事杂忆》。南京：南京大学出版社，2012 年，第 48 页。

组建家庭

1951 年，组织上考虑到王德滋与洪奉青的恋人关系，将洪奉青从苏南调来南京。他俩因病耽误了两年，双双康复之后，便着手准备结婚的事情了。1953 年 11 月，王德滋和洪奉青去鼓楼区民政科登记结婚，领取了结婚证。那时，他们经济不宽裕，王德滋是助教，收入不高，洪奉青还是“供给制”。虽说结婚是人生大事，他们却没有购置任何东西，也没有举行仪式，仅仅花了二十元钱买了些糖果，分送三处：南京大学地质系、浦口区委和干休所，然后去镇江玩了一趟。浦口区委分配给洪奉青一个小房间，面积仅七平方米，里面勉强放一张双人床，一张两屉桌和一把椅子，这就是他们结婚的全部家当了。①

他们虽已结婚，仍然分居在长江两岸。那时还没有长江大桥，只有靠轮渡往返两岸之间，大约一小时一个班次。每逢星期六，王德滋便乘轮渡过江，在浦口住两宿，星期一乘早班轮渡回南京大学。有一次，王德滋邀请他的同事胡受奚、陈武和刘孝善到浦口玩，买了几条活鲫鱼，以鲫鱼汤加上几个现成的熟菜招待他们，大家吃得很

图 11-4　王德滋与洪奉青结婚合影（1953 年。资料来源：王德滋《往事杂忆》）

① 王德滋:《往事杂忆》。南京：南京大学出版社，2012 年，第 49-50 页。

开心。他们返回南京时，轮渡刚刚开出，还得等将近一个小时才有渡船。那时，江上还有许多小木船载客过江，于是他们冒险上了小木船，船在江心颠簸，王德滋一直在岸上紧张地瞧着，替他们捏着一把汗。尽管经历了波浪之险，他们后来谈起此行，都感觉印象深刻，值得回味。①

1954 年 12 月，他们的女儿王卫平（他们平时称呼她“小平”）出生，由于洪奉青身体不好，又缺乏营养，很瘦（她身高 1.65 米，但体重只有 80 斤），王卫平生下来也很瘦，只有四斤四两重，所以在温箱里养了几天。由于洪奉青肺病才好，医生建议不要自己喂奶，于是他们请了一个奶妈。有了孩子，他们只能把家安排在南京大学。学校分给王德滋的房子是陶谷新村 4 号的一个阁楼，一大间房，天花板呈斜坡形。他们用木板把房间隔成两小间。他们住外间，保姆带小平住里间。洪奉青在浦口工作，只有周末才回家，平时家里吃饭都是从食堂购买。有一天王德滋下班回家，奶妈去食堂打饭了，门锁着，小平在摇篮里哭得满头大汗，这令王德滋感到十分心疼。那时王德滋担负着繁重的教学任务，同时肩负系里的党政工作。工作与家庭的冲突，弄得他焦头烂额，难以应付。考虑再三，他只得向组织上如实反映——向南大党委书记陈毅人汇报思想，希望将洪奉青从浦口调到城区来工作。陈书记说：“婴儿不能离开妈妈，这是可以理解的。你的困难不难解决，现在学校也需要干部，那就干脆将你爱人调来南京大学工作吧！”陈书记如此关心群众，解决了王德滋的后顾之忧，对此，王德滋夫妇铭记在心、终身感恩！②

1955 年王德滋被提升为讲师，按学校规定，房产科主动为他们调换了住房，搬到大钟新村 15 号居住。大钟新村环境优美，因位于古迹“大钟亭”附近而得名。一式的六幢二层楼房，是中央大学复员回到南京后新建的。每幢住八家，共四十八家，他们住在第二幢。大钟新村有前塘和后塘两个池塘，前塘较大。塘边遍植桃花，一到春天桃花盛开，小平喜欢爬在桃树上玩耍。到了夏季，塘内则布满荷花，散发出阵阵清香，令人陶醉。邻里之间，和睦相处，富有人情味。其中，与他们来往最密切的有两家：

---

① 王德滋：《往事杂忆》。南京：南京大学出版社，2012 年，第 50 页。

② 王德滋：《往事杂忆》。南京：南京大学出版社，2012 年，第 50–51 页。

图 11–5　王德滋与洪奉青携女儿王卫平（小平）游览梅花山（1958 年。资料来源：王德滋《往事杂忆》）

一家是住在 1 幢 7 号的潘洁和何崇佑，另一家是住在 3 幢 24 号的刘元常和陈敏娟，三家的孩子从小一起长大，从幼儿园、小学到中学，建立了纯洁的友谊，称得上是亲密无间，至今仍来往不断。①

大钟新村的每套房子包括一大间（二十五平方米）和一小间（十三平方米），另有厕所和厨房。他们把大房间用布帘一隔为二，里面是王德滋夫妇的卧室，外间则是王德滋的书桌和饭桌，小房间则由保姆和女儿居住。1958 年 10 月，他们的第二个女儿王小超出生。他们一家四口，还请了保姆，经济上并不宽裕。1955 年王德滋升为讲师时，工资调整为八级，洪奉青也从包干制转为薪给制（1950 年我国约有十分之一的干部实行"供给制"，1954 年统一改"供给制"为标准稍高的"包干制"，1955 年全部实行薪给制），定为行政 19 级，二人合计每月工资收入一百六十元，按当时社会平均收入而言已属于中高等水平。但他们的负担较重，王德滋每月需要寄钱给继母——即前文所讲"刘氏"，王德滋一直赡养着继母并为她养老送终，尽管当年她并未尽后母之责——和他的大姐，洪奉青还要负担她弟弟

① 王德滋：《往事杂忆》。南京：南京大学出版社，2012 年，第 51 页。

图 11-6　与洪奉青（前左）、王卫平（长女，后左）、王小超（次女，后右）合影（1970 年。资料来源：王德滋《往事杂忆》）

的相关费用，所以他们的经济压力仍然很大。有一件事给王德滋留下了很深的印象，当时，洪奉青的皮鞋破得不能穿了，想买双新鞋，她便把家里所有的旧鞋集中一起卖给收废品的，又贴了几块钱，才买了一双中档皮鞋。尽管此时生活比较艰辛，由于洪奉青善于持家，量入为出，每月均不超支。他们在大钟新村共住了二十二年，其中包括三年困难时期和“文革”的艰难岁月，尽管各种“左”的口号叫得震天响，但大钟新村的住户始终保持着和谐的人际关系，这给他们留下了一段美好而又难得的人生回忆。[①]

同甘共苦

在人生的道路上，洪奉青的陪伴给了王德滋前进的力量，她是王德滋重要的精神支柱。从认识以来，他们在感情上一直非常融洽，哪怕是一次

① 王德滋:《往事杂忆》。南京：南京大学出版社，2012 年，第 52 页。

很小的冲突都没有，洪奉青的性格比较直爽，有时候王德滋可能与她对某件事有不同的看法，但是每当发生这种情况时，王德滋都顺从妻子了。她说："我在你面前实在发不起火来，你的脾气太好了。"小平说："妈妈对我们两个女儿管教得很严，有时候教育我和妹妹，还会拧耳朵啊，不听话还要打几下呀，但是，她平生最温和的就是对我爸爸了。"洪奉青常对两个女儿说："我和你们的爸爸一生相知、相守、相互包容，结婚以来，连一点小的争执都没有。"洪奉青是全家的后勤部长，王德滋拿了工资全交给她，自己身上没有钱包。曾发生过一件有趣的事情。洪奉青在无锡的弟弟，育有一子一女，两个孩子每年暑假都到南京来玩，住在他们家中。有一次，王德滋夫妇带着两个女儿和洪奉青弟弟的两个孩子到玄武湖去玩，回来的时候王德滋抱着两岁的毛毛（洪奉青弟弟女儿的小名），走得比较快，洪奉青带着三个孩子跟在后面。玄武湖有个 3 路公共汽车站，王德滋看到公交车来了就抱着毛毛先上了车，洪奉青和三个孩子还没上车，车门就关上了。因为王德滋身上一分钱都没有，于是，他只好对售票员说："你们的车门关得太快了，我的妻子还没上来，我身上没带钱，太抱歉了！"那个售票员看到他还抱着个孩子，表示谅解，她说："那你下一站就下去吧"，而下一站其实就是他们的家。尽管如此，后来他们还是补买了一张票。王德滋在南大从事教学科研工作，写了很多论文、教材，翻译了不少书稿，但因为当时没有打字机，只能用稿纸誊清，王德滋的书稿几经修改比较潦草，而洪奉青的字很漂亮，对王德滋的字迹也很熟悉，于是，她就按照稿子一格一格地誊写得清清楚楚，前前后后算起来，估计会有两三百万字。① 王德滋在教务处的同事姚平说："洪奉青对王德滋非常关心，她是位好的贤内助。那个时候没有电脑，王德滋写的论文、教材都是洪奉青帮他誊清，王德滋对洪奉青十分体贴，两人相敬如宾、恩爱有加。王德滋是一位体贴入微的好丈夫、好父亲。" ②

还有更重要的一点，就是洪奉青对王德滋精神上的支持。1959 年党内批判右倾机会主义，王德滋是南大地质系的重点批判对象，前后有一个月

---

① 王德滋访谈录（六）——家庭生活，2014年11月11日，南京。资料存于采集工程数据库。

② 姚平访谈录，2015 年 1 月 23 日，南京。资料存于采集工程数据库。

的时间，这给王德滋精神上造成了很大的压力。“文化大革命”初期，王德滋也受到了冲击。他虽然看起来性情温和，但是自尊心很强，受不得一点委屈。当1959年被重点批判、“文化大革命”初期又受冲击的时候，他曾产生轻生的念头，认为“士可杀，不可辱”。回头去看，与一些老干部挨斗比起来，他所受的苦或许算不了什么。他虽然被关进牛棚，白天不得自由行动，但却允许晚上回家。即便如此，他还是经常彻夜失眠，洪奉青知道他没有睡熟，就耐心地劝慰他。洪奉青说：“你没有什么问题，我对你的情况是了解的，现在连国家主席刘少奇都挨斗了，你算什么，如果你想不开，留下我们母女怎么办呢？”一句惊醒梦中人，“连国家主席都挨批，我这点憋屈又算得了什么呢？”王德滋就此打消了轻声的念头。在“文化大革命”中，南大有三十多人自杀了，其中不少是教授、副教授，都是由于受不了委屈而自尽的。王德滋虽然也曾有过轻生的念头，但由于洪奉青耐心地做思想工作才免于走上绝路，所以从这点来讲，洪奉青确实是王德滋的重要精神支柱啊！①

1960年至1962年，全国处于困难时期，大跃进带来了大饥饿，全国饿死了不少人。那时粮食实行定量供应，副食品奇缺。每顿饭都感到没有吃饱，碗都放不下来。许多人得了浮肿病，洪奉青也患上这种病，在医院里住了好几天。医院为了照顾她的身体，配给了她几斤“粗粉”，实际上是麸皮，她舍不得吃，拿回来调成面糊，放一点盐，烤成饼，尽管一点油都没有，但他们还是吃得很香。为了增加一点副食品，洪奉青在家里养了五、六只兔子。因为当时食物及蔬菜奇缺，兔子没有菜叶可吃，于是，她便到外面去拔野草喂兔子，由于居住在城市里面，寻找野草也不是很容易的事，幸亏他们院子里有一段竹篱笆围墙，上面有许多带藤的野草，她便把这些草拉下来喂兔子，兔子或许也是“饥不择食”，居然喜欢吃。就这样，他们每个月可以吃一两只兔子肉以改善生活。记得有一次，王德滋的大学同学张本仁从北京出差来南京看他，王德滋请他吃午饭，实在没有什么菜，幸亏洪奉青收藏了两小罐“猪肝酱”，一直舍不得吃，这次就拿出

① 王德滋访谈录（六）——家庭生活，2014年11月11日，南京。资料存于采集工程数据库。

来招待客人了。因为过于简单，洪奉青感到对不起客人而连声道歉。张本仁说：“这已经很好了，如你们到我家作客，我只能用开水冲酱油汤招待。”由此可见那时食品匮乏的程度。“文革”初期，对走资派只发生活费，考虑到“走资派”王德滋有两个女儿，必须负担一个。这样，发给他的生活费还“酌情”增加，为每月四十元。洪奉青的工资虽然没有减少，但因为他们两人各自均有负担，只能省吃俭用，常以肉末烩豆腐为主菜，这样既省钱，又富有营养。①

王德滋有两个女儿，大女儿王卫平1954年出生，小女儿1958年大跃进时出生，叫王小超。2014年的时候，王德滋曾反复观看《历史转折中的邓小平》这部电视剧，深受感动，因为两个女儿的命运就是与邓小平的复出息息相关的。王德滋在“文革”中恢复组织生活比较迟，一直到1972年才恢复组织生活，而在这之前，他的大女儿就已被分配工作，由于当时他没有恢复组织生活，影响了大女儿的分配。王德滋对她的才华很是欣赏，她在初中时就写了一篇题为《一粒稻与千斤粮》的文章，主题是讲要爱惜粮食，如果不爱惜一粒稻，哪来的千斤粮呢？很有辩证思想，并在报纸上刊登了。由于当时王德滋的组织生活没有恢复，她便被分配到一个大集体工厂——南京冶炼拉丝厂。她在这个厂里工作了七年时间。

图11-7 王卫平（后面抬筐者）在工厂劳动（1975年。资料来源：王德滋《往事杂忆》）

① 王德滋：《往事杂忆》。南京：南京大学出版社，2012年，第75页。

1976年10月6日，党中央一举粉碎了“四人帮”，结束了“文化大革命”这场灾难。1977年10月，国务院决定恢复高考，最初说只招应届高中毕业生，后来邓小平拍板，所有知青都可以报考，迎来了“分数面前人人平等”的公平竞争机会，此时，王德滋仿佛看到了改变女儿命运的一线曙光。于是他便和洪奉青立即着手抓两个女儿的复习，由于当时没有复习材料，洪奉青便到处借复习题来抄，抄的题纸垒起来足有一尺多高，抄完了就让两个女儿做。虽未能系统学习，但题目确实做了不少。为了让她们加深印象，王德滋采取提问的方式，让她们回答。因为他平时要上班，只能利用吃饭时间，边吃边帮她们复习。当时他的小女儿正好高中毕业在家，时间充裕。大女儿因为白天要上班，只能在晚上复习，睡眠不足，营养又不好，洪奉青只能煮点山芋汤给她们当夜点心。王小平满怀信心地说：“你们别担心我的身体吃不消，没有听说读书会读死人的，你们放心好了。”1977年10月，高考举行。[①] 最后，王德滋大女儿的工厂共有三十几个人报名，就录取了她一个人，而且是全区最高分，被录取在南京大学哲学系。他的小女儿，也挺争气，考取了南京中医学院。两个女儿在1977年一起考取大学，给他们带来了极大的喜悦。大女儿进了南大，在学生会工作期间，认识了一个历史系考古专业学生叫魏鸣，魏鸣比王卫平低一届，两人在学生会谈起了恋爱。有一天王德滋让王卫平带魏鸣到家里来让他们看看，王德滋与洪奉青一看，非常满意。后来，王卫平认识中文系同年级的学生毕小平，由双方姐姐出面，介绍王小超和刘布骏认识并组成了家庭。大女儿王卫平毕业后先留在南大法律系做助教，后来保送到美国杜克大学进修。不久，历史系又把魏鸣推荐到墨尔本的拉托贝大学考古系进修。后来，王卫平也去了拉托贝大学，获得法学博士学位，拿到学位后，就被美国圣约瑟大学招聘去了，然后又被美国代顿大学聘去。代顿大学在苏州工业园区成立了一个研究院，叫“中国研究院”，王卫平担任该研究院的院长，她现在基本上半年在中国，半年在美国。王德滋的外孙女魏珈在美国代顿大学获法律博士毕业，毕业后留校工作，现任该校“国际项

① 王德滋:《往事杂忆》。南京：南京大学出版社，2012年，第76−77页。

目”主任。而王德滋的大女婿至今还在拉托贝大学工作，职位是“高级技术主管”。王德滋的二女儿王小超中医学院毕业后，被分配到江苏省中西医结合医院，现在是内分泌科主任医生。女婿刘布骏在鼓楼医院工作，是免疫科的主任医生。二女儿女婿都是医生，对王德滋和洪奉青的晚年照顾很多。他俩生了个女儿，叫刘琉，毕业于南京大学外国语学院英语系，后又到南京艺术学院读了设计学硕士，现在和几个同事创办了一个专门从事广告设计业务的工作室。[①] 时来运转，这些都是后话了。

二十世纪末的一天，《南京日报》一位记者专门采访了王德滋的家庭生活，并以整版的篇幅进行了报道，报道的标题是《王院士和家里的五朵金花》，这“五朵金花”指的就是他的妻子、两个女儿和两个外孙女，三代都是女性，而且，均事业有成，令人羡慕，报道的结语是：这是一个多么和谐、美满的家庭啊！[②]

图 11–8　全家合影于南京大学西苑（2002 年。左起：王小超、刘琉、刘布骏、洪奉青、王德滋、魏珈、魏鸣、王卫平。资料来源：王德滋《往事杂忆》）

① 王德滋访谈录（六）——家庭生活，2014 年 11 月 11 日，南京。资料存于采集工程数据库。

② 同①。

赴澳探亲

王德滋的大女儿王卫平、女婿魏鸣定居于澳大利亚的墨尔本市。2003年11月，王德滋偕夫人前往探亲，墨尔本曾两次被评为首位国际花园城市，环境十分优美。他们在墨尔本的女儿家居住了一个多月。期间，几乎游遍了墨尔本的山山水水，还有两次离开墨尔本去其他景点游览。一次是去澳大利亚南部濒临印度洋的“十二门徒”景点游览。所谓“十二门徒”实际上是十二个巨大的砂岩岩块屹立在海浪之中，蔚为奇观。另一次是去布里斯班滨临太平洋的黄金海岸游览，黄金海岸不愧为“水上之都”，有四十多个金色海滩，平均每年有287天阳光普照，每年有四百多万游客来此观光。王德滋和夫人在女儿、女婿的陪同下，在黄金海岸逗留了三天，心情非常愉快。

图 11-9 王德滋与洪奉青摄于澳大利亚“十二门徒”景点（2003年。资料来源：王德滋《往事杂忆》）

图 11-10 在女儿王小平在墨尔本的住宅前（2003年。资料来源：王德滋《往事杂忆》）

在临近回国前数日，不料出现了一场虚惊。据王德滋回忆，12月5日早晨，他的夫人洪奉青独自出门散步，而王德滋正坐在沙发上看报纸，未曾发觉。她越走越远，迷失了方向。后来，她进了一家住户的后花园中，被一位好心的澳大利亚老太和她的儿子请进家中，彼此言语不通，还是老太的儿子机警，听到王夫人的讲话中有“南京”两字的音，猜想她是中国人，于是报了警。这件事让王德滋和女儿一家吓得不轻，苦苦寻找了三个多小时，最后通过警方的努力，终于找到了那家住户，离开女儿的家已有三公里之遥了。王夫人患有轻度的阿尔茨海默症，平时她与王德滋几乎形影不离。而这次她在墨尔本险些走失，王德滋每想到此，仍感到心有余悸！

守护病妻

王德滋与洪奉青相知、相守六十余年，患难与共，同甘共苦，情感弥坚，终生相守。自 2005 年 11 月洪奉青罹患重病，生活不能自理，王德滋始终守护在她的身边，成为她抵御疾病的重要精神支柱。①

洪奉青的记忆力衰退大约是从 1996 年开始的。她 1985 年离休，时年五十七岁，离休前是南京大学计算机系的办公室主任。她原来工作很忙，计算机系的大事小事都找她。离休以后，她的两个外孙女要靠她照顾。他们的大女儿、女婿都到国外进修去了，外孙女魏珈 1983 年出生，还不到一周岁就由洪奉青这个外婆照顾。当时他们住在北京西路 2 号新村，大房间让给女儿女婿了，他们虽然出国了，房间仍旧空着。有个小房间仅十平方米，由洪奉青带着外孙女睡大床，王德滋则睡在旁边的一张小床上，中间只容一个人走路，他们将魏珈从几个月一直带到六岁，然后，她的父母便把她带到澳大利亚去读小学去了。刚走的时候他们感觉怅然若失，但是为了孩子的前途，应该让她回到自己的父母身边，这是天经地义的。此时，他们的第二个外孙女刘琉正好在鼓楼小学上学，中午要在他们家吃饭，下午放学之后要在这里做功课，傍晚的时候她的父亲（鼓楼医院医生）下班后把她带回家。直到 1996 年，刘琉去南京外国语学校学习，此时，洪奉

① 王德滋：《往事杂忆》。南京：南京大学出版社，2012 年，第 143 页。

青开始感到无事可做，于是便闲了下来。从此时起，洪奉青开始出现记忆力衰退的迹象，但到底是由于年龄老化引起的记忆力衰退，还是得了阿尔茨海默症，尚未确诊。王德滋曾带她去医院作过检查，医生也未给出明确结论。①

1997 年王德滋当选为中科院院士，他每天上午都要到南京大学东南大楼的办公室去工作，上午在系里工作，下午在家里陪她。每天早晨洪奉青都要送王德滋到东南大楼，几乎风雨无阻，然后她独自再回北京西路 2 号新村。有两次，王德滋发现她竟然找不到回家的路，幸亏碰到熟人，把她领回家，否则或许就走失了。南京大学曾经走失过几位老师，王德滋对此很是担心。此外，洪奉青在日常的生活过程中也表现出了一些遗忘的迹象，比如她曾忘记存折及圆珠笔的存放地点、找不到房门钥匙、日记越记越短等，于是，他便带洪奉青到脑科医院去求诊。脑科医院医生说："你夫人得了阿尔茨海默症，属于老年痴呆初期。这种病没有什么特效药，有一种进口药叫安理申，可以延缓记忆力的衰退，可以服用。这种病全靠照顾，今后不能离开人了。"所以，从那时开始，王德滋夫妇便形影不离了，无论是研究生答辩、外出讲学、参加学术会议、旅游还是做科普报告，他都带着洪奉青。② 王德滋培养的博士谢磊还清晰地记得她第一次见到王德滋与洪奉青时的情形，当时她正读大二，王德滋到南大浦口校区参加学生座谈会，因为洪奉青的身体原因，她便跟随王德滋一起参加了会议，在座谈过程中，洪奉青一直安静地陪坐在王德滋身旁。在谢磊看来，王德滋与洪奉青"就是晚年相互支持的幸福一对儿。如果你跟他们有机会接触过的话，就能从他们在一起相处的点点滴滴感受到他们深厚的感情。"③ 南京大学地科院党委副书记刘慧也曾回忆道，因为怕洪奉青走失，如果在校园里看到他们，总看见王德滋手牵着洪奉青。在她看来，一位年过古稀的院士，学问做得这么好，又那么忙碌，但到哪里都牵着夫人的手，对于这一点她们都非常感动，也留下了很深刻的印象。她认为，王德滋不仅在学术

---

① 王德滋访谈录（六）——家庭生活，2014 年 11 月 11 日，南京。资料存于采集工程数据库。

② 王德滋访谈录（六）——家庭生活，2014 年 11 月 11 日，南京。资料存于采集工程数据库。

③ 谢磊访谈录，2014 年 10 月 30 日，南京。资料存于采集工程数据库。

方面值得敬仰，在为人方面也很值得学习，是后辈学习的榜样。①

除了与洪奉青形影不离之外，王德滋根据洪奉青的病情，采取了多种措施对她进行治疗，以期她的病情能朝好的方面转化。他一方面采取积极治疗，让她住进鼓楼医院，每天服用安理申，出院后又继续服用，但效果并不显著。后来，王德滋听朋友介绍一种秘方，将黄豆泡在醋中六个月，然后让洪奉青每天服用几十粒黄豆，也未见明显效果。另一方面，常带她到雨花台烈士陵园、梅花山、鸡鸣寺、玄武湖以及南京大学校园等户外进行散步，使她更多地接触大自然、愉悦心情。施斌教授曾经回忆道，在春末夏初的清晨，旭日还未从东方升起，朝霞抚摸着校园缭绕的薄雾，被绿荫覆盖的南大北园格外宁谧、安静，大部分学生还沉浸在睡梦中，只有三三两两晨练的长者，挥拳舞剑，吐故纳新；也有些勤奋好学的青年学子，或朗诵外语，或引吭高歌！时钟正好指向 7 时 30 分，在北大楼草坪前，总能见到一对耄耋夫妇，执手相依，安静地坐在一张红木长椅上，沉思凝望，他们就是王德滋和

图 11-11　王德滋和夫人洪奉青在家中欣赏青铜器（资料来源：王德滋）

图 11-12　王德滋与洪奉青在雨花台烈士陵园（1999 年。资料来源：王德滋《往事杂忆》）

① 刘慧访谈录，2014 年 10 月 24 日，南京。资料存于采集工程数据库。

洪奉青。①

吴劲薇教授曾这样回忆王德滋夫妇在南京大学校园漫步的情景："中午离开办公室的路上，常会看到王德滋老师和夫人洪老师在教学楼前慢慢朝西走，是回家吃午饭吧。我在他们后面不远处，边走边看着他们的背影。王老师头戴熟悉的褐色绒线贝雷帽，冬装令他看起来更高大些。十二月初，左侧一列银杏树一片金黄，映在正午湛蓝的天空下。我没叫他们，就这么跟着，看着，想起那句话：执子之手，与子偕老。"②

与此同时，王德滋在参加学术会议和外出考察之暇，还带着洪奉青一起去旅游、散心。

2004 年，王德滋携夫人一起参加了福州校友会活动和海南会议及考察活动。根据与他们同行的谢磊回忆："他们俩真是一路欢声笑语，甚至比我

图 11-13　王德滋与洪奉青合影于贵州黄果树瀑布（2004 年。资料来源：王德滋《往事杂忆》）

① 施斌：那张红木长椅——记王德滋老师关心应用学科建设的一件往事。2015 年，未刊稿。资料存于采集工程数据库。

② 吴劲薇：我所认识的王德滋老师。见：陈骏主编：《地质与地球化学研究进展——庆贺王德滋院士致力于地质科学六十周年暨八十华诞》。南京：南京大学出版社，2006 年，第 552-554 页。

们年轻人都有精神。他俩在大巴车上一起读读诗，回忆过去美好甜蜜的事情，也许是帮助洪老师恢复得更好的一个有力手段吧。当时洪老师维持一个比较平稳的状态。”①

洪奉青当过乡村小学音乐教师，会弹琴。王德滋专门买了一架电子琴供她消遣。她经常弹奏“义勇军进行曲”“毕业歌”“满江红”“渴望”“松花江上”等经典曲目，而且弹得很有水平。她还喜欢听京戏，特别爱听“捉放曹”“苏三起解”“霸王别姬”等，她不仅爱听，而且还会哼几句。此外，王德滋让洪奉青尽可能多地参加一些集体活动。例如，参加党支部组织生活，每逢过组织生活，王德滋都送她去支部书记姚平家中，到时候再接她回家。②

王德滋还与洪奉青一起参加过“老同志合唱团”，每逢星期一下午他们都会准时到小礼堂练歌，还参加过几次演出，洪奉青在合唱团中表现很积极。1997 年后，王德滋因科研任务紧张而退出，他退出后，洪奉青没有坚持多久也退出了合唱团。③

从澳大利亚回国后，王德滋接受了教训，他就找了一个全工保姆，在他看来，洪奉青已经离不开人了，万一他有事情，保姆可以照顾她。2005 年 11 月，对洪奉青的病情来说是一个关键的时间节点。此时，每两年召开一次的院士大会要在北京召开，选举新院士，王德滋必须参加。他要在北京待六天时间，如何安排洪奉青成了一个难题。王德滋本想将她带到北京一起开会，但她不能进入会场，一个人待在宾馆里更不放心。后来王德滋决定让她留在家里，因为此时他的大女儿正好在家，还有一个全工保姆，洪奉青还有两个好朋友，可以常来陪她聊天，也许这样可以挺过去，但是，他的考虑完全错了。王德滋刚去北京，洪奉青就感到不安全，即便是自己的女儿、她的好朋友以及保姆都无法代替王德滋对她的影响。她一天看不到王德滋就感觉六神无主，不断地问王德滋到哪里去了，女儿给她解释，说到北京开会，过两天就回来了，她仍不相信。六天后王德滋从北

---

① 谢磊访谈录，2014 年 10 月 30 日，南京。资料存于采集工程数据库。

② 王德滋：《往事杂忆》。南京：南京大学出版社，2012 年，第 148-149 页。

③ 王德滋：《往事杂忆》。南京：南京大学出版社，2012 年，第 150 页。

京赶回家，一回来就发现洪奉青正躺在床上，满脸通红，焦急的情绪很严重，后来更是发展到不吃不喝。王德滋知道她发病了，立即将她送到脑科医院看病，医生说："这是典型的发病了，她缺乏安全感，一步也不能离开你，你离开她六天，她产生焦躁的情绪，这就发病了。"洪奉青在脑科医院住了四个月后出院，为了更好地照顾洪奉青，王德滋又增加了一个保姆。此时，洪奉青已基本上不认识人了，性格也发生了很大的变化，她原本是一位热情、和气，见到人就笑容满面的人，此时她不仅不笑了，有时候还会突然发脾气，有一次她把一杯牛奶泼在大女儿身上。那时，她虽然可以自己走路，但需要有人搀扶着。①

2008 年 5 月，洪奉青得了急性肠胃炎，发高烧住进了鼓楼医院，后来肠胃炎治好了，但在尾椎骨处长了一个鹅卵大小的褥疮，而且里面烂得很深，很痛苦，生了褥疮后她就不能再走路了，从此就躺在床上了。由于鼓楼医院床位紧，就转到了校医院，因为她是离休干部，校医院给了一个单间。陈江楠护士给她悉心治疗褥疮，她先把里面腐烂的肉挖掉，再洗净疮面，然后用专门的胶布贴上。经过八个月的治疗终于治好了褥疮。王德滋从校医院把她接回家中，已经临近春节了，从这以后，她基本上就卧床不起了，全靠两个保姆轮流照顾。②

由于洪奉青长期卧床，她的两腿已无法伸直，左手臂也无法灵活活动。随着病情的不断恶化，洪奉青的认知能力也越来越差，无法叫出熟人的名字，对王德滋也是"似曾相识"，但对他的脚步声却很敏感，有时他刚走到房间门口，她就抬起头伸出手招呼王德滋。而王德滋也每天拉着洪奉青的手一遍一遍地说："老伴、老伴，真正好！老伴、老伴，老来伴！手拉手，向前走！"洪奉青偶尔也会跟着吐出几个字。③

到了 2013 年 5 月，已经是洪奉青发病的第八年了，又因感冒引起了肺炎，发高烧，王德滋急忙把她送到鼓楼医院急诊室，经过 CT 检查发现肺部有一个很大的脓包，于是住进重症监护室，只允许每天下午有半小时的

---

① 王德滋访谈录（六）——家庭生活，2014年11月11日，南京。资料存于采集工程数据库。

② 同①。

③ 王德滋:《往事杂忆》。南京：南京大学出版社，2012 年，第 159 页。

探视时间。监护室对病人的照顾并不理想，王德滋就与医生商量能不能让两个保姆轮流去照顾，他们同意了，保姆可以轮流去给洪奉青擦擦身子，但一个小时后必须离开。洪奉青在重症监护室住了一个月，肺部的脓包缩小了，开始向好的方面转化，医生说重症监护室不能长住，普通病房又没有床位，只能转到校医院。王德滋便跟校医院商量，最后，校医院同意接受，那时已是六月份。洪奉青住进校医院，经过治疗以后，又去做了CT检查，脓包已全部消失，肺炎痊愈了。后来王德滋发现洪奉青严重贫血，营养不良，他便向自己的小女儿咨询如何给洪奉青加强营养，小超告诉说可以吃点猪肝补补血。①

2013年8月22日对王德滋来说是一个令他终生难忘的日子，这天上午洪奉青很正常，中午喂她吃猪肝面条，可能由于猪肝不新鲜，喂了不到三分之一，她就呕吐了。当天下午，王德滋一直坐在她的床前陪着她，后来小超也从迈皋桥中西医结合医院赶来。洪奉青不停地哼着，因为她不

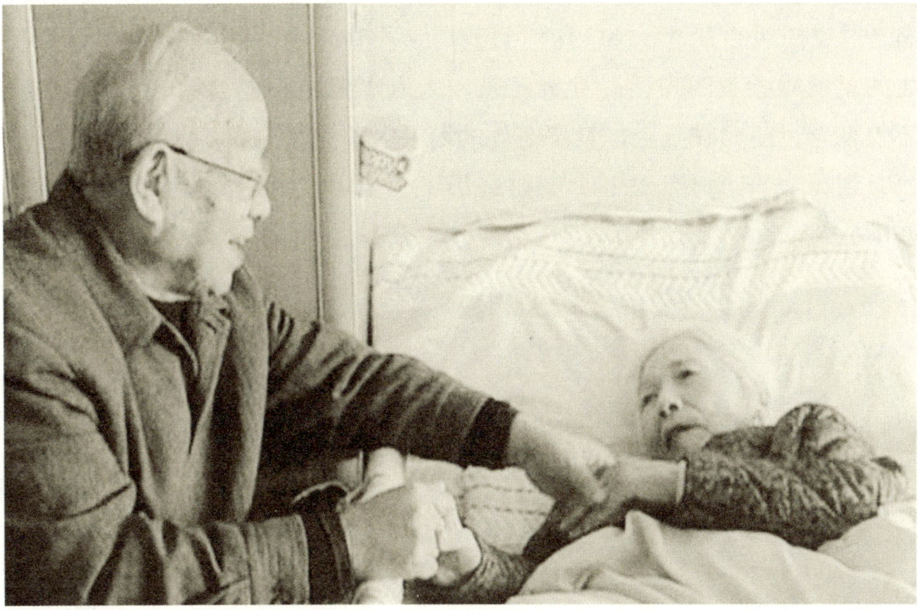

图11-14　相濡以沫六十年（1953-2013。资料来源：王德滋）

① 王德滋访谈录（六）——家庭生活，2014年11月11日，南京。资料存于采集工程数据库。

会讲话，王德滋也不知道她到底哪里不舒服。他问值班医生，医生说不要紧，这是急性肠胃炎，而且给她量了温度，体温正常，正在给她挂葡萄糖水。大家都认为没有什么大问题，谁料到晚上八点半左右洪奉青又一次呕吐，120的急救车急忙赶来，随救护车来的医生说，来不及送鼓楼医院了，只能就地抢救，由于呕吐的东西把气管堵塞住了，洪奉青终因抢救无效去世。①

王德滋永远无法忘记这一悲痛的时刻，他失去了与他相伴一生的爱妻！此时，他的大女儿还在美国，她匆忙赶回来与他的母亲遗体告别。王德滋将洪奉青的墓地选在花神大道旁的功德园，墓身用花岗岩制成，以履行他与奉青“生死相守”的诺言。②

洪奉青去世后一年多时间里，王德滋已去过功德园五六次了，清明节去，去世一周年也去，春节前也去，因为王德滋很怀念自己的妻子，觉得她太寂寞了。他把她生前拍的最后一张照片放大后，挂在床头，又从好多照片里挑选了四十张，夹在一个照相簿里，放在案头，几乎每天都要翻看，以寄托他的哀思。2014年清明节，他又带着两个女儿前往凭吊，并在她的墓前默念着四句话：“生死茫茫，天人永隔，心之所系，终生不忘。”不仅默念，还写在纸上，焚烧在她的墓前。王德滋与洪奉青于1953年结婚，到2013年洪奉青去世，整整经历了六十年，她会永远活在王德滋的心中！③

① 王德滋访谈录（六）——家庭生活，2014年11月11日，南京。资料存于采集工程数据库。
② 同①。
③ 同①。

结语

王德滋长期双肩挑担，历任南京大学地质系党总支书记、系主任助理、副系主任、教务处副处长、副教务长兼科研处长、校党委常委、副校长、地学院院长等职，同时兼任南京大学校友总会副会长，为南京大学的建设、发展做出了巨大的贡献。他以七十岁高龄当选为中科院院士，在学术上也取得了巨大的成功和突破，分析其成功的原因主要有以下几个方面：

其一，目标坚定，持之以恒。王德滋自报考中央大学之初便坚定了自己献身地质科学的理想和信念。在求学过程中他认真刻苦、扎实勤奋、好学善问，为他从事地质学研究奠定了良好的基础。毕业留校后，王德滋长期从事基础课教学，同时，身兼数职，工作繁忙，但他不辞辛劳，坚持又红又专，无论何时何地，不忘学习、研究，不断提升自身专业素质。即使在“反右倾”斗争及“文化大革命”期间，他仍然坚持学习，毫不松懈，“文革”结束后，其行政事务日渐增多，但始终未放弃专业，而是双肩挑担不歇肩，在做好行政工作的同时，不忘进行专业研究和学习。从行政岗位卸任以后，他又毅然回到院系，从事教学、研究工作，并最终当选中国科学院院士，达到学术生涯的高峰。王德滋在学术上坚持“长流水、不断线”，持之以恒地钻研业务，使其在花岗岩与火山岩研究方面做出了开创性的贡献。

其二，学科交叉，协同创新。王德滋在研究过程中十分注重学科交叉和融合，从学科边缘以及不同学科的融汇处寻求突破。从王德滋自身的学术成长历程来看，在其科研起步阶段主要研究煌斑岩，自五十年代末至八十年代初则以研究花岗岩为主，同时，开辟了火山岩研究的新领域，对两个领域进行平行的研究和探索；自改革开放至九十年代后期，他则把花岗岩与火山岩贯通研究，提出了很多创新的观点，同时，也获得了很多新的发现；1997 年当选为中国科学院院士后，他进一步优化科研团队，将岩石学、地球化学和构造地质学三个学科进行交叉研究，搭建了三个学科互通的“立交桥”，进入多学科协同攻关阶段。其学科交叉、融合的思想不仅体现在自身的科研活动之中，还体现在他的人才培养和学校科研方针的制定等方面。在人才培养过程中，他主张学科交叉、联合培养，十分注重研究生指导小组在人才培养中的作用。在科研管理过程中，他提出了“加强应用，注重基础，发展边缘，促进联合”的十六字科研方针，表明了他对学科交叉、发展边缘学科的重视。

其三，胸怀全局，以校为家。王德滋自 1946 年进入中央大学学习直至现在整整七十年的时间一直学习、工作和生活在南京大学，他对母校具有十分深厚的感情。他视校为家，爱生如子，无论是担任学校领导之时，还是从领导岗位退下来之后，始终如一，关注南京大学的发展，关心学科建设和人才培养，而且，时时关心校友的动态及其与母校的联系。他主编了南京大学校史和地科院院史，为南京大学的建设和发展做出了独特贡献。

其四，爱国敬业，心系社会。王德滋在大学期间深受进步思想的熏陶，参加了“五二〇”学生运动、“应变护校斗争”以及“四一”学生运动，并于 1949 年 1 月加入了中国共产党，成为一名中共地下党员。毕业留校后，他始终将国家和学校的需要放在第一位，全心投入，不计个人得失，始终保持一颗爱国、爱校之心。王德滋具有十分强烈的责任心和服务意识，他始终认为作为一名大学教师和院士，需要将自己所学的知识回报社会，因此，他一方面通过科普讲座、撰写科普著作等途径，以己所学回报社会；另一方面，他主动组织、参与了多次南京及周边城市建设和地质、环境保护等方面的考察，提出了很多切实可行的建议和对策，产生了显著的成效，对南京及周边地区的城市建设和环境保护工作做出了巨大的贡献。

其五，尊师爱生，润物无声。王德滋自幼父母双亡，历经坎坷，遭受了很多磨难，但他始终心存感激、待人以诚。无论是对自己的亲人，还是对自己的师长、同事、学生以及校友和同乡，他都以诚相见，尤其是对自己的师长更是尊敬有加、心存感激。饮水思源，他念念不忘对老师学术成果、思想的整理和传播，堪称尊师重道之楷模。对于学生他更是关爱有加，润物无声，滋兰树蕙。王德滋淡泊名利，甘为人梯，十分关心同事的成长和发展，不断培养、锻炼、提升他们的能力和素质，帮助他们确定研究方向，促进他们快速成长。

综观王德滋的学术成长和人生经历，可以看到王德滋一生虽历经坎坷，但始终心存希望和感恩之情，他对地质科学、对南京大学、对南京和家乡泰兴以及对自己的夫人始终保持终生不渝的感情。他爱国敬业、尊师爱生、夫妻和睦、师德高尚，正如他的名字“王德滋”所寓意的那样，他用他的品德、学养和实际行动，春风化雨般滋润着他的同事、学生、朋友和亲人，为后辈树立了学习的榜样。

附录一　王德滋年表

1927年

6月27日（农历五月二十八日），出生于江苏泰兴。

1933年

9月，入泰兴襟江小学。

1938年

7月，泰兴襟江小学毕业。

9月，就读于泰兴私立沪光中学分校，念初一。

1939年

9月，转学到泰兴县立初级中学念初二。

1940年

春，就读于泰兴私立“扬陋学塾”，直至初中毕业。

1941 年

9 月，进入泰兴私立延令中学高中部学习。

1944 年

7 月，从泰兴延令中学毕业。

9 月，考取江苏教育学院数学系（校址在苏州）。仅就读一个学期，即自动退学，返回泰兴。

1945 年

2 月，在泰兴城东小学任教兼教导主任。

1946 年

夏，国立中央大学（南京大学前身）由重庆迁回南京，并恢复招生。考取中央大学地质系。

10 月，进入国立中央大学地质系学习。

1947 年

5 月，在中央大学进步思潮影响下积极参与“五二〇”爱国学生运动。

1948 年

年末，积极参加应变护校斗争，反对国民党政府妄图将中央大学迁往台湾。

1949 年

1 月，参加中国共产党，成为中央大学中共地下党组织的一员。

4 月，参加“四一”爱国学生运动，反对李宗仁炮制的“假和平”。

8 月 8 日，国立中央大学更名为国立南京大学。

8—9 月，被抽调至南京郊区花神庙、上新河一带参加农村工作队，核实农民土地，访贫问苦，结合进行“夏征”工作。

1950 年

3 月，全校师生集中一个月学习社会发展史，学习历史唯物主义。

7 月，毕业于南京大学地质系，成为新中国第一届大学毕业生。留校担任李学清教授的助教，负责岩石学实验，兼地质系图书室管理员和南京大学工会秘书。

10 月，国立南京大学更名为南京大学。

1951 年

7 月至 1952 年 8 月，因病休养。

1952 年

9 月，病愈恢复工作。因国家建设需要，地质系暂停招收本科，改为招收两年制专科。设两个专业：金属非金属矿产地质专业和水文地质工程地质专业。

秋，地质系师生中的党员合建一个支部，任支部书记。

1953 年

9 月，为金属非金属矿产地质专业讲授《岩石学》课程。

11 月，与洪奉青结婚。

12 月，南京大学校报刊登地质系二年级学生黄崇轲发表的通讯文章《为同学敬爱的王德滋助教》，报道其教书育人的先进事迹。

1954 年

与孙鼐合译《晶体光学薄片研究法》，由地质出版社出版。

12 月，大女儿王卫平出生。

1955 年

6 月，夫人洪奉青调入南京大学工作。

由助教晋升为讲师。

1956 年

秋，与孙鼐、董忠泉、于镇藩赴山东济南郊区考察研究辉长岩和碱性伟晶岩，历时两周。

9 月，为地球化学专业学生讲授光性矿物学、晶体光学等专业课程。

1957 年

独立完成的第一篇学术论文《江苏高资下蜀煌斑岩之研究》在《南京大学学报》（自然科学版）发表。

南京大学地质系党总支成立，担任总支书记。

5 月 20 日，参加在“五二〇”校庆举行的第三届科学讨论会，和孙鼐教授共同报告“济南辉长岩的研究”。

9 月，为地球化学专业与地质学专业学生讲授晶体光学课程。

地质系专门为同学组成了地球化学、岩石、构造地质、地史古生物和矿床等五个俄文学习小组，担任岩石学俄文学习小组的业务指导。

1958 年

夏，受系主任徐克勤委派，与季寿元、胡受奚到江西南部对加里东期花岗岩开展地质调查研究。

与孙鼐合作的研究成果《济南辉长岩及伟晶岩的研究》（第二作者）在《地质学报》第二期发表。

9 月，南京大学拟创建地质系放射性矿产地质专业（即六三专业）。负责此专业筹建工作，任六三专业党支部书记。

卸任地质系党总支书记后，担任系主任助理，协助系主任徐克勤处理日常行政工作。

10 月，二女儿王小超出生。

配合教学需要，在镇江北固山、象山、金山、焦山和南郊等地进行火成岩研究，后在《地质论评》发表论文《江苏镇江火成岩及其接触变质作用》。

作为主要骨干，参与徐克勤的科研团队，对“华南花岗岩”进行研究。

1959 年

地质系成立放射地质专业，任教研室主任兼党支部书记。

南京大学开展党内“反右倾”运动，因钻研业务和严重右倾，被作为“白专道路典型”受到重点批判。

1960 年

俄文译著《晶体光学研究法》由地质出版社出版。

赴苏州考察花岗岩。

因苏联专家撤走，为避免放射地质专业夭折，组织教研室教师收集国内外资料，编写出五门专业课紧缺教材，使教学工作得以顺利进行。

9 月，为放射地质专业的学生讲授专业课程《铀的地球化学》。

与李学清等合译《火成岩及地球的深度》，未刊稿。

六十年代初肇始，开辟了新的研究领域——火山岩研究，与花岗岩研究平行进行。

1961 年

1961 年起任地质系副系主任，主管科研工作。

与季寿元合编教材《晶体光学》，由人民教育出版社出版。

1962 年

春，与涂绍雄合作研究宁芜盆地中生代火山岩，重点研究火山岩的岩石学与岩石化学演化规律。

夏，与刘昌实、李应运赴安徽九华山考察复式花岗岩体。

与季寿元、胡受奚合作在《南京大学学报》发表论文《江西南部加里东期与燕山期花岗岩的对比》。

1963 年

与徐克勤（第一作者）等共同撰写的论文《华南多旋回花岗岩类的侵入时代、岩性特征、分布规律及成矿专属性的研究》在《地质学报》上发表，连续两期，在国内地质学界引起巨大反响。

1963年，与周新民合作在《南京大学学报》发表论文《南京蒋庙碱性辉长岩和等色岩的成因》。

与涂绍雄合作在《南京大学学报》发表论文《宁芜地区中生代火山岩系的岩石学与岩石化学研究》。

科研论文 *Correlation between Caledonian and Yishanian Granites in Southern Jiangxi*（第二作者）在《中国科学》发表。

9月，调任教务处副处长。

秋，参加在山东泰安召开的“区域变质研究经验交流会”。会后，赴山东新泰雁翎关地区考察泰山群变质岩。

1964年

夏，与林承毅、刘振声在江西弋阳慈竹考察加里东早期英云闪长岩，该岩体属于与区域变质作用密切相关的半原地型深熔花岗岩。

1965年

国家科委以科学技术专报的形式出版了《华南不同时代花岗岩与成矿关系》专报，七十余万字，撰写了其中“华南不同时代花岗岩的成因问题”、“安徽九华山花岗岩研究”和“江西慈竹加里东期英云闪长岩研究”等章节。

高教部在北京举办高校科技成果展览会，“华南花岗岩研究”被誉为南京大学的“五朵金花”之一。

撰写《光性矿物学》教材，由上海科技出版社出版。

俄文译著《火成岩岩石化学导论》，由科学出版社出版。

1966年

6月，“文化大革命”爆发，被当作“走资派”，关进“牛棚”，边劳动、边接受批斗。

1967 年

全校开展修正主义教育路线大批判。作为教务处负责人，被认为是南京大学修正主义教育路线的实际执行者，接受了两场批斗。

1968 年

斗私批修告一段落。在校内参加劳动（主要是割草），写交代材料。晚上在家中钻研地质业务。

1969 年

10 月 19 日，林彪发出“一号命令”，学校紧急动员，徒步前往溧阳农场劳动，修水库。

1970 年

5 月，由农场徒步返校参加清查“五一六分子”活动。

秋，再去溧阳农场劳动，时间约两年。

1971 年

全年在农场劳动，主要从事插秧、施肥、收割、果树喷药、种蔬菜等劳动。

1972 年

夏，由农场调回学校，任南京大学革命委员会教育革命组副组长，迎接工农兵学员入学。因学生的文化程度参差不齐，对工农兵学员进行文化补课，在培养过程中，强调系统教学，讲课必须有教材，开门办学尽可能结合专业，从而保证了一定的教学质量。先后培养了五届工农兵学员，对于国家建设这是很重要的一代人。

1973 年

科学研究开始复苏，与涂绍雄合作，继续从事宁芜盆地火山岩与成矿关系研究。

1974 年

在周新民协助下修订《光性矿物学》教材（再版），由上海人民出版社出版。

1975 年

在江苏盐城蹲点。物理系师生在盐城地区农村开门办学，联系实际，讲授“农村电工”课程。

1976 年

6 月，在江西宜春为二机部举办的“地球化学应用讲座会”讲课。

10 月，在甘肃天水为二机部 207 工程指挥部举办的“地球化学应用讲习班”讲课。

1977 年

教育革命组撤销，成立教学科研处，任处长。

1978 年

南京大学恢复教师职称评审，由讲师越级晋升为教授。

担任南京大学副教务长兼科研处处长，直至 1984 年。

“华南不同时代花岗岩类与成矿关系”研究成果获全国科学大会奖。

1979 年

9 月，应浙江省地质学会邀请，赴杭州作“中生代火山岩与成矿关系”学术报告，后与陈克荣等在浙江莫干山考察“次火山花岗岩”。

10 月，与刘昌实、周金城在浙江桐庐火山断陷盆地研究次火山花岗岩。

1980 年

“华南花岗岩研究”成果被国家科委推荐到第二十六届国际地质大会展出。

1981 年

学习中央科技方针，结合南大实际，提出科研工作十六字指导思想，即“加强应用，注重基础，发展边缘，促进联合”。

1982 年

3 月，应美国霍普金斯大学的邀请，南京大学教师代表团赴美考察，任副团长，先后访问了霍普金斯、哈佛、耶鲁、加州伯克利等十四所大学，进行考察和讲学等学术交流活动，历时六周。

10 月 26—30 日，南京大学主办“花岗岩地质与成矿关系”国际学术讨论会，任组织委员会秘书长。来自美、英、法、日、澳、希腊等国的二十几位专家和国内百余位代表参加了会议。这是由我国高校主办的首次国际学术讨论会。

与周新民合作撰写教学参考书《火山岩岩石学》，由科学出版社出版。

作为主要成员，“华南不同时代花岗岩类与成矿关系”研究成果获国家自然科学二等奖。

担任“江苏省科学学与科技管理研究会”副会长。

1983 年

在国内较早发现“自碎次火山岩”，这是一种独特的火山碎屑岩类型，对于指导找矿具有积极意义。在国内首次提出“次火山花岗岩”（Subvolcanic Granite）理念，并在《中国地质》发表了论文。

1984 年

任南京大学副校长，主管科学研究工作。

经国务院学位委员会批准为博士研究生导师。

10 月 5 日，当选南京大学自然科学学术委员会副主任委员。

1985 年

3 月，代表南京大学参加 1985 年全国科技工作会议。

任国务院学位委员会地质学与地球物理学学科评议组成员、召集人。

任中国矿物岩石地球化学学会岩浆岩专业委员会主任，连任一届。

与刘昌实、周金城合译《花岗岩基的成因》，由地质出版社出版。

秋，应邀参加母校泰兴中学六十周年校庆。

1986 年

1 月，为了适应学科发展需要，南京大学地质系更名为南京大学地球科学系。

9 月，赴日本名古屋大学讲学，时间一个月。讲学内容侧重两方面：一是“中国东部中、新生代火山岩与成矿关系”；二是“华南不同时代花岗岩与成矿关系”。讲学期间，与诹访兼位教授去野外考察双变质带和 Okinoshima 岛新生代花岗岩。

与周金城合作在 *Advance in sciences of China* 论文集发表科研论文“*An autoclastic volcanic-intrusive rock and its metallogenetic relations*”。

秋，与周新民、杜杨松前往浙江北雁荡山地区考察流纹质熔结凝灰岩剖面。

11 月 12 日，主持生命科学、信息科学、材料科学三个研究中心的成立大会。

1987 年

5 月，受教育部委托，率中国大学校长代表团访问澳大利亚二十二所大学，签订中澳联合培养博士生协议。

6 月 18 日，为缅怀南京大学前党委书记陈毅人同志，在《南京大学报》发表《正确执行知识分子政策的楷模——纪念我的良师陈毅人同志》。

1988 年

卸去副校长职务，回到地球科学系继续指导研究生和开展科学研究。

秋，与刘昌实、沈渭洲、陈繁荣在江西相山考察火山岩与铀矿，在国内首次发现 S 型火山岩并研究其与铀矿的关系。

冬，与周新民、徐夕生等在安徽歙县考察元古代蛇绿岩套。

任南京大学发展与政策研究委员会主任（1988—1991）。

1989 年

1 月，经国家自然科学基金委员会批准，南京大学地球科学系牵头承担“中国东部金矿重要类型、成矿条件、富集规律及找矿方向”重大项目，主持其中一个二级课题“中国东部与中生代陆相火山作用有关的金成矿条件及远景预测的研究”。

3 月，教育部正式批准成立“内生金属矿床成矿机制国家重点实验室”，任实验室主任。

5 月，与陈克荣等在《中国科学》发表科研论文《中国东南部的次火山花岗岩类及其成矿作用》。

7 月，与徐克勤、张祖还、俞剑华等赴庐山进行地质考察。

10 月，根据金矿重大研究项目的需要，与任启江、邱检生在山东沂沭断裂带考察橄榄安粗岩与金矿的关系；研究中国大部“大火山岩省”的格局，在苏、鲁、皖地区圈出“橄榄安粗岩省”。

冬，在南京大学召开“微粒花岗岩类包体”会议，随后与周新民、徐夕生在《桂林冶金地质学院学报》发表论文《微粒花岗岩类包体的成因》。

主编的《南京大学大事记》出版，该书囊括了南大及其前身八十六年间所发生的重要事件。

1990 年

“中国东南部酸性、中酸性火山岩、次火山岩与成矿关系”研究成果获国家教委科技进步一等奖。

5 月 10 日，受聘为国家自然科学基金委员会第三届地质学科评审组成员，任组长。

1991 年

南京大学成立地学院，担任院长。1993 年由王颖接任。

任中国地质学会副理事长，担任一届。

任《南京大学学报》(自然科学) 主编，至 1994 年辞去。

11 月，岩石学教学委员会在桂林冶金地质学院召开，应邀参加会议。

12 月 12 日，被江苏省教育委员会评为优秀研究生教师。

12 月，荣获南京大学首届研究生导师教书育人奖。

科研论文《江西东乡—相山中生代 S 型火山岩带的发现及其地质意义》在《科学通报》发表。

1992 年

3 月 12 日，受聘为江苏省普通高等教育工作咨询委员会首届委员。

南京大学成立校友总会，担任副会长至今。

主编《南京大学史》，由南京大学出版社出版。

1993 年

3 月，国家自然科学基金委员会组织专家对金矿重大项目进行评审验收，经专家评定，认为该项目整体上达到国际先进水平。

4 月，与周金城、邱检生在浙江考察双峰式火山岩。

9 月，受聘为西北大学兼职教授。

秋，与曲钦岳、陆渝蓉等访问香港大学、香港树仁学院，与香港中央大学校友聚会。

1994 年

2 月 10 日，受聘为《中国地球化学学报》(英文版) 编委。

6 月，与赵广涛在山东崂山考察 I 型与 A 型复合花岗岩体。

秋，与彭亚鸣、邱检生在浙江普陀山考察 A 型花岗岩。

8 月 27 日，受聘为中国石油天然气总公司对石油大学“211 工程”部门预审专家组专家。

9 月 15 日，受聘为地质矿产部“壳幔体系组成、物质交换及动力学实验室”学术委员会委员。

1995 年

3 月 5 日，受聘为中国地质大学《地球科学》学报特约编委。

5 月，研究成果“中国东部与中生代陆相火山作用有关金矿床的研究”，获国家教委科学技术进步二等奖。

9 月，《高校地质学报》创刊，担任主编。

12 月 12 日，被聘请担任水利部“211 工程”部门预审专家。

科研论文《中国东部晚中生代 A 型花岗岩的构造制约》在《高校地质学报》发表。

1996 年

与任启江合作主编英文专著 *The Volcanic-Intrusive Complexes and their Metallogenetic Relations in East China*，由科学出版社出版。

8 月，参加在北京召开的第三十届国际地质大会，与蟹泽聪史共同主持火山岩分会。

1997 年

5 月 26 日，参加南京大学第二届海内外校友代表大会。

9 月，受聘为浙江大学兼职教授。

10 月，与邱检生在福建永泰考察碱性流纹岩。

10 月，应福建省地矿局邀请，在厦门参加成果评审会并做学术报告。

10 月 15 日，受聘为第二届国家杰出青年科学基金评审委员会委员。

11 月，当选为中国科学院院士。

11 月，访问台湾“中央大学”，与台湾“中央大学”校友欢聚一堂。

主持国家自然科学基金重点项目“中国东南部晚中生代花岗质火山—

侵入杂岩成因与地壳演化”，历时四年。

1998 年

1 月 20 日，获中国科学院“岩石圈构造演化开放研究实验室”颁发的学术委员会委员聘书。

3 月，国家自然科学基金支持的中国东部金矿项目成果《中国东部金矿地质学及地球化学》（专著）由科学出版社出版，担任主编之一。

3 月 25 日，受聘为《岩石矿物学杂志》编辑委员会委员。

11 月 30 日，获江苏省科学学与科研管理研究会“荣誉理事”称号。

12 月 29 日，受聘为《庐山地区旅游学资源调研与开发区划》项目报告评审员。

1999 年

6 月，为《岩石学报》主编了一期花岗岩专辑（Vol.15，No.2），为专辑撰写了首篇论文：“我国花岗岩研究的回顾与展望”。

6 月 22 日，参加教育部在北京召开的“地球科学教程电子版”（徐士进主编）首发式。

9 月，参加南京市委宣传部组织的科普宣传周，在鼓楼广场为市民解答有关地震、环境污染等问题。

10 月，受聘为中国科学技术大学兼职教授。

参加在南京大学召开的第一届全国地学博士后学术会议。

2000 年

4 月，应邀在江苏省常熟中学作“加强素质教育”报告。

6 月 5 日，参加第十次中国科学院院士大会。

9 月 8 日，受聘为中国矿业联合会顾问。

10 月 30 日，受聘为“岩石圈构造、深部过程及探测技术”教育部重点实验室学术委员会委员。

2001 年

7 月，受聘为江苏省矿产资源规划编写顾问组顾问。

9 月，与舒良树、于津海、楼法生在江西武功山考察变质核杂岩。

12 月，主编的《南京大学地球科学系史》由南京大学出版社出版。

科研论文 *Mesozoic Magmatism and Granitic Dome in the WuGongshan Massif, Jiangxi Province and Their Genetic Relationship to the Tectonic Events in Southeast China* 在刊物 *Tectonophysics* 上发表。

2002 年

主编的《中国东南部晚中生代花岗质火山——侵入杂岩成因与地壳演化》(专著)，由科学出版社出版。

5 月 17 日，主编的《南京大学百年史》举行出版首发式。

5 月，受聘为北京大学"造山带与地壳演化教育部重点实验室"学术委员会委员。

11 月，应邀去广州地球化学研究所访问，并顺访中山大学地质系，历时一周。

2003 年

2 月，向南京市市长罗志军提出《大力建设南京沿江自然风光带》的建议，获得采纳。

9 月，参加由南京市委组织部与中科院南京分院联合组织的在宁院士沿江考察。

11 月，偕夫人洪奉青赴澳大利亚墨尔本探亲，历时一个月。

12 月，为纪念徐克勤院士逝世一周年，在《高校地质学报》发表纪念文章《华南花岗岩研究的开拓者——徐克勤院士》。

作为第一完成人，"中国东南部晚中生代花岗质火山—侵入杂岩成因与地壳演化"成果获教育部自然科学一等奖。

2004 年

1 月 19 日，向南京市领导汇报沿江考察结果，并提出建议。

7 月，应邀赴贵阳中国科学院地球化学研究所进行学术访问。

8 月 8 日，参加浙江雁荡山国家地质公园的开园仪式。

9 月 20 日，受聘为中国地质大学（武汉）兼职教授。

10 月，参加 南京大学福建校友会组织的“院士专家八闽行”活动。

11 月，赴海南省海口市参加第一次“全国岩石学与地球动力学研讨会”，作“大火成岩省研究新进展”大会报告。

2005 年

4 月 8 日，在浙江大学向地球科学系师生作学术报告。

5 月 14 日，参加《山水地质学与中国绘画》一书的首发式并讲话。

7 月，赴南京浦口进行生态考察，撰写“建设人与自然和谐的新浦口”调查报告，刊登在南京市委办公厅《内参》上。

9 月，在江苏泰州市作“发展生态经济、建设生态城市”报告。

10 月，在江苏大丰实验中学（南京大学教育实验基地）作“自然、资源与人”科普报告。

2006 年

3 月，参加南京大学泰州校友会成立大会并讲话。

11 月，参加在南京大学召开的第三次“岩石学与地球动力学研讨会”，作“花岗岩构造岩浆组合”大会报告。

2007 年

3 月，纪念徐克勤院士百岁诞辰，担任《徐克勤文集》编辑委员会主任，该文集由科学出版社出版。

7 月，联合在宁八位院士向江苏省委、省政府提出“关于切实保护好江苏山体及地质遗迹”的建议，获得采纳。

9 月，赴北京大学参加董申保院士九十华诞祝寿会。

11 月，赴泰兴市黄桥镇参加纪念丁文江先生一百二十周年诞辰的纪念活动。

2008 年

5 月 20 日，应邀参加南京大学地球科学与工程学院七八级研究生入学三十周年聚会。

5 月 23—25 日，参加“华南花岗岩与成矿”学术研讨会。

8 月，参加江苏省国土资源厅召开的有关《江苏省地质环境保护条例》的咨询会议。

在谢磊协助下修订《光性矿物学》（第三版），由科学出版社出版。

2009 年

1 月 15 日，当选为《岩石矿物学杂志》编辑委员会荣誉编委。

6 月 15 日，受聘为《地质与勘探》编委会特约编委。

11 月，走进南京大学第四届读书节活动的讲堂，做“中国观赏石——地质学与美学的融合”专题学术报告。

12 月 17 日，参加朱共山楼（地科大楼）捐赠签约仪式暨奠基典礼。

2010 年

1 月，纪念张祖还先生百年诞辰，出版《张祖还文集》，为《文集》作序。

参与南京市委组织部为培养一批年轻优秀人才的“结对活动”，结对培养对象王军，时任南京园林研究所副所长。

5 月应邀参加了泰兴宣堡小学的少年科技节活动，观看了小学生的科技竞赛表演，并为高年级小学生作“板块、地震与火山”科普报告。

10 月，应泰兴市科协的邀请，向泰兴市科技、教育界作“自然、资源与人”科普报告。

11 月，参加母校襟江小学建校一百五十周年校庆。

2011 年

3 月 19 日，参与纪念“孙鼐先生百年诞辰座谈会”，此前，出版《孙鼐纪念文集》，为《文集》作序。

4 月，为纪念南京大学地质学科建立九十周年，主编《南京大学地球科学与工程学院简史》，由南京大学出版社出版。

4 月 20 日，参加第四届全国构造地质与地球动力学研讨会。

5 月 17 日上午，参加南京大学庆祝地质学科创立九十周年庆祝会，总结地质学科发展的经验体会，共同谋划地质学科未来发展大计。

7 月 6 日，受聘为汤山方山国家地质公园汤山园区专家顾问委员会委员，期间考察了正在建设中的汤山方山国家地质公园。

9 月 6—7 日，参加由中国地质调查局和南京大学联合主办的“南岭地区花岗岩与成矿学术研讨会”。

11 月 15 日，为弘扬南京石文化，指导动漫产业发展，促进文化精品的诞生，受江苏漫通传媒有限公司聘请，担任原创动画系列片《地球探秘》高级顾问。

2012 年

5 月 6 日，参加南京大学 110 周年校庆期间举办的科学与人文的对话活动。

5 月 17 日，参加南京大学“二源广场”启用典礼。作为中央大学校友会代表为“国立中央大学”碑揭幕。

5 月，在南大仙林校区参加吴有训校长塑像揭幕仪式。

5 月，在母校襟江小学为全校师生作《中国观赏石——科学与艺术的融合》的科普报告。

5 月 19 日，参加“南京大学地质学科发展高层论坛”，共商地质学科“十二五”发展规划，有十名院士校友参加并发言。

9 月，主编的科普著作《远古的奇观——南京雨花石》，由江苏科学技术出版社出版。

9 月 19 日，江苏省科协、省教育厅、中科院南京分院、省社科院联合举办研究生科学道德和学风建设宣讲教育报告会，为近千名在宁高校新入学研究生做科学道德教育报告。

9 月，与舒良树合作之科研论文 *Late Mesozoic Basin and Range Tectonics and Related Magmatism in Southeast China* 在 *Geosciences Frontiers* 上发表。

10 月，考察方山国家地质公园。

2013 年

4 月，应泰兴市委、市政府之邀，回乡参观并座谈，建议泰兴加强生态文明建设，发展生态经济，把家乡建设得更加美好。

8 月 22 日，夫人洪奉青病逝。

9 月，参加南大——中科院“地质学本科人才培养”合作签约仪式。

11 月，应邀参加由中国地理学会主办、南京大学地理与海洋科学学院承办的“任美锷学术思想研讨会——纪念任美锷先生诞辰一百周年”。

12 月 10–11 日，应邀参加国土资源部召开的“江苏省栖霞山铅锌矿找矿成果现场交流研讨会”。

2014 年

2 月，联合在宁六位院士向南京市委、市政府建议将栖霞山建设为国家地质公园，获得采纳。

4 月 3 日，受聘为国家“紧缺矿产资源勘查协同创新中心”战略咨询委员会委员。

4 月 23 日，参加内生金属矿床成矿机制研究国家重点实验室第一次“石话石说”学术论坛。

4 月 26 日，庆贺地质学家、教育家郭令智百岁华诞，同时参加“板块构造理论研讨会”。

5 月，主编《大地求索谱华章——庆贺郭令智院士百岁华诞》文集由南京大学出版社出版。

5 月 19 日，参加纪念我国著名水文地质学家肖楠森先生诞辰一百周年纪念会议与“新构造控水理论研讨会”。

5 月 26 日，应邀参加“科技梦 · 中国梦——中国现代科学家主题展”全国巡回展（南京站）开幕式并讲话。

9 月 10 日，在南京大学仙林校区体育馆为 2014 级三千多名本科新生作入学教育报告，题目为“科学人生六十年”。

12 月 27 日，参加南京大学管理精英学友会成立十周年庆祝会，受聘为学友会总顾问，为学友会题词：“坚毅自强，诚朴求真，开拓进取，创业创新”。

2015 年

3 月 11 日下午，出席南京大学校史文献资料整理与研究协调会。

4 月 5 日，清明节，编印《珍贵的回忆——洪奉青纪念文集》，收录五篇回忆文章，其中四篇为夫人洪奉青的作品，配发了二十七幅照片。

4 月 22 日，世界地球日，参加南京大学仙林校区“赏石园”开园仪式。

8 月 5 日，郭令智院士逝世，作为南京大学郭令智院士治丧委员会委员，参与筹备郭令智院士遗体告别仪式等相关工作，并于 8 月 9 日与郭令智院士生前好友、同事、学生、亲属等参加了遗体告别仪式。

9 月，受聘南京大学地质博物馆顾问。博物馆面向本科生的通识教育和地科院学生的专业教育，属于南京大学仙林校区文化建设的重要组成部分。

12 月，主编的科普著作《远古的遗迹——南京国家地质公园》由江苏科学技术出版社出版。

12 月 30 日，受邀参观南京汤山方山国家地质公园博物馆。

2016 年

1 月 10 日，赴南京六合国家地质公园考察瓜埠火山。

2 月 25 日，前往江宁织造馆参观“南京雨花石精品展”，并商讨有关筹建“国家级雨花石博物馆”事宜。

9 月，主编的科普著作《远古的遗迹——南京国家地质公园》获江苏省科普作品一等奖。

在《南京大学报》开辟《奇石鉴赏》专栏，任主编，拟定了五年计划（2016-2021），共40期，体现地质学与艺术学的结合。

2017年

4月9日，参加徐克勤学术思想暨地质学科发展研讨会，并在《南京大学报》撰文："缅怀恩师徐克勤先生——纪念徐克勤先生诞辰110周年"。

6月，由校友刘德良、戴金星主编的《师承》一书出版，在南大举行赠书仪式。该书主要记述徐克勤、郭令智、王德滋三位宗师的先进事迹，由中国科学技术大学出版社出版。

附录二　王德滋主要著作表

一、论文

[1] 王德滋. 江苏高资下蜀煌斑岩的研究. 南京大学学报，1957（4）：57−76.

[2] 孙鼐，王德滋. 济南辉长岩及伟晶岩的研究. 地质学报，1958，38（2）：179−200.

[3] 王德滋. 江苏镇江的火成岩及其接触变质作用. 地质论评，1958，18（2）：87−98.

[4] 季寿元，王德滋，胡受奚. 江西南部加里东期与燕山期花岗岩的对比. 南京大学学报，1962（1）：21−36.

[5] 王德滋，涂绍雄. 宁芜地区中生代火山岩系的岩石学与地球化学研究. 南京大学学报，1963（1）：71−92.

[6] 徐克勤，孙鼐，王德滋，胡受奚. 华南多旋回花岗岩类的侵入时代、岩性特征、分布规律及其成矿专属性的探讨. 地质学报，1963，43（1）：1−26；141−145.

[7] 王德滋，周新民. 南京蒋庙碱性辉长岩和等色岩的成因. 南京大学学报，1963，10（2）：76–82.
[8] 季寿元，王德滋，胡受奚. Coarrelation between Caledonian and Yishanian Granites in Southern Jiangxi. 中国科学，1963，7（5）.
[9] 王德滋，刘昌实，彭亚鸣. 安徽九华山花岗杂岩体的研究. 国家科委科学技术研究报告（下册），1965：138–146.
[10] 王德滋. 关于变质相与变质带的研究方法. 福建地质科技情报，1977（1）：56–75.
[11] 王德滋. 关于火山作用的几个问题. 福建地质科技情报，1978（3）：26–62.
[12] 王德滋. 关于花岗岩的几个问题. 福建地质科技情报，1978（1）.
[13] 王德滋，林承毅，周新民. 江西慈竹英云闪长岩及其周围区域变质岩的成因. 南京大学学报，1978（1）：81–99.
[14] 王德滋，周新民，孙幼祥. 华南前寒武纪幔源型花岗岩类的特征和成因. 桂林冶金地质学院学报，1982，4：1–8.
[15] 王德滋，周金城，刘昌实等. 浙江桐庐自碎二长花岗斑岩的特征和成因. 岩矿测试，1982（9）：15–24.
[16] 王德滋，周金城. 中国东部自碎次火山岩及其成矿关系. 中国地质，1983（10）：21–23.
[17] 王德滋，陈克荣等. 江西德兴银山火山机构特征及矿床成因研究. 南京大学学报（地质学增刊），1984：1–8.
[18] Wang Dezi，Zhou Xinmin，Sun Youxiang. Characteristics of the Precambrian Mantle derived granitoids in southeast China . Geology of Granities and Their Metallogenetic Relations，Science Press，1984：123–136.
[19] Xu Keqin ，Sun Nai，Wang Dezi，Hu Shouxi，Liu Yingjun，Ji Shouyuan. Petrogenesis of the Granitoids and Their Metallo-genetic Relations in S.China . Geology of Granities and Their Metallogenetic Relations，Science Press，1984：1–32.

[20] 王德滋，彭亚鸣，袁朴. 福建魁歧花岗岩的岩石学、地球化学和成因. 地质化学，1985，21（3）：197−205.
[21] 王德滋，马瑞士，王赐银，牟惟熹. 断裂区域变质作用与混合岩化、花岗岩化作用的研究. 南京大学学报，1985（3）：537−544.
[22] 王德滋，彭亚鸣，袁朴. 魁歧花岗岩的岩石、地球化学和成因. 地球化学，1985（3）：197−205 .
[23] Wang Dezi，Peng Yaming，Yuan Pu. Petrology，Geochemistry and Genesis of Kuiqi Granite Batholith. Acta Geologica Sinica ，1986，7（2）：97−107.
[24] 王德滋，刘昌实. 中国东南部沿海海西 − 印支旋回花岗岩类的分布规律及其成因. 岩石学报，1986，2（4）：1−13.
[25] 王德滋，袁朴，彭亚鸣. 福建魁歧花岗岩形成的物理化学条件. 桂林冶金地质学院学报，1986，6（1）：1−8.
[26] Wang Dezi，Liu Changshi. Distribution and Geochemical Features of Hercynian−Indosinian Granitoids in Southeastern China. Acta Geologica Sinica，1987，10（3）234−246.
[27] 王德滋，周新民，祁岖. 华南元古宙蛇绿岩套及幔源花岗岩. 矿物岩石地球化学通讯，1988，3：139−141.
[28] 王德滋，陈克荣，周金城. 中国东南部的次火山花岗岩类及其成矿作用. 中国科学（B 辑），1989（5）：546−552.
[29] 王德滋，王赐银，于津海. 山东昆嵛山混合杂岩体的特征和成因. 南京大学学报（自然科学版），1989，25（4）：679−688.
[30] Wang Dezi，Zhou Xinmin，Xu Xisheng. Types and genetic model of Precambrian granitoids of South China. 东南亚地球科学月刊，1989.
[31] Wang Dezi，Zhou Xinmin，Xu Xisheng. Types and Genetic Model of Precambrian Grantoids in South China. J. Southeast Asianeast Sci，1989，3（4）：255−261.
[32] 王德滋. 地质科技人才培养中的问题与对策. 地质科技管理，1989，2：8−9.

[33] 王德滋. 隐伏花岗岩预测及深部找矿. 中国地质，1990（10）：31-31.

[34] 王德滋，刘昌实，沈渭洲，陈繁荣，诹访兼位，黑田隆之助. 日本西南 Okinoshima 岛新生代过铝质花岗岩类的特征和成因. 岩石学报，1990，6（3）：24-32.

[35] 王德滋，刘昌实，沈渭洲等. 日本西南 Okinosnima 岛新生代过铝质花岗岩类的特征和成因. 岩石学报，1990，6（3）：24-32.

[36] 王德滋，陈克荣，周金城. Subvolcanic Granitoids and Their Metallogenesis in southeast China. 中国科学（B），1990，4（4）：467-475.

[37] 王德滋，杜杨松. 中国东南沿海地区中生代火山——侵入杂岩形成的构造背景. 矿物岩石地球化学通讯，1990，3：186-188.

[38] 王德滋，周金城. 岩浆作用与地球动力学刍议——以中国东南沿海为例. 岩石矿物学杂志，1991，10（3）205-210.

[39] 王德滋，刘昌实，沈渭洲，陈繁荣. 江西东乡 - 相山中生代 S 型火山岩带的发现及其地质意义. 科学通报 1991，36（19）：1491-1493.

[40] 王德滋，周金城，邱检生. 橄榄安粗岩系的研究现状. 南京大学学报（地球科学版），1991，3（4）：321-329.

[41] 王德滋，周新民. 中国东南大陆岩石圈研究现状和当前岩浆岩研究方向. 地质科技管理，1991，2：1-4.

[42] 王德滋，陈克荣等. 浙西北与皖南毗邻地区元古代基底火山—侵入杂岩与金银等成矿关系. 南京大学学报（地球科学版），1992，4（3）：112-118.

[43] 王德滋，周新民，徐夕生 . 微粒花岗岩类包体的成因. 桂林冶金地质学院学报，1992，12（3）：235-241.

[44] Wang Dezi，Chen Kerong，Du Yangsong，Yu Yunwen. On the Characteristics，Evolution and origin of the Mesozoic Volcanic-intrusive Complexes in the Coastal area of Southeastern Zhejiang. Petrology and Mineralization of Granitoids，Proceedings of 1987 Guang Zhou International Symposium ，Science Press，1992：1161-1165.

[45] 王德滋，陈克荣，周金城. 中国东南部中生代火山作用与成矿关系. 南京大学内生金属矿床成矿机制研究重点实验室研究年报，1992：56-61.

[46] 王德滋，沈渭洲，刘昌实，陈繁荣. 江西两类火山侵入杂岩的成矿作用. 南京大学内生金属矿床成矿机制研究重点实验室研究年报，1992：55-58.

[47] 王德滋，刘昌实，沈渭洲，陈繁荣. 桐庐 I 型和相山 S 型两类碎斑熔岩对比. 岩石学报 1993，9（1）：44-54.

[48] 王德滋，沈渭洲，刘昌实，熊小林. 江西岩背火山侵入杂岩的地球化学特征和成因. 中国科学（B 辑），1994，24（5）：531-538.

[49] 王德滋，刘昌实等. 浙江泰顺洋滨黄玉斑岩地球化学特征和成因. 地球化学，1994，23（2）：115-124.

[50] 王德滋，刘昌实，沈渭洲，陈繁荣. 华南 S 型火山杂岩与成矿. 南京大学学报，1994，30（2）：322-333.

[51] 王德滋，周金城，等. 东南沿海早白垩世火山活动中的岩浆混合及壳幔作用证据. 南京大学学报（地球科学），1994，6（4）：317-325.

[52] 王德滋，林承毅等. 广西台马 S 型火山花岗岩的矿物学、地球化学特征及其成因. 南京大学学报，1994，6（1）：13-18.

[53] 王德滋，赵广涛，邱检生. 中国东部晚中生代 A 型花岗岩的构造制约. 高校地质学报，1995，12（2）：13-21.

[54] 王德滋，陈绍海等. 粤东塌山含锡花岗斑岩原生铝质矿物特征和成因. 矿物学报，1995，15（3）：249-253.

[55] Wang Dezi，Liu Changshi，Shen Weizhou，Min Maozhong，Ling Hongfei. Geochemical Characteristics and Genesis of Topaz -bearing Prophyries in Yanbin Area of Taishun County，Zhenjiang Province. Chinese J Geochemisty，1995，14（1）：13-25.

[56] 王德滋，史运良，蒋维楣，方一亭，陆根法，窦贻俭，翟建平. 21 世纪的地学发展趋势与人才培养. 中国大学教育，1995，5：11-12.

[57] 陈繁荣，王德滋，刘昌实. 赣杭地区中生代两类不同成因火山——

侵入杂岩的对比研究. 地球化学，1995，24（2）：169–179.

[58] Wang Dezi，Ren Qijiang，et al. The Mesozoic Volcanic–Intrusive Complexes and Their Metallogenic Relations in East China. Science Press，1996.

[59] 王德滋，任启江，邱检生等. 中国东部橄榄安粗岩省的火山岩特征及其成矿作用. 地质学报，1996，70（1）：23–24.

[60] 于津海，王德滋，王赐银. 山西吕梁群早元古代双峰式火山岩地球化学特征及成因. 岩石学报，1997，13（1）：59–70.

[61] Wang Dezi，Ren Qijiang. The spatial and temporal distribution of Mesozoic Volcanic rocks in East China. The XXII General Assembly of IUGU，Birminghem，UK，July，1999.

[62] 王德滋，周金城. 我国花岗岩研究的回顾与展望. 岩石学报，1999，15（2）：161–169.

[63] 王德滋，邱检生. 中国东部中生代火山岩系及其成因与构造制约. 资源环境与可持续发展，1999：256–263.

[64] 王德滋，周金城，邱检生，范洪海. 中国东南部晚中生代花岗质火山–侵入杂岩与成因. 高校地质学报，2000，6（4）：487–498 .

[65] Wang Dezi，Shu LSh，Faure M，Shen W Z. Mesozoic magmatism and granitic dome in the Wugongshan Massif，Jiangxi Province and their genetic relationship to the tectonic events in Southeastern China，Tectonophysics ，2001，339：259–277.

[66] 范洪海，王德滋，刘昌实，赵连泽，沈渭洲，凌洪飞，段芸. 江西相山潜火山岩中淬冷包体的发现及其成因机制探讨. 地质学报，2001，75（1）：64–69.

[67] 王德滋，赵连泽. 关于地球科学人才培养的实践与思考. 中国地质教育，2002（1）：9–13.

[68] 楼法生，舒良树，王德滋 . 武功山中生代花岗质穹窿伸展构造及岩石地球化学特征研究 . 地质通报，2002，21（4–5）：264–269.

[69] 邢光福，王德滋，金庆民，沈渭洲，陶奎元. 南极乔治王岛阿德默

勒尔蒂湾火山活动时空演化. 极地研究，2002，14（1）：22–34.
[70] 王德滋，沈渭洲. 中国东南部花岗岩成因与地壳演化. 地学前缘，2003，10（3）：209–220.
[71] 王德滋，周金城，邱检生. Petrogenesis of late Mesozoic granitic volcanic intrusive complexes in southern China. China National Report on Volcanology and Chemistry of the Earth's Interior（1999–2002），electronic edition. China Meteorological Press，2003：13–18.
[72] 王德滋. 华南花岗岩研究的回顾与展望. 高校地质学报，2004，10（3）：305–314.
[73] 谢磊，王德滋，王汝成，邱检生，陈小明. 浙江普陀花岗杂岩体中的石英闪长质包体：斜长石内部复杂环带研究与岩浆混合史记录. 岩石学报，2004，20（6）：1397–1408.
[74] 王德滋. 南京都市圈发展刍议. 江苏科技信息，2005，5：1–2.
[75] 王德滋. 发展生态经济建设生态城市. 江苏科技信息，2005，9：1–2.
[76] 王德滋. 建设人与自然和谐的新浦口. 调研参考，2005，第 27 号.
[77] 王德滋，周金城. 大火成岩省研究新进展. 高校地质学报，2005，11（1）：1–8.
[78] 王德滋，舒良树，花岗岩构造岩浆组合. 高校地质学报，2007，13（3）：362–370.
[79] 王德滋. 祝贺董申保院士九十华诞. 高校地质学报，2007.
[80] 王德滋，谢磊. 岩浆混合作用：来自岩石包体的证据. 高校地质学报，2008，14（1）：16–21.
[81] 张芳荣，舒良树，王德滋，于津海，沈渭洲. 华南东段加里东期花岗岩类形成构造背景探讨. 地学前缘，2009，16（1）：248–260.
[82] Wang Dezi，Shu Liangshu. Late Mesozoic Basin and Range Tectonics and Related IgneousRock Assemblages in Southeast China. Geoscience Frontiers，2012，3（2）：109–124.

二、著作

[83] 王德滋译. 晶体光学研究法. 北京：地质出版社，1960.

[84] 季寿元，王德滋. 晶体光学. 北京：人民教育出版社，1961.

[85] 王德滋. 光性矿物学. 上海：上海科技出版社，1965.

[86] 王德滋. 华南不同时代花岗岩的成因问题. 国家科委科学技术研究报告（上册），1965.

[87] A. A. 别乌斯等著. 王德滋译. 钠长石化和云英岩化花岗岩（变花岗岩）. 北京：科学出版社，1966.

[88] 王德滋译. 火成岩岩石化学导论. 北京：科学出版社，1966.

[89] 王德滋. 光性矿物学. 上海：上海人民出版社，1975.

[90] 王德滋，周新民. 火山岩岩石学. 北京：科学出版社，1982.

[91] 王德滋，刘昌实，周金城译. 花岗岩基的成因. 北京：地质出版社，1985.

[92] Wang Dezi，Zhou Jincheng. An autoclastic volcanic-intrusive rock and its metallogenetic relations，Earth Science，Advance in sciences of China. New York：John Wiley & Sons，1986.

[93] 杜杨松，王德滋，陈克荣. 浙东南沿海中生代火山－侵入杂岩. 北京：地质出版社，1989.

[94] 王德滋主编. 南京大学大事记. 南京：南京大学出版社，1989.

[95] 王德滋主编. 南京大学史. 南京：南京大学出版社，1992.

[96] Wang Dezi，Ren Qijiang et al. The Mesozoic Volcanic-Intrasive Complexes and their Metallogenetic Relations in East China. Science Press，1996.

[97] 王德滋主编. 南京大学百年史. 南京：南京大学出版社，2002.

[98] 王德滋主编. 南京大学地球科学系史. 南京：南京大学出版社，2002.

[99] 王德滋，周新民等. 中国东南部晚中生代花岗质火山——侵入杂岩成因与地壳演化. 北京：科学出版社，2002.

[100] 王德滋，谢磊．光性矿物学（第三版）．北京：科学出版社，2008.
[101] 王德滋主编．南京大学地球科学与工程学院简史．南京：南京大学出版社，2011.
[102] 王德滋主编．远古的奇观—南京雨花石．南京：江苏科学技术出版社，2012.
[103] 王德滋主编．大地求索谱华章——庆贺郭令智院士百岁华诞．南京：南京大学出版社，2014.
[104] 王德滋主编．远古的遗迹——南京国家地质公园．南京：江苏科学技术出版社，2015.

参考文献

一、出版类文献

[1] 王德滋. 往事杂忆 [M]. 南京：南京大学出版社，2012（4）：3–4，7，10，12，13，14，16–17，17–18，19–20，21，21–22，23，54，38，44，39，64–65，67，79，67–68，69，70–77，57，117–118，120，125，129–130，140，46–52，152–157，143，148–150.

[2] 王德滋主编. 南京大学地球科学与工程学院简史 [M]. 南京：南京大学出版社，2011（4）：13–14，45–46，47，107.

[3] 王德滋主编. 南京大学百年史 [M]. 南京：南京大学出版社，2002（4）：289–291，341，283，337–338，338–340，357.

[4] 陈骏主编. 地质与地球化学研究进展——庆贺王德滋院士致力于地质科学六十周年暨八十华诞 [M]. 南京：南京大学出版社，2006，4.

[5] 夏征农，陈至立主编. 辞海（第六版彩图本）[Z]. 上海：上海辞书出版社，2009（9）：403，3014，744，2738，473，2531，2176，2178，2877，1378，2883，1378，1346，1087.

[6] 辞海编辑委员会编. 辞海（缩印本）[Z]. 上海：上海辞书出版社，1979：1086，804，627，82.

[7]《中国大百科全书》总编委会. 中国大百科全书（第二版）[Z]. 北京：中国

大百科全书出版社，2009：3-299—3-300.
[8] 朱森，李捷，李毓尧. 宁镇山脉地质图［M］. 南京：中央研究院地质研究所，1935.
[9] 李毓尧，李捷，朱森. 宁镇山脉地质［M］. 南京：中央研究院地质研究所，1935.
[10] 南京大学高教研究所. 南京大学大事记［M］. 南京：南京大学出版社，1989，136.
[11] 胡受奚，王鹤年，王德滋，张景荣. 中国东部金矿地质学及地球化学［M］. 北京：科学出版社，1998.
[12] 舒良树. 普通地质学［M］. 北京：地质出版社，2010：22.
[13] 周杨. 研究型大学要兼顾“四个平衡”——访南京大学王德滋院士［J］. 中国大学教学，2014（6）：23-28.
[14] 王德滋. 江苏镇江的火成岩及其接触变质作用［J］. 地质论评，1958，18（2）：87-98.
[15] 孙鼐，王德滋. 济南辉长岩及伟晶岩的研究［J］. 地质学报，1958（5）：179-220.
[16] 季寿元，王德滋，胡受奚. 江西南部加里东期与燕山期花岗岩的对比［J］. 南京大学学报，1962（1）. 季寿元，王德滋，胡受奚. Correlation between Caledonian and Yishanian Granites in Southern Jiangxi［J］. 中国科学，1963，7（5）.
[17] 徐克勤，孙鼐，王德滋，胡受奚. 华南多旋回花岗岩类的侵入时代、岩性特征、分布规律及其成矿专属性的探讨［J］. 地质学报，1963，43（1）：1-26；43（2）：141-155.
[18] 王德滋. 华南不同时代花岗岩的成因问题［J］，北京：国家科委科学技术研究报告（上册），1965：138-146.
[19] 王德滋，刘昌实，彭亚鸣. 安徽九华山花岗杂岩体的研究［J］. 北京：国家科委科学技术研究报告（下册），1965.
[20] 王德滋，林承毅，周新民. 江西慈竹流化成因花岗岩类的基本特征［J］. 北京：国家科委科学技术研究报告（下册），1965：27-43.
[21] 王德滋，涂绍雄. 宁芜地区中生代火山岩系的岩石学与岩石化学特征［J］. 南京大学学报，1963（1）：71-92.

[22] 王德滋，涂绍雄. 宁芜地区中生代火山岩特征及成矿作用探讨 [J]. 地质科技，1972：12–24.

[23] 王德滋，周金城：中国东部自碎次火山岩及其成矿关系 [J]. 中国地质，1983（10）：21–23.

[24] 王德滋，陈克荣，周金城. 中国东南部的次火山花岗岩类及其成矿作用 [J]. 中国科学（B 辑），1989（5）：546–552. Wang Dezi，Chen Kerong，Zhou Jincheng. Subvolcanic Granitoids in Southeastern China and Their Metallogenesis，Scicnce in China（Series B），1989，33（4）：467–475.

[25] 王德滋，舒良树. 花岗岩构造岩浆组合 [J]. 高校地质学报，2007，13（3）：362–370.

[26] Wang Dezi，Shu Liangshu. Late Mesozoic Basin and Range Tectonics and Related Magmatism in Southeast China [J]. Geoscience Froutiers，2012，3（2）：109–124.

[27] 王德滋. 江苏高资下蜀煌斑岩的研究 [A].《王德滋文集》编辑部. 王德滋文集 [C]. 南京：南京大学出版社，2012：527–538.

[28] 杜杨松，王德滋，陈克荣，浙东南沿海地区中生代火山 – 侵入杂岩的特征、成因及分布规律 [A].《王德滋文集》编辑组. 王德滋文集 [C]. 南京：南京大学出版社，2012：357.

[29] 王德滋，周金城，邱检生，范洪海. 中国东南部晚中生代花岗质火山—侵入杂岩特征与成因 [A].《王德滋文集》编辑组. 王德滋文集 [C]. 南京：南京大学出版社，2012：178–190.

[30] 王德滋，刘昌实，陈繁荣，沈渭洲. 相山 – 东乡上侏罗统 S 型火山岩的发现及其地质背景 [A].《王德滋文集》编辑组. 王德滋文集 [C]. 南京：南京大学出版社，2012：382–383.

[31] 王德滋，彭亚鸣，袁朴. 福建魁歧花岗岩的岩石学和地球化学特征及成因探讨和成因 [A].《王德滋文集》编辑组. 王德滋文集 [C]. 南京：南京大学出版社，2012：103–104.

[32] 王德滋，周新民. 中国东南部晚中生代花岗质火山—侵入杂岩成因与地壳演化 [A],《王德滋文集》编辑组. 王德滋文集 [C]. 南京：南京大学出版社，2012：4–5.

[33] 王德滋，周金城. 大火成岩省研究新进展 [A].《王德滋文集》编辑组. 王

德滋文集［C］. 南京：南京大学出版社，2012：42-52.
［34］王德滋. 正确执行知识分子政策的楷模——纪念我的良师陈毅人同志［N］. 南京大学报，1987年6月18日.

二、访谈类文献

（一）王德滋访谈文献

［35］王德滋访谈录（一）——家世背景与求学经历. 2014年5月28日.
［36］王德滋访谈录（二）——求学经历. 2014年6月18日.
［37］王德滋访谈录（三）——艰难岁月. 2014年6月24日.
［38］王德滋访谈录（四）——科研经历. 2014年6月27日.
［39］王德滋访谈录（五）——科研经历补充. 2014年7月4日.
［40］王德滋访谈录（六）——家庭生活. 2014年11月11日.
［41］王德滋访谈录（七）——情系南京. 2014年12月30日.
［42］王德滋访谈录（八）——大学教学经历与心得. 2015年1月4日.
［43］王德滋访谈录（九）——科研补遗. 2014年11月20日.

（二）其他人员访谈文献

［44］孙枢访谈录. 2014年12月5日.
［45］戴金星访谈录. 2015年5月23日.
［46］莫宣学访谈录. 2014年12月4日.
［47］陈骏访谈录. 2014年12月12日.
［48］王汝成访谈录. 2015年4月3日.
［49］倪培访谈录. 2014年7月10日.
［50］胡文瑄访谈录. 2014年7月1日.
［51］舒良树访谈录. 2014年7月5日.
［52］刘昌实、沈渭洲访谈录. 2014年10月30日.
［53］孙岩访谈录. 2014年7月1日.
［54］朱金初访谈录. 2014年11月20日.
［55］王鹤年访谈录. 2014年11月10日.
［56］赵懿英访谈录. 2014年10月31日.

[57] 阎长虹访谈录. 2014 年 11 月 12 日.

[58] 周金城访谈录. 2014 年 11 月 29 日.

[59] 杜杨松访谈录. 2014 年 12 月 4 日.

[60] 姚平访谈录. 2015 年 1 月 23 日.

[61] 王淑君访谈录. 2014 年 11 月 3 日.

[62] 施雪访谈录. 2014 年 11 月 6 日.

[63] 施贵军访谈录. 2014 年 12 月 17 日.

[64] 刘慧访谈录. 2014 年 10 月 24 日.

[65] 邱检生访谈录. 2014 年 11 月 12 日.

[66] 赵国方访谈录. 2015 年 3 月 24 日.

[67] 谢磊访谈录. 2014 年 10 月 30 日.

[68] 朱小卫访谈录. 2014 年 11 月 14 日.

[69] 王军访谈录. 2014 年 11 月 12 日.

[70] 许咏诗访谈录. 2014 年 9 月 11 日.

[71] 许伟伟访谈录. 2015 年 1 月 7 日.

三、回忆类文献

[72] 张本仁. 珍贵的人生感悟，可敬的人生奉献 [A]. 选自：陈骏主编. 地质与地球化学研究进展——庆贺王德滋院士致力于地质科学六十周年暨八十华诞 [M]. 南京：南京大学出版社，2006：529-531.

[73] 林春明. 我心目中的王老师 [A]. 选自：陈骏主编. 地质与地球化学研究进展——庆贺王德滋院士致力于地质科学六十周年暨八十华诞 [M]. 南京：南京大学出版社，2006：550-551.

[74] 刘德良. 诚诚恳恳做人・切切实实做事——感悟王德滋老师的亲切教诲.

[75] 陈培荣. 大师风范 高山仰止—我心目中的王德滋院士.

[76] 童航寿. 怀念恩师六十载.

[77] 林天瑞. 回忆王老师帮助我的二三事.

[78] 施斌. 那张红木长椅——记王德滋老师关心应用学科建设的一件往事.

[79] 赵广涛. 山高水长，师恩难忘.

[80] 吴劲薇．我所认识的王德滋老师.
[81] 康育义．我所尊敬的王德滋老师.
[82] 姚莲英．又红又专的典范——记王德滋老师的先进业绩.

四、其他文献

[83] 泰兴王氏重修族谱年表.

后记

2010年，经国务院批准，由中国科学技术协会牵头、国家自然科学基金委等十二部委共同组织实施的“老科学家学术成长资料采集工程”正式启动。这是一项可持续的国家级研究项目，以中国科学院和中国工程院资深院士中“在中国科技事业发展中作出突出贡献的老科学家”为主要遴选对象。采集工程要求以老科学家的学术成长经历为主线，系统采集反映老科学家家庭背景、求学历程、师承关系，尤其是对老科学家日后科学成就产生深刻影响的工作环境、学术交往中关键节点和重要事件的口述历史资料，以及真实反映老科学家学术思想、观点和理念产生、形成、发展过程的实物资料和图像资料等，集中整理存储，并进行数字化加工和宣传展示工作。这实际上是一项重要的人才工程，其深远意义在于两个方面：一方面全面收集老科学家学术成长资料，以丰富老科学家的学术档案，并为将来拟建的“中国科学家博物馆”打下资料基础；另一方面在于将这些档案用活，将老一辈科学家的成长经历、科研心得、科学精神、治学方法、育人之道、处世态度等，真实、直观、完整地呈现给世人，以达到薪火相传、发扬光大之目的。王德滋是南京大学教授、中国科学院资深院士，被中国科协列为前期的采集对象。

“王德滋学术成长资料采集工程”由我主持，由南京大学教育研究院承担，于2014年初开始启动。南京大学教育研究院硕士研究生徐川、高慧敏、钱梦菊、刘南林、王坚、代铭、于梦源、徐梦婷、张婷、刘茜、张腾飞、许梦溪、刘璐、陈静、孙继祖，博士研究生王锋、李运庆、熊岚，以及南京高等职业技术学校董静副教授、河海大学陈滔娜副教授、南京大学科学技术处陈晓清博士、南京大学校史博物馆胡菁羚馆员等以不同的方式参加了采集工作，充分体现了一种可贵的团队精神。

在大量访谈资料、学术论著、资料长编、大事年表、宣传报道以及实地调研、考察等基础上，由我和李运庆执笔撰写了《山石磊落自成岩：王德滋传》。

在课题研究及《王德滋传》写作过程中，南京大学地球科学与工程学院邱检生教授、王淑君女士、谢磊副教授，南京大学档案馆吴玫研究馆员，中国地质大学（北京）杜杨松教授，江苏省科协顾军先生，泰兴市科协许咏诗女士等给予了热情指导和大力帮助。“老科学家学术成长资料采集工程”首席专家张藜教授、项目采集工程办公室陈丽娟女士等予以采集小组和传记执笔人员全程的指导、及时的督促和持久的激励。馆藏基地李志东、王彦煜两位专家在资料采集、整理与编目等方面给予了悉心的指导与帮助。南京大学地球科学与工程学院、南京大学教育研究院、南京大学档案馆、南京大学人力资源处、江苏省科协、中国科协调研部、泰州市科协等对采集小组及撰写人员予以了宝贵的支持与无私的协助。中国科学技术出版社许慧副主编和余君编辑以高度的热忱和专业负责的态度，为该书的出版做了大量的工作。

该书传主王德滋院士虽已九十高龄，仍精神矍铄、思维清晰，正是得益于王先生详实、准确的回忆、访谈，以及毫不保留的无私奉献和积极配合，才使得本课题及传记能够顺利完成。

最后，对为完成《山石磊落自成岩：王德滋传》及课题做出贡献的所有人员表示诚挚的感谢！

王运来

2017年6月12日

老科学家学术成长资料采集工程丛书

已出版（76种）

《卷舒开合任天真：何泽慧传》
《从红壤到黄土：朱显谟传》
《山水人生：陈梦熊传》
《做一辈子研究生：林为干传》
《剑指苍穹：陈士橹传》

《情系山河：张光斗传》
《金霉素·牛棚·生物固氮：沈善炯传》
《胸怀大气：陶诗言传》
《本然化成：谢毓元传》
《一个共产党员的数学人生：谷超豪传》

《含章可贞：秦含章传》
《精业济群：彭司勋传》
《肝胆相照：吴孟超传》
《新青胜蓝惟所盼：陆婉珍传》
《核动力道路上的垦荒牛：彭士禄传》

《探赜索隐　止于至善：蔡启瑞传》
《碧空丹心：李敏华传》
《仁术宏愿：盛志勇传》
《踏遍青山矿业新：裴荣富传》
《求索军事医学之路：程天民传》

《一心向学：陈清如传》
《许身为国最难忘：陈能宽》
《钢锁苍龙　霸贯九州：方秦汉传》
《一丝一世界：郁铭芳传》
《宏才大略：严东生传》

《此生情怀寄树草：张宏达传》
《梦里麦田是金黄：庄巧生传》
《大音希声：应崇福传》
《寻找地层深处的光：田在艺传》
《举重若重：徐光宪传》

《魂牵心系原子梦：钱三强传》
《往事皆烟：朱尊权传》
《智者乐水：林秉南传》
《远望情怀：许学彦传》
《没有盲区的天空：王越传》

《行有则　知无涯：罗沛霖传》
《为了孩子的明天：张金哲传》
《梦想成真：张树政传》
《情系粱菽：卢良恕传》
《笺草释木六十年：王文采传》

《妙手生花：张涤生传》
《硅芯筑梦：王守武传》
《云卷云舒：黄士松传》
《让核技术接地气：陈子元传》
《论文写在大地上：徐锦堂传》

《铃记：张兴铃传》
《寻找沃土：赵其国传》
《虚怀若谷：黄维垣传》
《乐在图书山水间：常印佛传》
《碧水丹心：刘建康传》

《我的气象生涯：陈学溶百岁自述》
《赤子丹心 中华之光：王大珩传》
《根深方叶茂：唐有祺传》
《大爱化作田间行：余松烈传》
《格致桃李半公卿：沈克琦传》
《躬行出真知：王守觉传》
《草原之子：李博传》
《我的教育人生：申泮文百岁自述》
《阡陌舞者：曾德超传》
《妙手握奇珠：张丽珠传》
《追求卓越：郭慕孙传》
《走向奥维耶多：谢学锦传》
《绚丽多彩的光谱人生：黄本立传》

《宏才大略 科学人生：严东生传》
《航空报国 杏坛追梦：范绪箕传》
《聚变情怀终不改：李正武传》
《真善合美：蒋锡夔传》
《治水殆与禹同功：文伏波传》
《用生命谱写蓝色梦想：张炳炎传》
《远古生命的守望者：李星学传》
《探究河口 巡研海岸：陈吉余传》
《胰岛素探秘者：张友尚传》
《一个人与一个系科：于同隐传》
《究脑穷源探细胞：陈宜张传》
《星剑光芒射斗牛：赵伊君传》
《蓝天事业的垦荒人：屠基达传》